甘肃省中医院

GANSU PROVINCIAL HOSPITAL OF TCM

·1953·

郭峰 張志明 郝改梅 主編

甘肅省中醫院藏中醫藥古籍圖錄

中醫古籍出版社
Publishing House of Ancient Chinese Medical Books

图书在版编目（CIP）数据

甘肅省中醫院藏中醫藥古籍圖録 / 郭峰，張志明，郝改梅主編 . — 北京 : 中醫古籍出版社，2023.10

ISBN 978-7-5152-2629-3

Ⅰ . ①甘…　Ⅱ . ①郭… ②張… ③郝…　Ⅲ . ①中國醫藥學－古籍－圖書目録－甘肅　Ⅳ . ① Z88：R2

中國國家版本館 CIP 數據核字（2023）第 018796 號

甘肅省中醫院藏中醫藥古籍圖録

郭　峰　張志明　郝改梅　主编

責任編輯　張　磊

封面設計　竇蕾元

出版發行　中醫古籍出版社

社　　址　北京市東城區東直門内南小街 16 號（100700）

電　　話　010-64089446（總編室）　010-64002949（發行部）

網　　址　www.zhongyiguji.com.cn

印　　刷　北京中獻拓方科技發展有限公司

開　　本　889mm × 1194mm　1/16

印　　張　13.25

字　　數　301 千字

版　　次　2023 年 10 月第 1 版　2023 年 10 月第 1 次印刷

書　　號　ISBN 978-7-5152-2629-3

定　　價　180.00 圓

編纂委員會

甘肅省中醫院、甘肅省中醫藥研究院

中央財政轉移支付地方項目“中醫藥古籍保護”專項研究成果

序

習近平總書記在致中國中醫科學院成立60周年賀信中指出："中醫藥學是中國古代科學的瑰寶，也是打開中華文明寶庫的鑰匙。"習總書記的講話從歷史和文明的雙重高度指出了中醫藥學的地位和價值，可謂高屋建瓴、發人深省。

中醫藥學之所以歷經千年而枝葉長青、弦歌不輟，是因為其有着一整套完整、獨特且行之有效的學術體系，而中醫藥古籍便是中醫藥學術與文化的根祗。1840年以降，中華文明面臨"三千年未有之變局"，中醫藥學作為中華文明的重要組成與核心載體，受到了極大的詆毀與冲擊，我國宏豐的中醫藥文獻古籍或為他人所劫掠，或損毀於板蕩之間，或焚或燒，百不存一。新中國成立後，中醫藥的命運才得以根本扭轉。進入新時代以來，以習近平總書記為核心的黨中央高度重視中醫藥事業的傳承與發展，更是將中醫藥事業提升到"文化自信"的高度，中醫藥文獻古籍也迎來了她久違了的"春天"。

前賢有言：夫為醫者，在讀醫書耳，讀而不能為醫者有矣，未有不讀而能為醫者也。我院傷寒大家張漢祥先生、"針灸神手"張濤清先生、"平樂郭氏正骨"嫡系傳人郭均甫，以及柯與參、周子帆、竇伯清、席梁丞、金品三、李少波、馬鳳圖，高涵九等醫術精湛的名医，莫不是飽讀經典、熟諳醫理、學養深厚、醫德高尚的軒岐宗師。學界認為古籍文獻有三重屬性，即歷史文物屬性、學術資料屬性、學術代表屬性。我本人認為，中醫藥古籍文獻在此基礎上，還具有"臨床指導屬性"的第四特點。以《傷寒論》之"小柴胡湯"為例，雖距今已1800余年，臨床但見柴胡證，原方原量投之，應手而起的實例，不勝枚舉。由此可見，看似古老的中醫經典，距我們的生活卻並不遙遠，還在時時刻刻指導著我們的醫療實踐。"千載之後，方知大聖之慈惠無窮。"誠哉斯言！

“周雖舊邦，其命維新！”中醫藥學源遠流長、傳承有序，看似只是一頁頁泛黃的木刻書面，實則是解厄除疾、壽人壽世的慈惠心法，是我中華醫藥文明光輝的見證，也是後學者傳承創新的源頭活水。

時移世易，近百年來，國內中醫藥古籍如百川匯海，業已遞入公藏，雖有利於保護與研究，亦使古籍流通幾為絶響，普通讀者如欲得觀，實為難事。为促進學術交流互鑒，让古籍走出“深闺”，甘肅省中醫院黨委書記郭峰、院長張誌明與副院長郝改梅掛帥，積極開展古籍保護與研究工作，並整理出版《甘肅省中醫院藏中醫藥古籍圖録》。時值新世代，“文化自信”的號角響徹禹域，全社會興起了“保護中華古籍、承續民族文脈”的新風，是書之編纂，可謂正逢其時！

“讀經典、做臨床”是我院的優良傳統，相信本書的出版，必將掀起我院崇尚經典、學習經典、應用經典的熱潮。是書將付剞劂，特問序于予，吾樂觀其成，不揣愚陋，欣而命筆，聊敘數語，以為襄佐雲耳。

斯為序！

國醫大師 王自立

壬寅暮秋於金城寓所　時年八十有六

前 言

中醫藥是中華民族的瑰寶，是優秀傳統文化的重要載體，在促進文明互鑒、維護人民健康等方面發揮著重要作用。為進一步做好古籍保護和整理研究工作，促進文化傳承與學術交流互進，我院現編纂出版《甘肅省中醫院藏中醫藥古籍圖録》。

本書是甘肅省中醫院、甘肅省中醫藥研究院中央財政轉移支付地方項目“中醫藥古籍保護”專項研究成果之一，包括圖録和後附書目兩部分。圖録收録了我院珍藏明、清古籍的書影，並對古籍書名卷數、著者、年代、版本、版框信息等客觀著録，共計 80 部。後附書目收録了我院全部古籍藏書，含民國以及 1949 年以後影印、縮微復製的古籍，共計 124 種 130 部，其中，中醫藥類古籍 120 種 1665 册，另有非醫學類古籍 4 種一併收録於後。書目除了古籍基本信息外，並將叢書子目、存卷册數等加以詳細著録。

院藏中醫經典類善本古籍主要有:《醫方考》六卷，為明萬歷瑯環刻本;《（全補丹溪先生）醫學正傳》八卷，明萬歷五年（1577）松亭吴江金陵刻，譚城書林劉希信重修書林安正堂劉誌千重梓;《醫學入門》七卷卷首一卷，明萬歷三年 (1575) 刻清古吴郁郁堂印本;《赤水玄珠》三十卷，明萬歷二十四至二十七年（1596-1599）休寧孫泰來孫朋來刻清康熙杭州吴氏重修本;《張仲景金匱要略》二十四卷，清康熙三十二年（1693）大觀堂刊刻；另有《攝生衆妙方》十一卷，原為明萬曆三十八年（1610）兩淮鹺司刻本，後於清康熙五十六年（1717）由兩淮運庫重修後印，該本為已知國内唯一現存版本，開本闊達，字體雅致，殊為難得。

《圖録》全面展現了我院珍藏古籍精華與特色，也可以作為版本鑒定的參考。該書的出版必將有力地促進我院珍藏古籍的保護與開發利用工作的深入開展，也有助於促進古籍普查等古籍保護其他各項工作的順利開展。

本書在編纂過程中，經歷數輪校對，但由於編者學識與時間有限，疏漏之處在所難免，敬請同仁與讀者批評指正，不吝賜教。

甘肅省中醫院

2022 年 10 月 23 日

凡 例

一、收錄範圍：本圖錄收錄甘肅省中醫院藏明、清古籍圖書，共計 80 部。後附書目收錄了甘肅省中醫院全部古籍藏書，含民國以及 1949 年以後影印、縮微復製的古籍，共計 130 部。

二、編排體例：本書按分類－編年方法排序。後附書目的圖書分類以學科内容為主要依據，中醫藥類古籍依據中醫學科體系及中醫藥學傳統特色，分為醫經、基礎理論、傷寒金匱、診法、針灸推拿、本草、方書、臨床各科、養生、醫案醫話醫論、醫史、綜合性著作十二類，非醫學類古籍不分類。各類以下，均以時間順序編排。

三、題名原則：題名著錄本書書名、卷數、著者、版本。

四、選圖原則：每種古籍選圖一至四幀不等，以正文首卷卷端為主，酌加封面、牌記、題跋或其他能反映版本特征的書影。

五、著錄事項：主要進行客觀著錄，著錄順序為：順序號序號、書名卷帙、著者、版本、開本大小、版框信息（包括版框尺寸、行款、邊欄、書口）等。後附書目除了上述信息外，還包括叢書子目、存卷册數及排架號（即索書號）。

六、本書字體一律采用繁體字。

七、本書書影均采用原件掃描拍攝。

目 錄

中醫藥類古籍

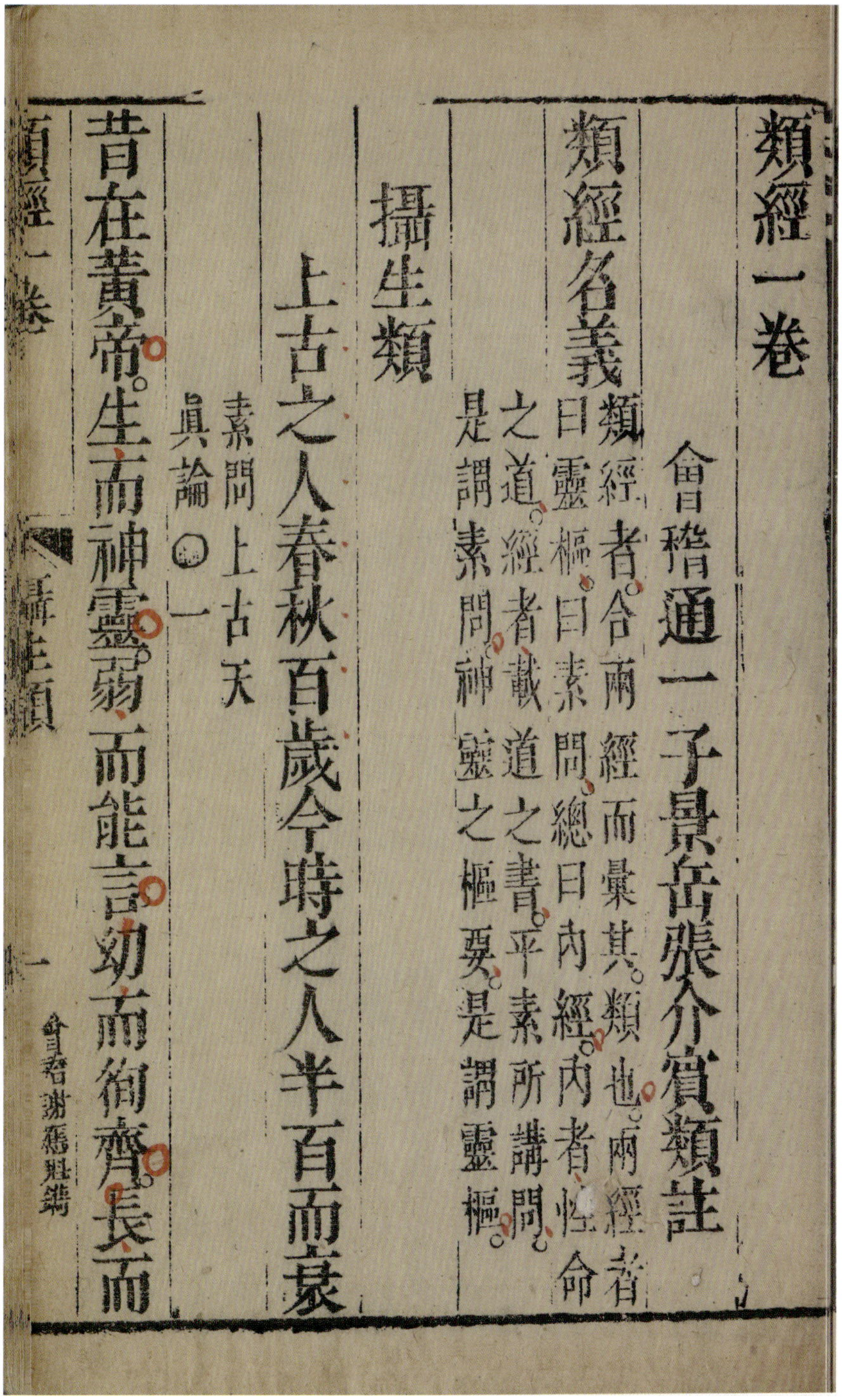
類經一卷

會稽通一子景岳張介賓類註

類經名義 類經者，合兩經而彙其類也。兩經者，曰靈樞，曰素問，總曰內經。內者，性命之道；經者，載道之書。平素所講問，是謂素問；神靈之樞要，是謂靈樞。

攝生類

上古之人春秋百歲今時之人半百而衰 素問上古天真論 一

昔在黃帝，生而神靈，弱而能言，幼而徇齊，長而

類經一卷 攝生類 一

會稽謝蕙廷鐫

001　類經三十二卷　附類經圖翼十一卷、附翼四卷（明）張介賓類註　清嘉慶四年（1799）金閶萃英堂刻本

開本高24.1cm，闊16.6cm。版框高20.7cm，闊13.5cm。半葉8行，單行18字，雙行小字同。白口，四周單邊，單黑魚尾。

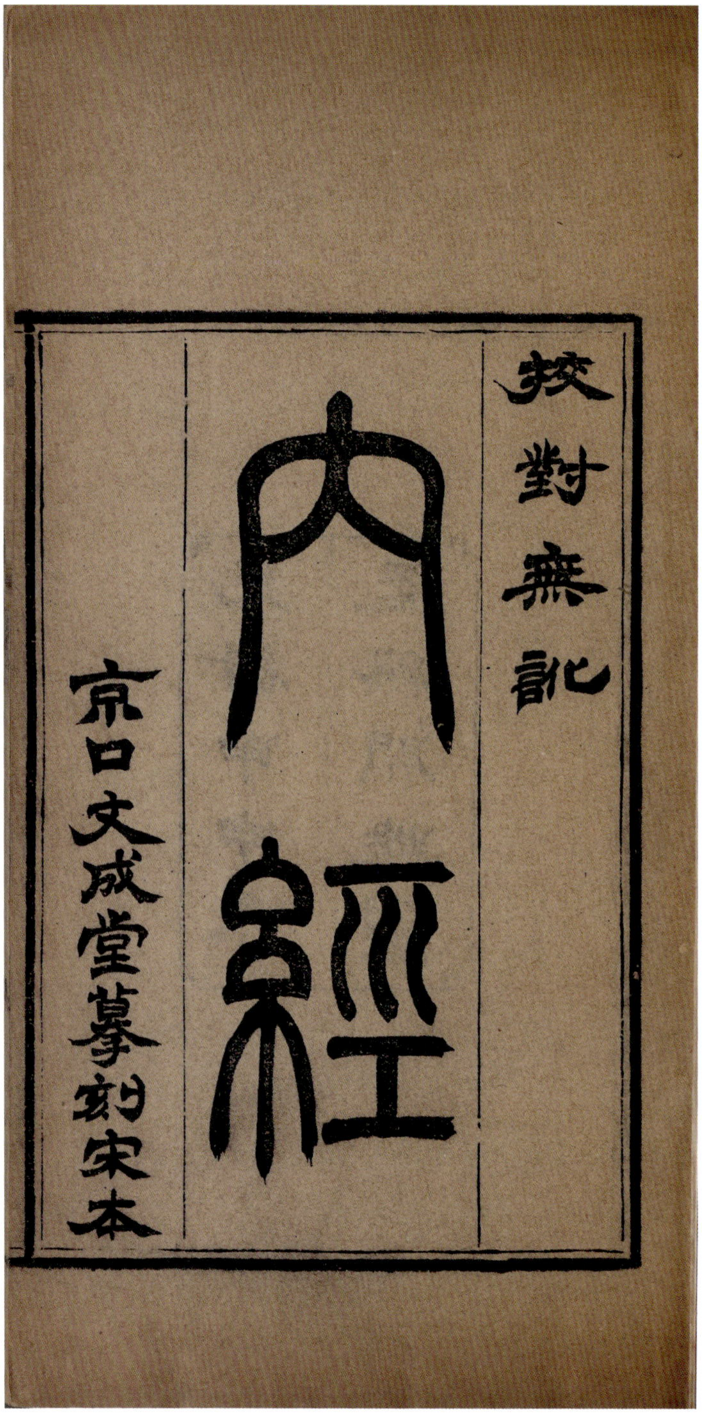

002　重廣補註黄帝内經素問二十四卷　黄帝内經靈樞十二卷　附素問遺篇一卷 素問（唐）王冰註，（宋）林億等校；靈樞（宋）史崧音釋　清光緒十年（1884）京口文成堂摹刻宋本

開本高32.0cm，闊19.0cm。版框高20.9cm，闊15.1cm。半葉10行，單行20字，雙行小字30字。白口，左右雙邊，單黑魚尾。

重廣補註黃帝內經素問卷第一

新校正云按王氏不解所以名素問之義及素問之名起於何代按隋書經籍志始有素問之名甲乙經序晉皇甫謐之文已云素問論病精辨王叔和西晉人撰脉經云出素問鍼經漢張仲景撰傷寒卒病論集云撰用素問是則素問之名著於隋志上見於漢代也自仲景已前無文可見莫得而知據今世所存之書則素問之名起漢世也所以名素問之義全元起有說云素者本也問者黃帝問岐伯也方陳性情之源五行之本故曰素問元起雖有此解義未甚明按乾鑿度云夫有形者生於無形故有太易有太初有太始有太素太易者未見氣也太初者氣之始也太始者形之始也太素者質之始也氣形質具而痾瘵由是萌生故黃帝問此太素質之始也素問之名義或由此

啓玄子次註林億孫奇高保衡等奉敕校正孫兆重改誤

上古天眞論　四氣調神大論

生氣通天論　金匱眞言論

上古天眞論篇第一

新校正云按全元起注本在第九卷王氏重次篇第移冠篇首今注逐篇必具全元起本之卷

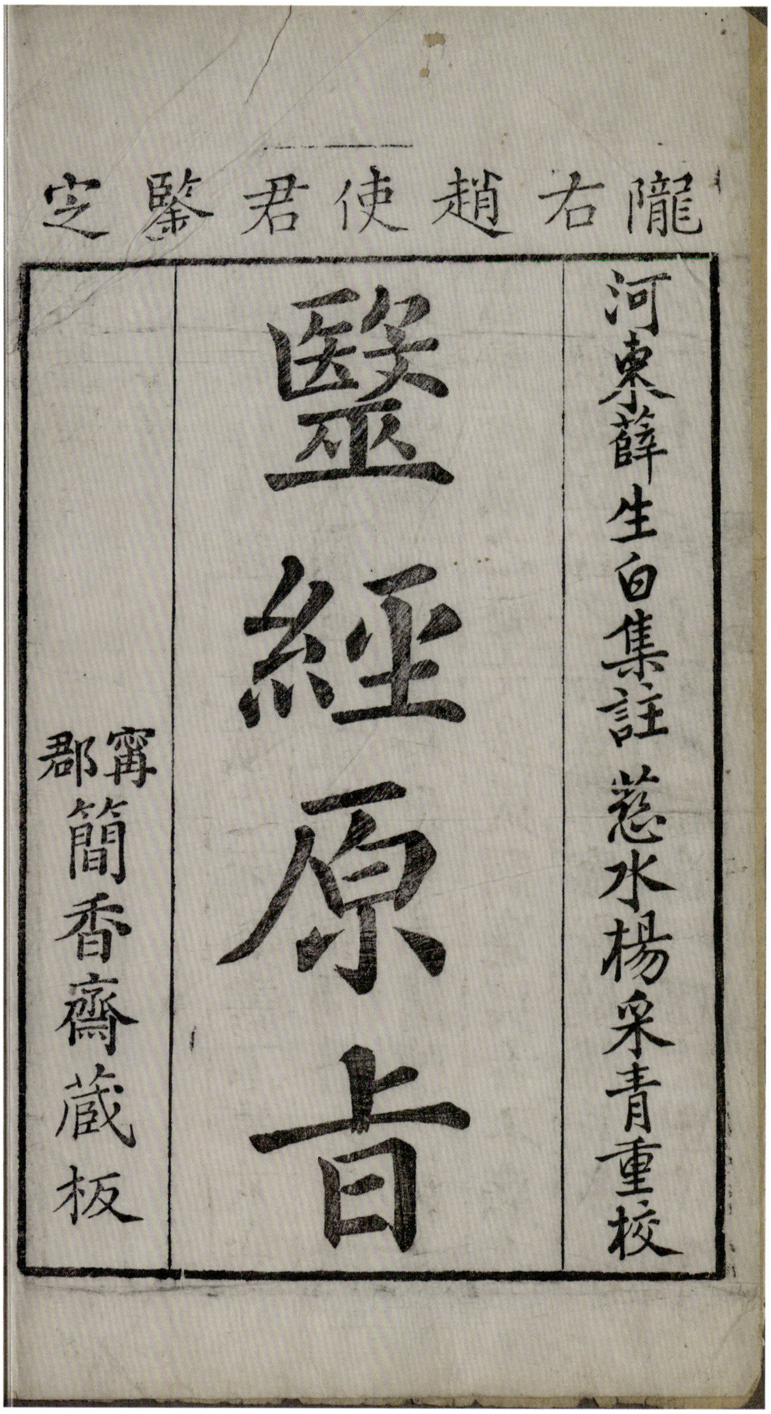

003　醫經原旨十四卷（清）薛雪撰　清楊采青重校寧郡簡香堂刻本

開本高24.5cm，闊15.5cm。版框高17.6cm，闊12.8cm。半葉10行，單行21字，雙行小字同。白口，四周單邊雙邊兼有，單黑魚尾。

醫經原旨

攝生第一

薛雪集註

今時之人其知道者食飲有節起居有常不妄作勞　節飲食以養內愼起居以養外不妄作勞以保其天眞　虛邪賊風避之有時　虛邪謂風從衝後來者主殺主害如避矢石治外之道也　志閒而少欲心安而不懼形勞而不倦　志閒而無貪何欲之有心安而無慮何懼之有形勞而神逸何倦之有　高下不相慕　高忘其貴下安其分兩無相慕知止不殆也　嗜欲不能勞其目淫邪不能惑其心和於陰陽調於四時　和合也合陰陽之變化調順也順四時之往來　積精全神此能益壽而強者也從則治而逆則亂矣

○春三月此謂發陳　發啓也陳故也春陽上升發育庶物啓故從新故曰發陳　天地俱生萬

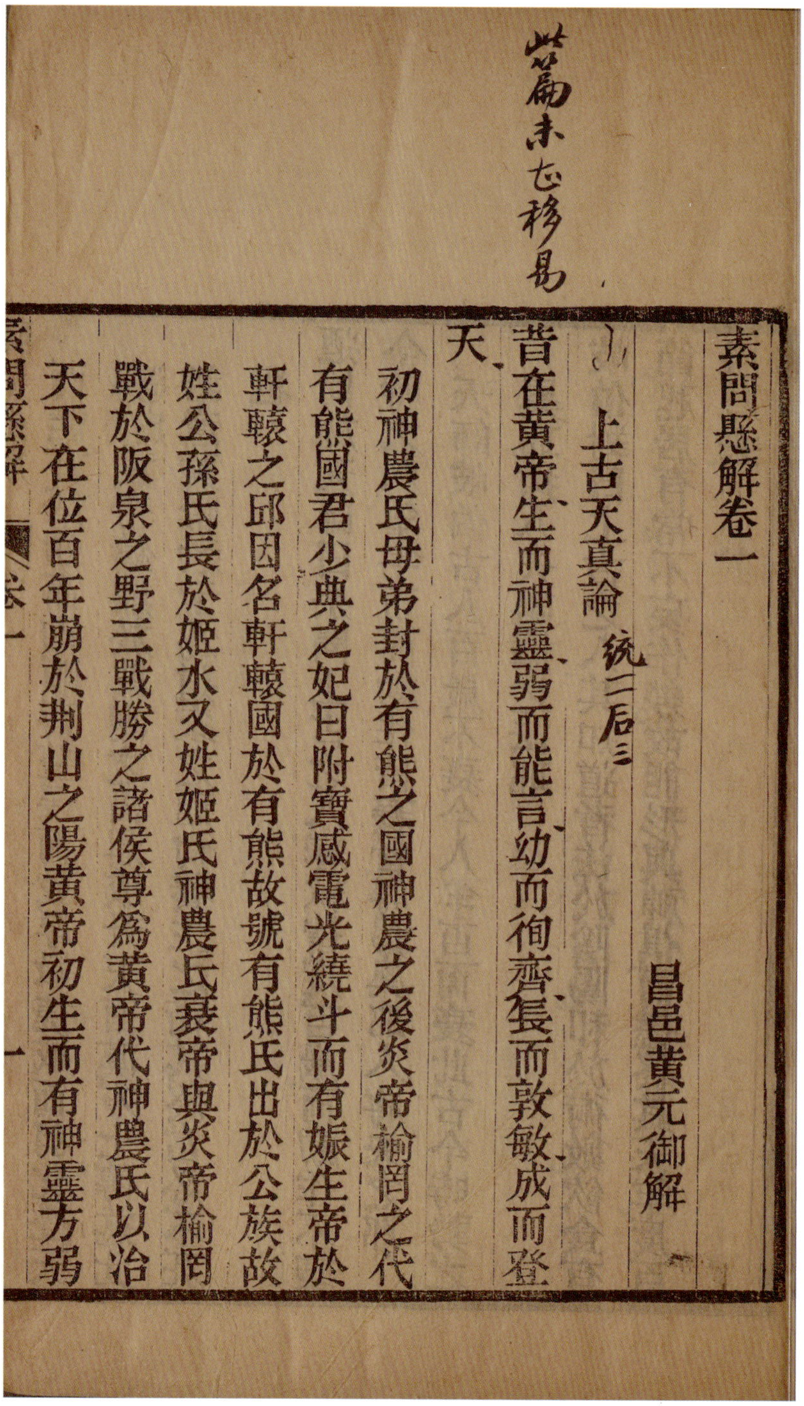
素問懸解卷一　　昌邑黃元御解
上古天真論
昔在黃帝生而神靈弱而能言幼而徇齊長而敦敏成而登
天
初神農氏母弟封於有熊之國神農之後炎帝榆罔之代
有熊國君少典之妃曰附寶感電光繞斗而有娠生帝於
軒轅之邱因名軒轅國於有熊故號有熊氏出於公族故
姓公孫氏長於姬水又姓姬氏神農氏衰帝與炎帝榆罔
戰於阪泉之野三戰勝之諸侯尊爲黃帝代神農氏以治
天下在位百年崩於荆山之陽黃帝初生而有神靈方弱
素問懸解　卷一　一

004　黃氏遺書三種二十五卷（清）黃元御撰　清同治十一年（1872）至光緒六年（1880）陽湖馮氏刻本

開本高24.3cm，闊15.5cm。框高17.3cm，闊13.5cm。半葉11行，單行23字，雙行小字同。白口，左右雙边，單黑魚尾。

靈樞懸解卷一

昌邑黃元御解

九鍼十二原

黃帝問於岐伯曰余子萬民養百姓而收其租稅余哀其不給而屬有疾病余欲勿使被毒藥無用砭石欲以微鍼通其經脈調其血氣營其逆順出入之會令可傳於後世必明爲之法令終而不滅久而不絕易用難忘爲之經紀異其章別其表裏爲之終始令各有形先立鍼經願聞其情岐伯答曰臣請推而次之令有綱紀始於一終於九焉

鍼經即靈樞經帝欲不用毒藥砭石而以微鍼除百姓之病先立鍼經故諮岐伯而作靈樞

難經懸解卷上

昌邑黃元御坤載解

一難

一難曰：十二經中皆有動脈，獨取寸口以決五藏六府死生吉凶之法，何謂也？然寸口者，脈之大會，手太陰之動脈也。

難，問難也。難經者，問難黃帝內經之義也（黃帝詥岐伯作素問靈樞經，謂之內經）。十二經中皆有動脈，手太陰脈動中府、雲門、天府、俠白，手陽明脈動合谷、陽谿，手少陰脈動極泉、神門，手太陽脈動天窻，手厥陰脈動勞宮，手少陽脈動禾髎，足太陰脈動箕門、衝門，足陽明脈動大迎、人迎、氣衝、衝陽，足少陰脈動太谿、陰谷，足太陽脈動委中，足厥陰脈動太衝、五里、陰

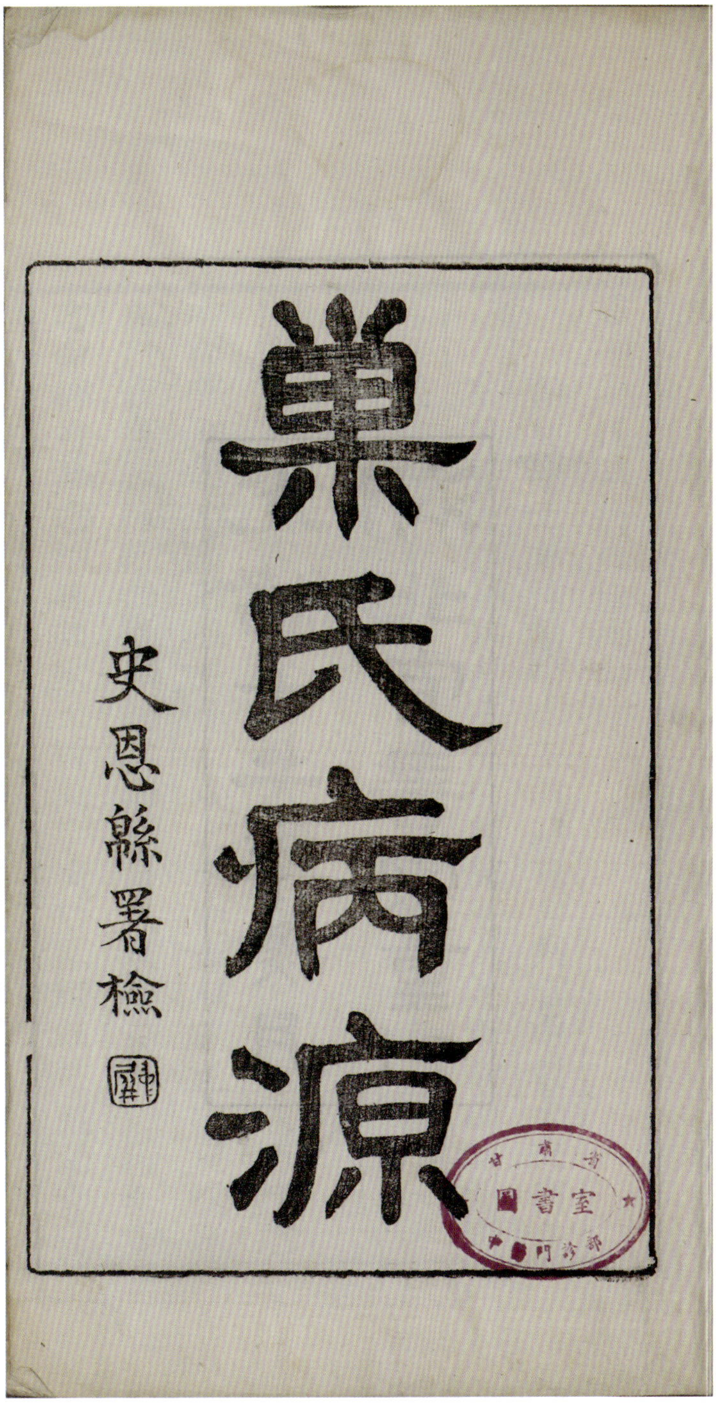

005 （重刊）巢氏諸病源候总論五十卷（隋）巢元方等撰　清光緒十二年（1886）湖北官書處刻本

開本高25.5cm，闊15.1cm。版框高18.1cm，闊11.6cm。半葉9行，單行24字。白口，左右雙邊，單黑魚尾。

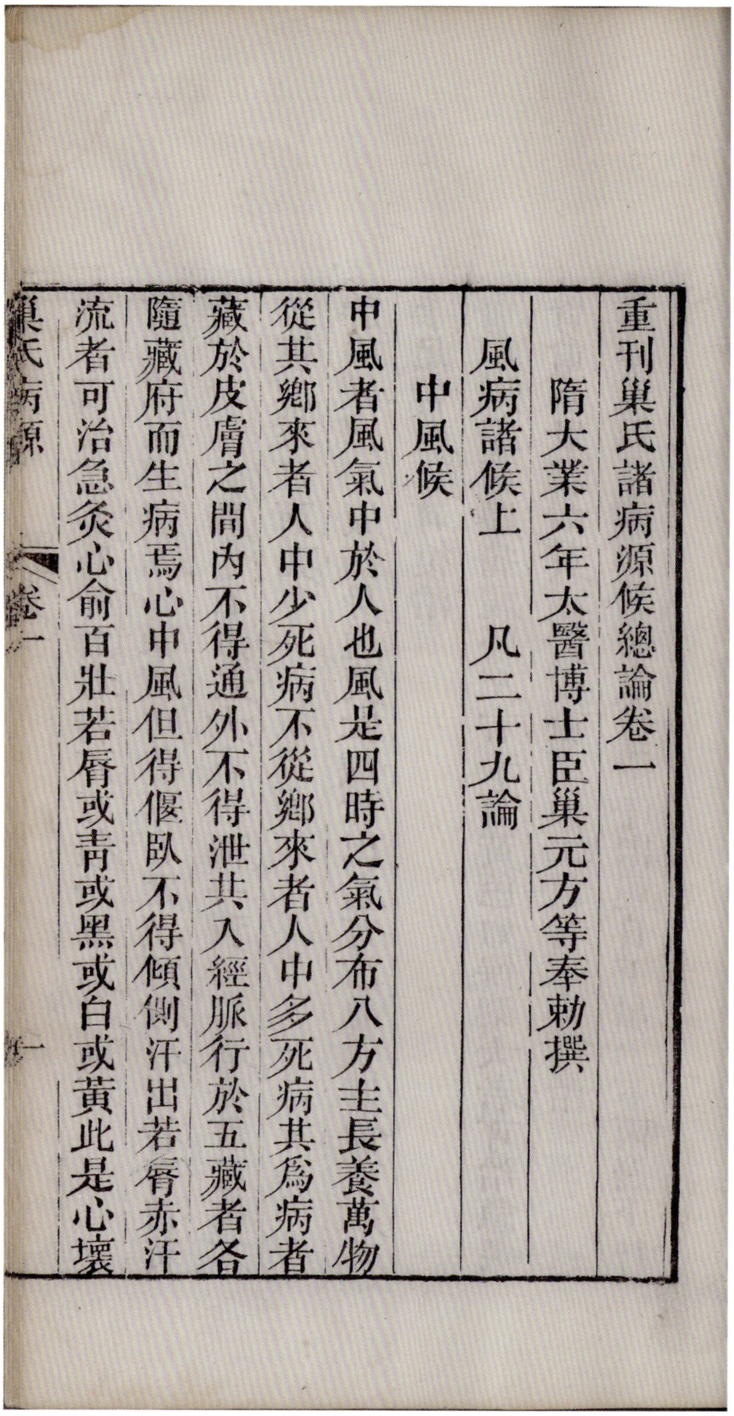

重刊巢氏諸病源候總論卷一

隋大業六年太醫博士臣巢元方等奉勅撰

風病諸候上　凡二十九論

中風候

中風者風氣中於人也風是四時之氣分布八方主長養萬物從其鄉來者人中少死病不從鄉來者人中多死病其爲病者藏於皮膚之間內不得通外不得泄其入經脈行於五藏者各隨藏府而生病焉心中風但得偃臥不得傾側汗出若脣赤汗流者可治急灸心俞百壯若脣或青或黑或白或黃此是心壞

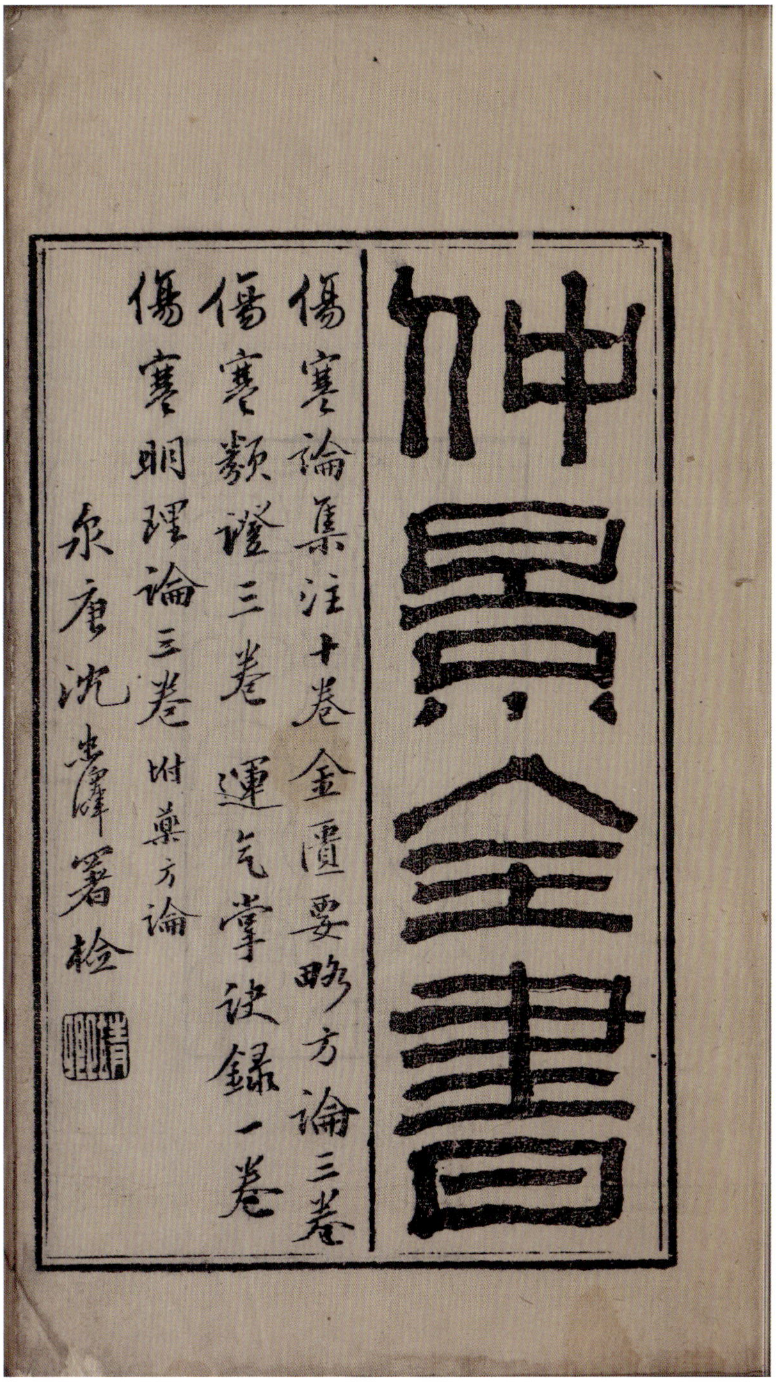

006　仲景全書五種二十一卷（漢）張機等原撰　清光緒二十年（1894）成都鄧氏崇文齋校刻本

開本高26.9cm，闊17.1cm。版框高17.9cm，闊12.2cm。半葉11行，單行22字。白口，左右雙邊，單黑魚尾。

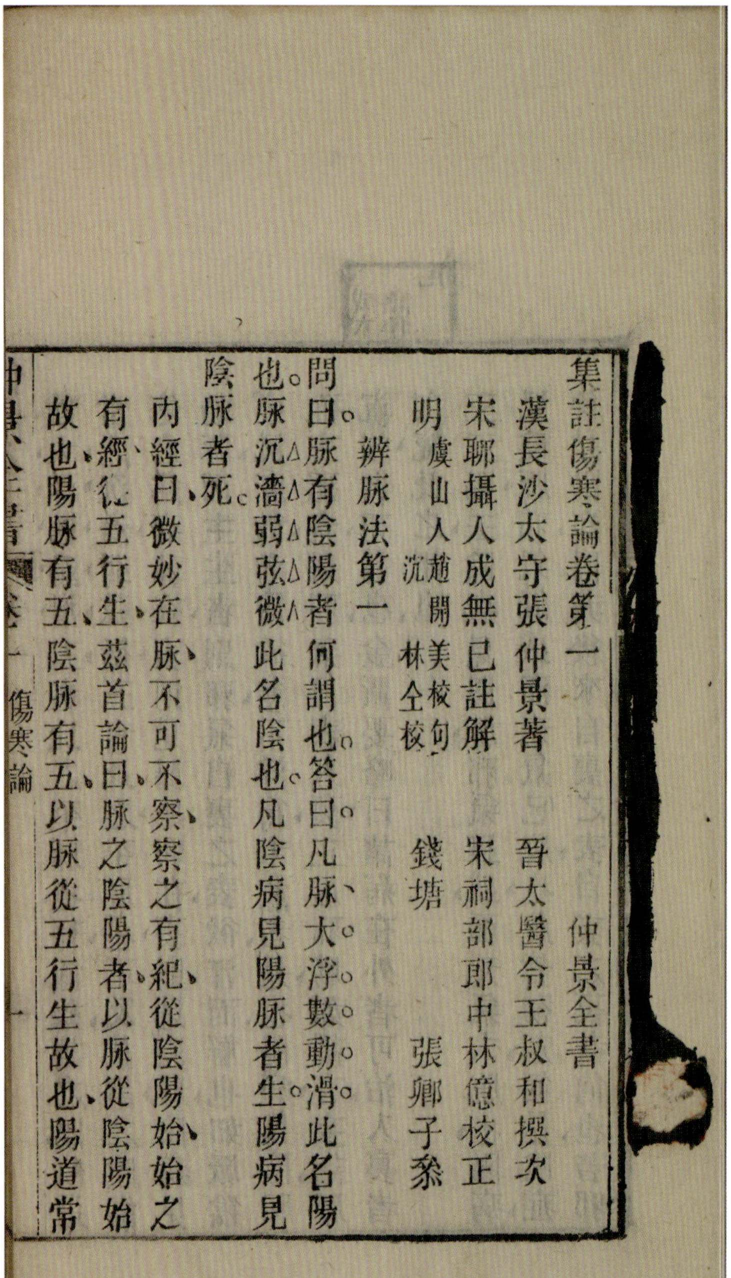

集註傷寒論卷第一　　仲景全書

漢長沙太守張仲景著　　晉太醫令王叔和撰次

宋聊攝人成無已註解　　宋祠部郎中林億校正

明虞山人趙開美校句　沈林仝校　　錢塘　張卿子叅

辨脉法第一

問曰。脉有陰陽者何謂也。答曰。凡脉大、浮。數。動。滑。此名陽也。脉沉△濇△弱△弦△微△此名陰也。凡陰病見陽脉者生。陽病見陰脉者死。

內經曰、微妙在脉、不可不察、察之有紀、從陰陽始、始之有經、從五行生、茲首論曰脉之陰陽者、以脉從陰陽始故也、陽脉有五、陰脉有五、以脉從五行生故也、陽道常

仲景全書　卷一　傷寒論　一

傷寒論三註序
古之爲醫者多矣求其詳
切內經歷叅名案以療症
於無弊者大都薦紳先生

007　傷寒論三註十六卷（清）周揚俊編註　清乾隆四十五年（1780）松心堂刻本

開本高25.9cm，闊16.5cm。版框高19.3cm，闊13.6cm。半葉9行，單行21 字，雙行小字同。白口，四周單邊，單黑魚尾。

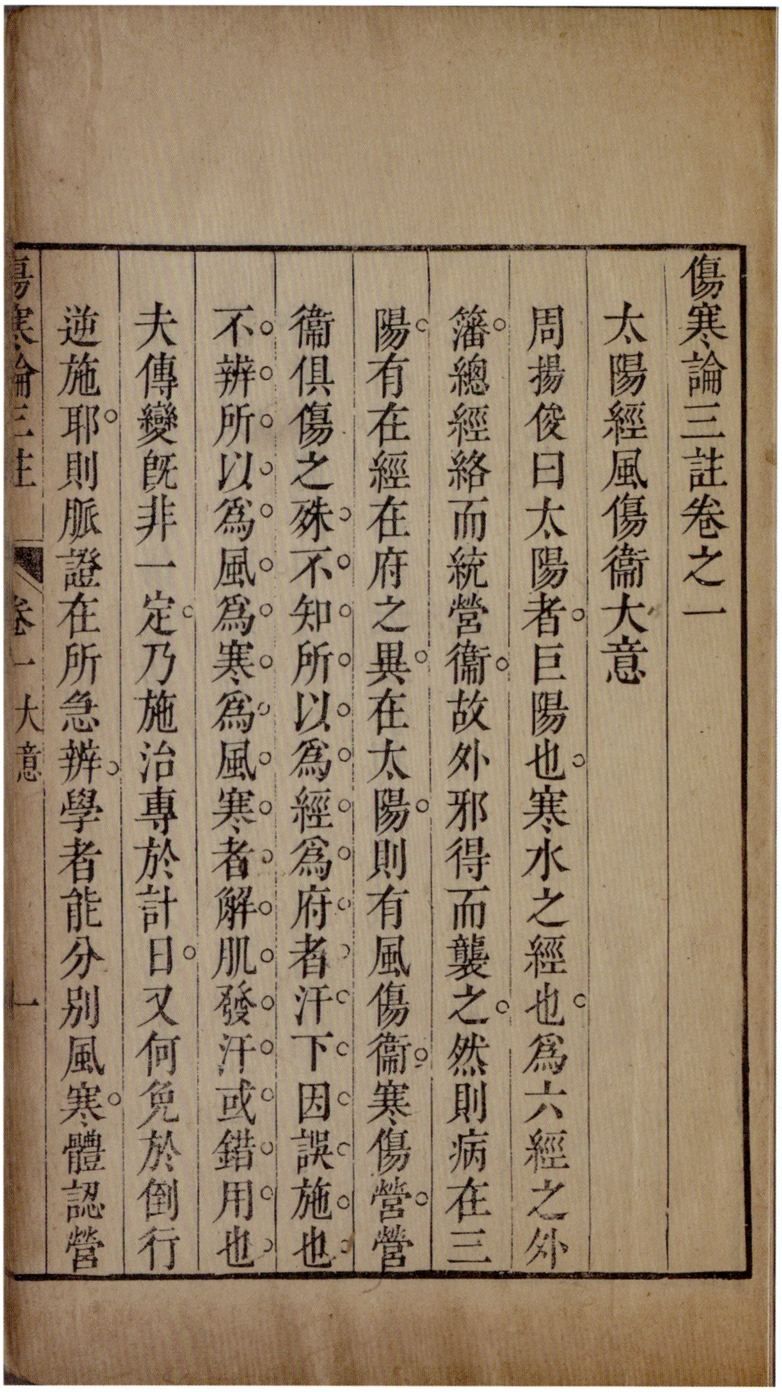

傷寒論三註卷之一

太陽經風傷衛大意

周揚俊曰太陽者巨陽也寒水之經也爲六經之外籓總經絡而統營衛故外邪得而襲之然則病在三陽有在經在府之異在太陽則有風傷衛寒傷營衛俱傷之殊不知所以爲經爲府者汗下因誤施也不辨所以爲風爲寒爲風寒者解肌發汗或錯用也夫傳變既非一定乃施治專於計日又何免於倒行逆施耶則脈證在所急辨學者能分別風寒體認營

傷寒論三註　卷一　大意　一

008　增輯傷寒類方四卷（清）徐大椿編　潘霨增補　清同治五年（1866）古吳潘氏刻韡園医书六种本

開本高25.4cm，闊15.2cm。版框高19.6cm，闊12.2cm。上下雙欄，上欄半葉9行，單行10字，下欄半葉6行，單行16字，雙行小字同。白口，四周雙邊，單黑魚尾。

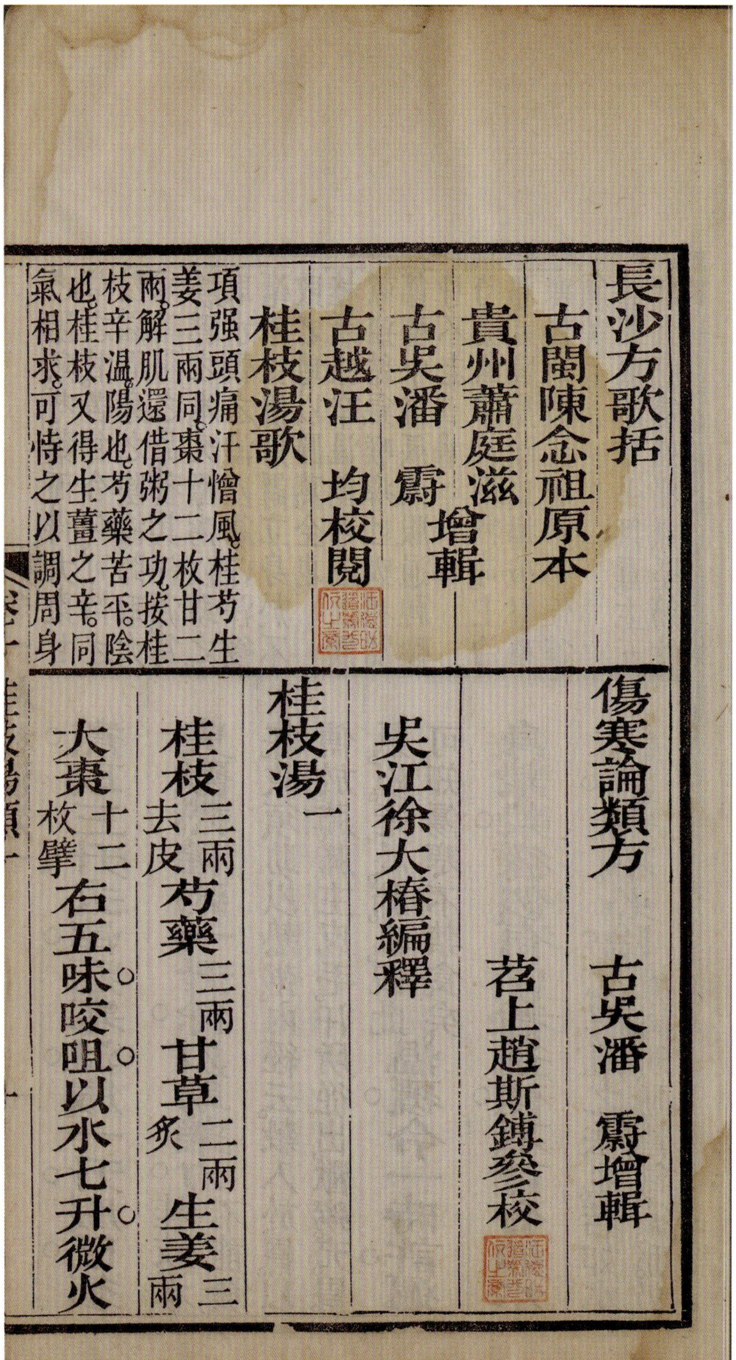

長沙方歌括

古閩陳念祖原本

貴州蕭庭滋增輯

古吳潘霨

古越汪均校閱

桂枝湯歌

項强頭痛汗憎風桂芍生姜三兩同棗十二枚甘二兩解肌還借粥之功按桂枝辛温陽也芍藥苦平陰也桂枝又得生薑之辛同氣相求可恃之以調周身

傷寒論類方　古吳潘霨增輯

苕上趙斯鑄參校

吳江徐大椿編釋

桂枝湯一

桂枝三兩去皮　芍藥三兩　甘草二兩炙　生姜三兩

大棗十二枚擘　右五味㕮咀以水七升微火

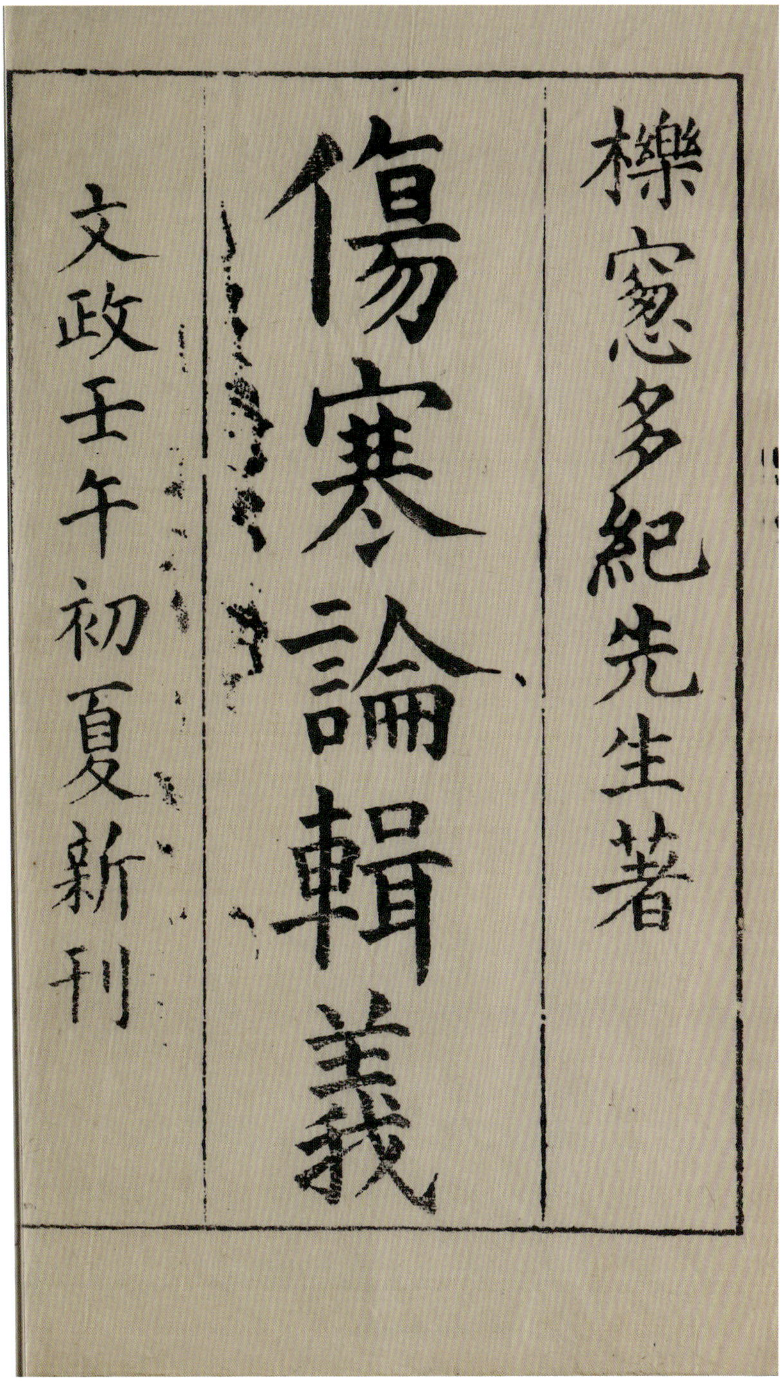

009　伤寒论輯義七卷（日）丹波元簡編註　日本文政五年壬午（1822）聿修堂刻本清光緒十年（1884）楊守敬重印本

開本高24.9cm，闊16.3cm。版框高18.6cm，闊13.3cm。半葉10行，單行23字，雙行小字同。白口，四周單边，單黑魚尾。

傷寒論輯義卷一　原文一依宋版

東都　丹波元簡廉夫　學

辨太陽病脉證并治上

太陽之爲病。脉浮。頭項強痛而惡寒。

［方］太陽者。六經之首。主皮膚而統榮衛。所以爲受病之始也。難經曰。浮。脉在肉上行也。滑氏曰。脉在肉上行。主表也。表卽皮膚榮衛麗焉。故脉見尺寸俱浮。知爲病在太陽之診也。項。頸後也。強痛者。皮膚榮衛。一有感受。經絡隨感而應。邪正爭擾也。惡寒者。該風而言也。風寒初襲表。而鬱於表。故不勝復被風寒外迕。而畏惡之。及其過表而入裏。則

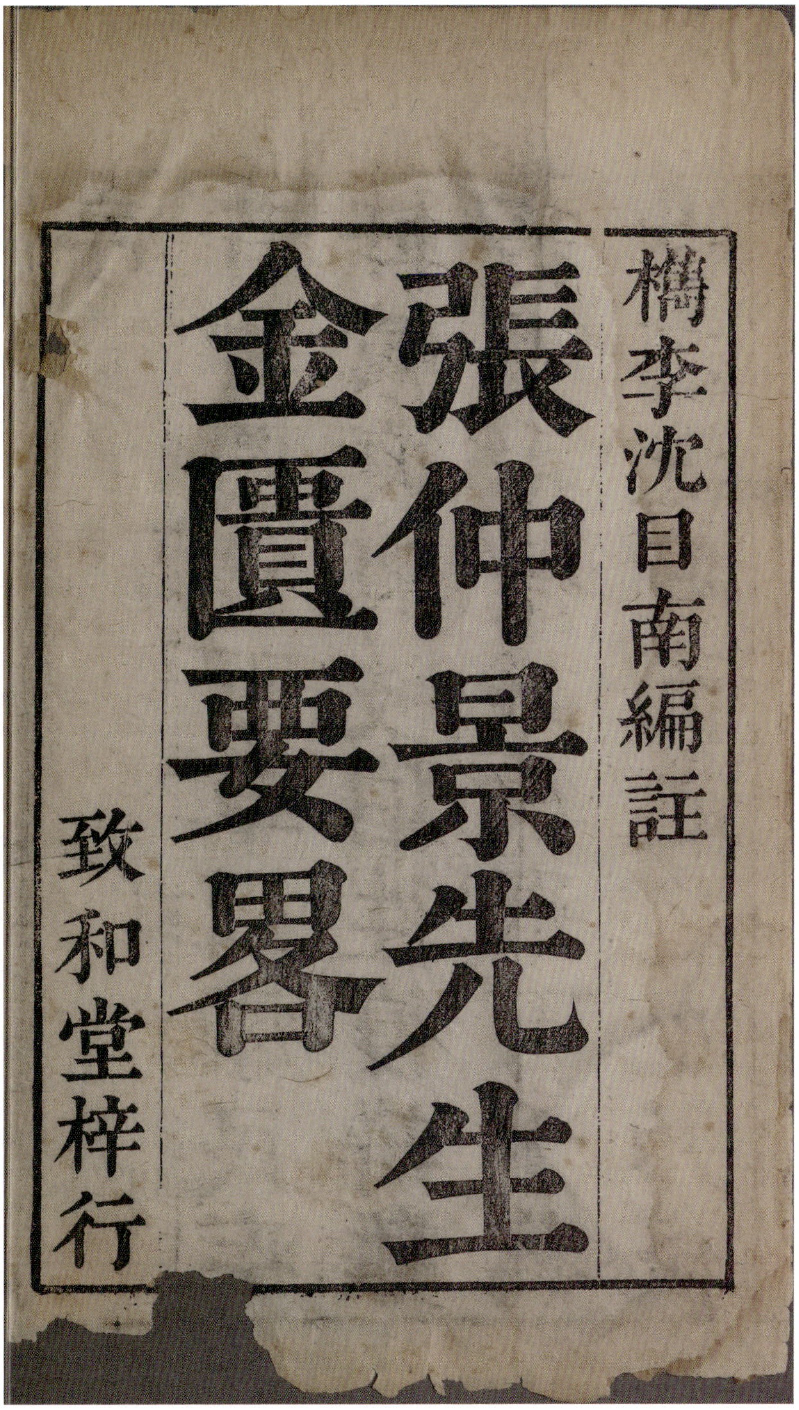

010　張仲景金匱要略二十四卷（清）沈明宗註　清康熙三十二年（1693）大觀堂刻致和堂印本

開本高24.6cm，闊15.8cm。版框高20.3cm，闊13.5cm。半葉10行，單行19字。上下黑口，四周單邊，單黑魚尾。

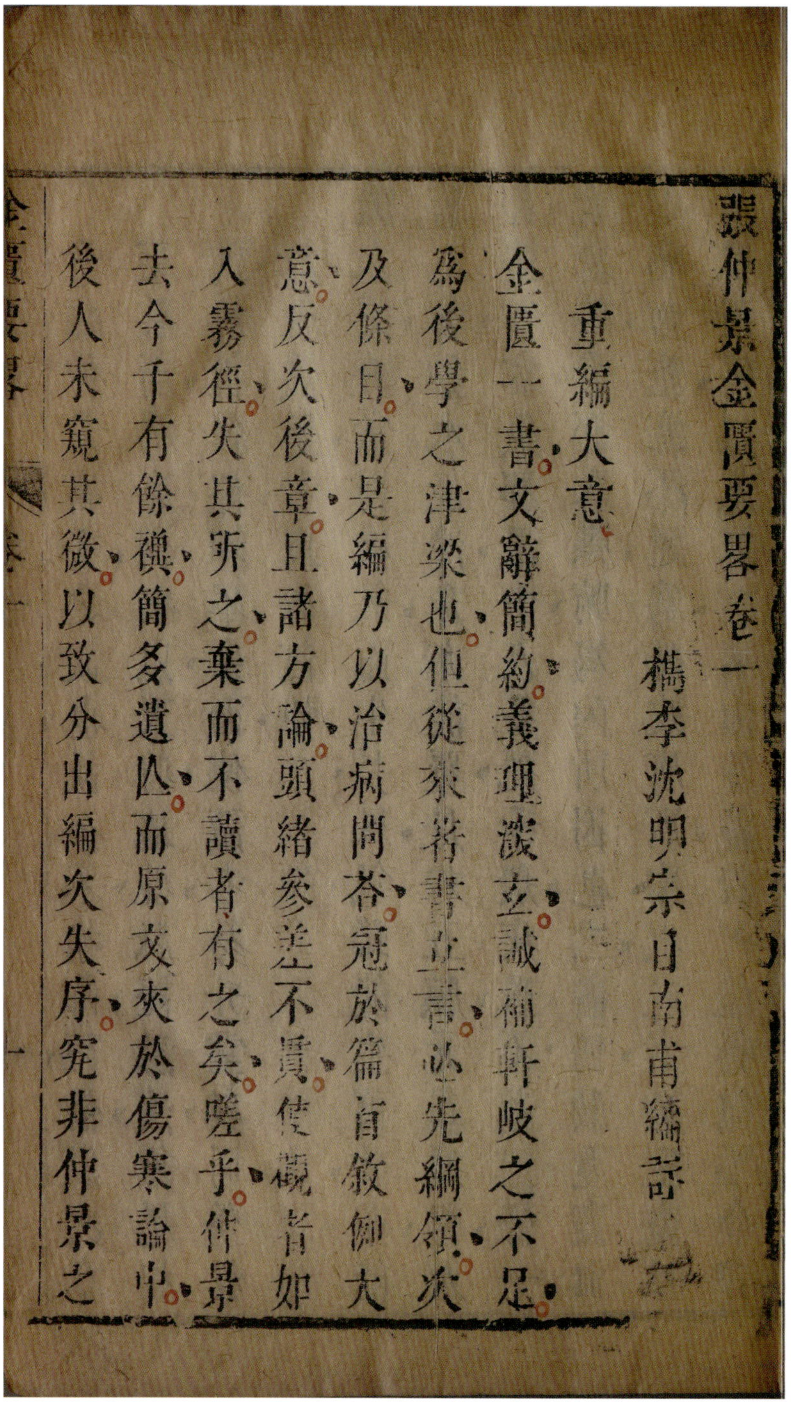
張仲景金匱要畧卷一
檇李沈明宗目南甫編註
重編大意
金匱一書文辭簡約義理淵玄誠補軒岐之不足
爲後學之津梁也但從來著書立言必先綱領次
及條目而是編乃以治病問荅冠於篇首敘例大
意反次後章且諸方論頭緒參差不貫使覽者如
入霧徑失其旨之棄而不讀者有之矣嗟乎仲景
去今千有餘禩簡多遺亾而原文夾於傷寒論中
後人未窺其微以致分出編次失序究非仲景之
金匱要畧　卷一　一

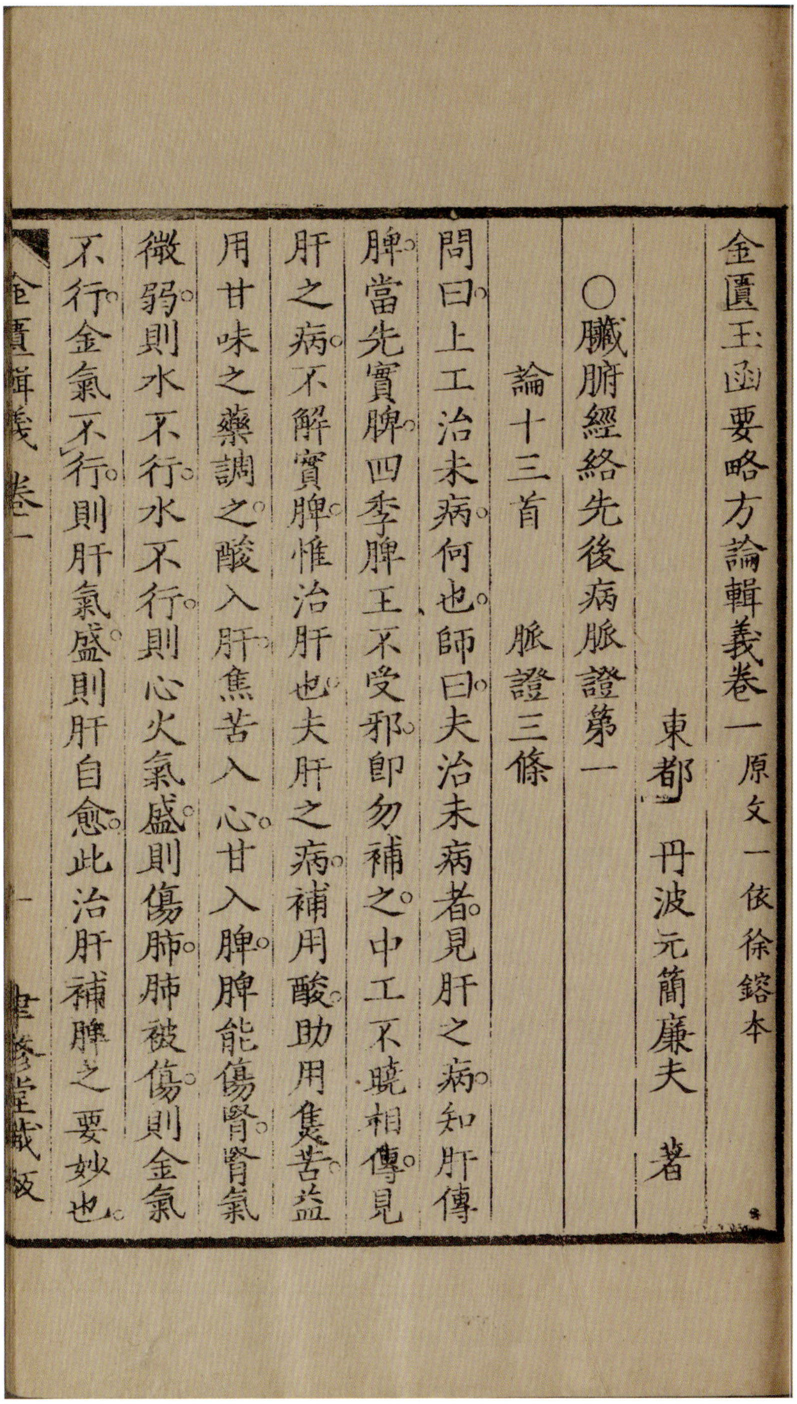
金匱玉函要略方論輯義卷一　原文一依徐鎔本

東都　丹波元簡廉夫　著

○臟腑經絡先後病脈證第一

論十三首　脈證三條

問曰上工治未病何也師曰夫治未病者見肝之病知肝傳脾當先實脾四季脾王不受邪即勿補之中工不曉相傳見肝之病不解實脾惟治肝也夫肝之病補用酸助用焦苦益用甘味之藥調之酸入肝焦苦入心甘入脾脾能傷腎腎氣微弱則水不行水不行則心火氣盛則傷肺肺被傷則金氣不行金氣不行則肝氣盛則肝自愈此治肝補脾之要妙也

金匱輯義　卷一　一　聿修堂藏板

011　金匱玉函要略輯義六卷（日）丹波元簡撰　日本文化八年辛未（1811）東都書肆青雲堂刻本聿修堂藏板

開本高24.9cm，闊16.3cm。版框高18.6cm，闊13.5cm。半葉10行，單行23字，雙行小字同。白口，四周黑边，單黑魚尾。

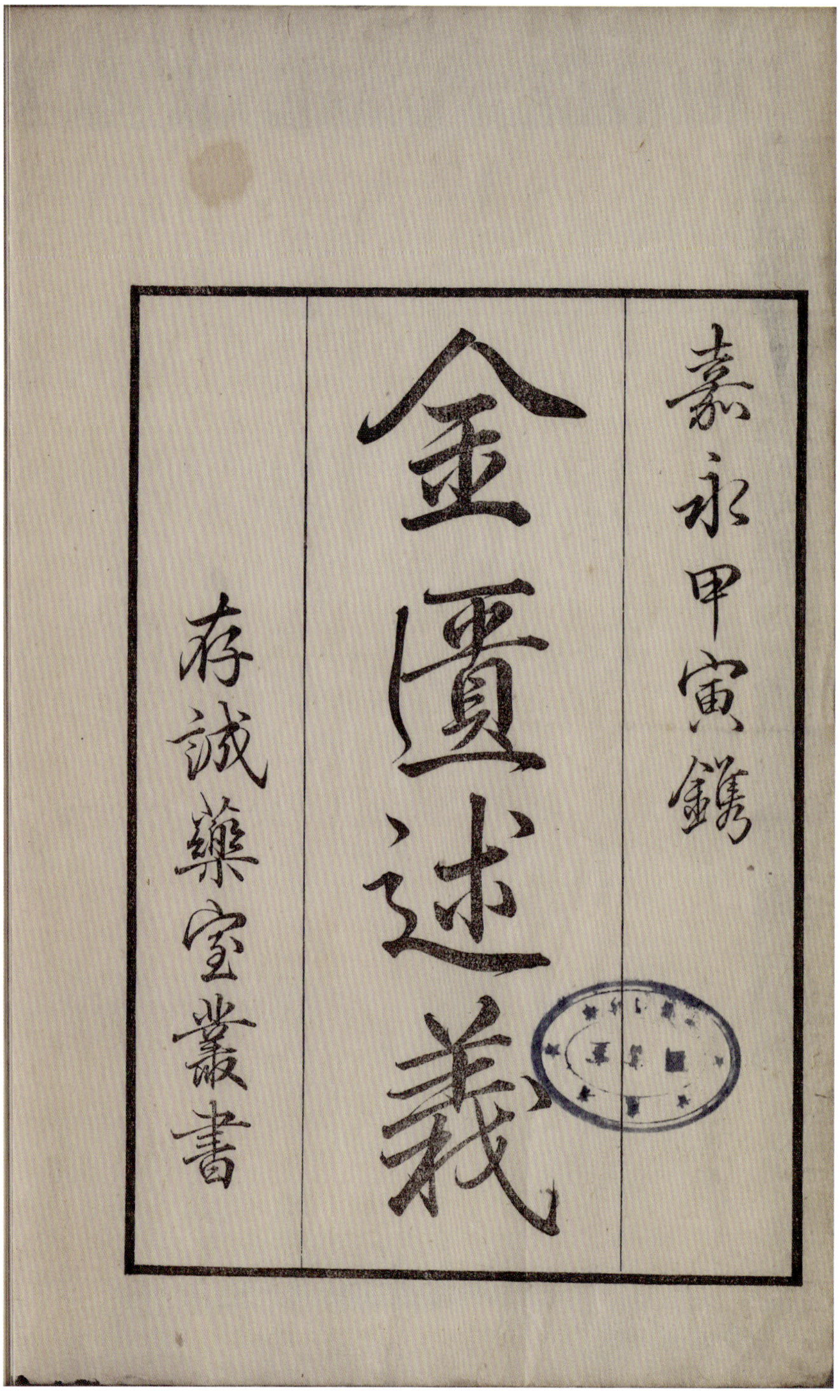

012　金匱玉函要略述義三卷（日）丹波元堅撰　日本嘉永七年甲寅（1854）刻存誠藥室叢書鬱修堂藏板

開本高25.8cm，闊17.8cm。版框高18.1cm，闊13.0cm。半葉10行，單行23字，雙行小字同。白口，四周單边，單黑魚尾。

金匱玉函要略述義卷上

丹波元堅　學

桉廣雅曰略要也王念孫疏證曰孟子滕文公篇此其大略也趙岐注云略要也又說文曰略經略土地也段玉裁注曰引申之凡舉其要而用功少者曰略略者對詳而言觀此諸說則要略二字其義燮晰矣

○臟腑經絡先後病脈證第一　桉傷寒論每篇首冠以辨字今要略無之者蓋後人所刪也外臺療痓方引張仲景傷寒論每條首有辨痓病辨痓脈等字亦足以證

論十三首　三當作五　脈證三條　諸本作二條空從

問曰上工治未病何也

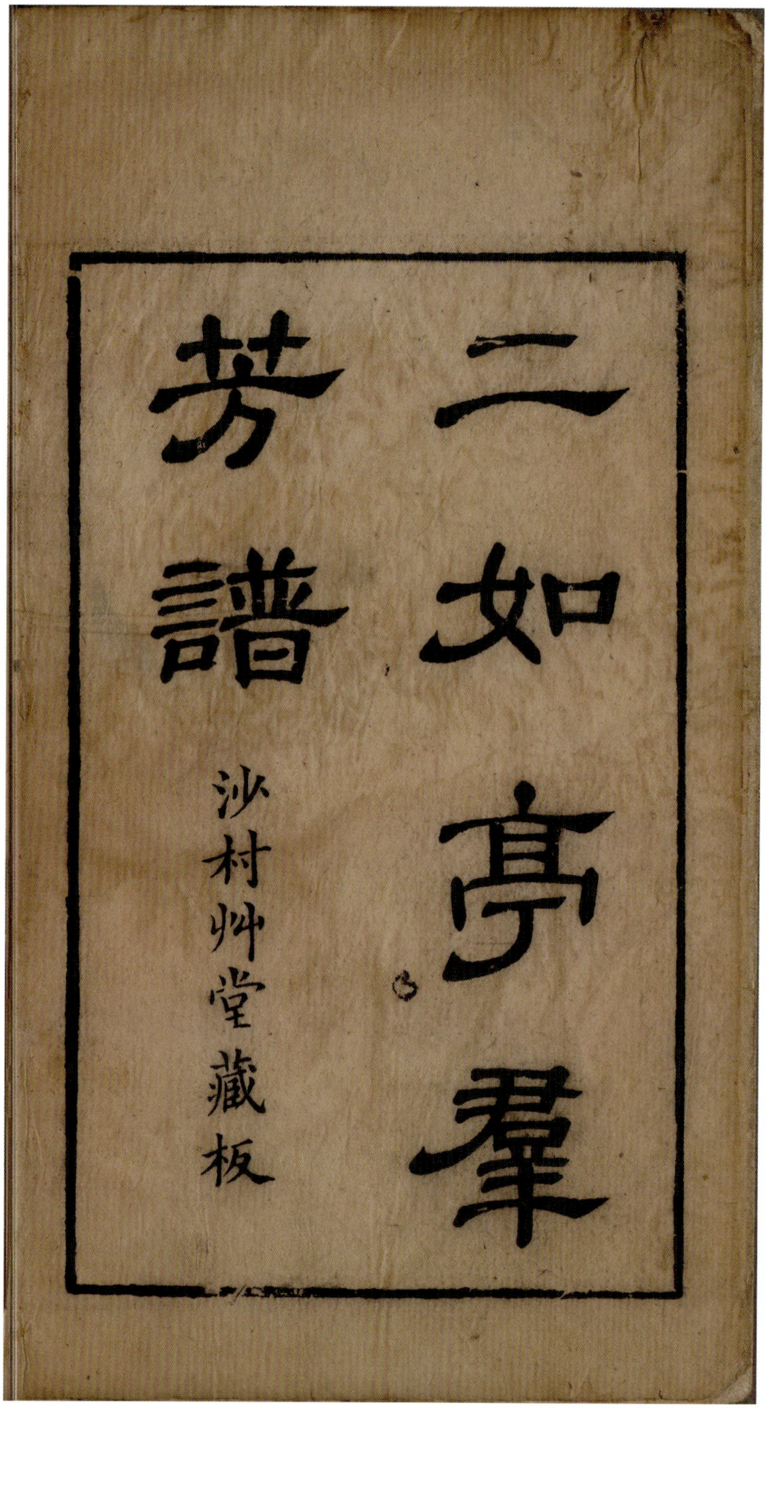

013　二如亭群芳譜二十八卷卷首一卷（明）王象晉纂輯　陳繼儒等校　清初沙村草堂刻本

開本高28.1cm，闊17.9cm。版框上中下三欄，高21.8cm，闊14.0cm。半葉8行，單行18字。白口，四周單邊雙邊兼有，單黑魚尾。

二如亭群芳譜天部卷之一

濟南　王象晉藎臣甫　纂輯

松江　陳繼儒仲醇甫

虞山　毛鳳苞子晉甫　仝較

寧波　姚元台子雲甫

濟南　男王輿籥　孫士和　曾孫啟泓　詮次

天譜一

天

積陽之精群物之祖也周環無端其形渾然

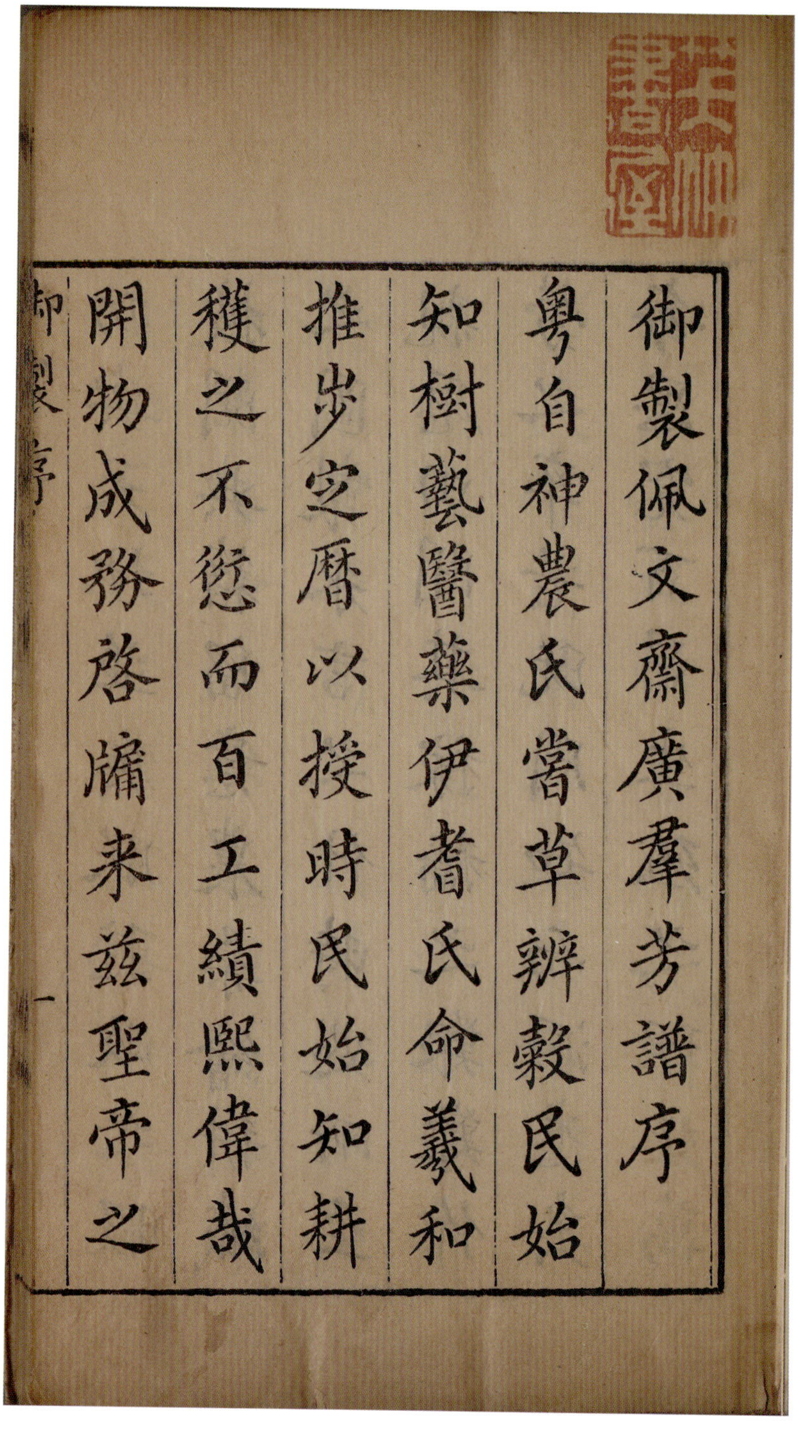

御製佩文齋廣羣芳譜序

粤自神農氏嘗草辨穀民始知樹藝醫藥伊耆氏命羲和推步定曆以授時民始知耕穫之不愆而百工績熙偉哉開物成務啓牖來茲聖帝之

御製序　一

014 （佩文齋）廣群芳譜一百卷目録二卷（清）汪灝編　清康熙四十七年（1708）刻本

開本高23.0cm，闊14.7cm。版框高16.7cm，闊11.1cm。半葉11行，單行21字。白口，左右雙边，雙対黑魚尾。

佩文齋廣羣芳譜卷第一

天時譜

春

〔增〕〔禮記鄉飲酒義〕東方者春春之爲言蠢也產萬物者聖也〔注〕蠢動生之貌也聖之爲言生也〔疏〕東方產育萬物故爲春爲聖 〔爾雅〕春爲青陽〔注〕氣青而溫陽 春爲發生 〔公羊傳〕春者何歲之始也〔注〕春者天地開闢之端養生之首 〔管子〕東方曰歲星其時曰春其氣曰風風生木 〔梁元帝纂要〕春曰陽春青春芳春三春九春風曰陽風春風暄風柔風惠風景曰媚景時曰良時嘉時芳時辰曰良辰嘉辰芳辰節曰華節芳節嘉節良

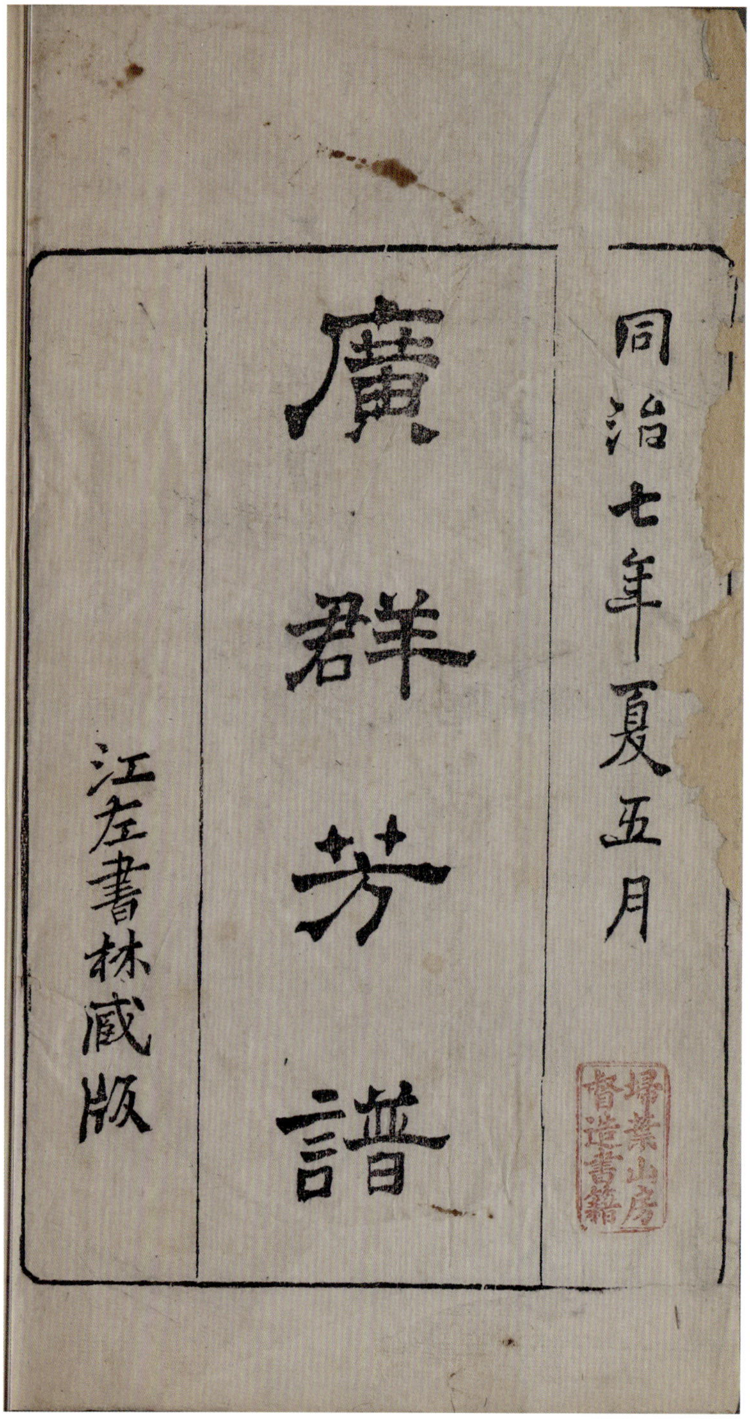

015 （佩文齋）廣群芳譜一百卷目録二卷（清）汪灝編　清同治七年（1868）刻本江左書林藏版

開本高23.3cm，闊15.3cm。版框高16.9cm，闊11.1cm。半葉11行，單行21字，雙行小字同。白口，四周雙边，雙对黑魚尾。

佩文齋廣羣芳譜卷第一

天時譜

春

【增】〔禮記鄉飲酒義〕東方者春春之爲言蠢也產萬物者聖也〔注〕蠢動生之貌也聖之爲言生也〔疏〕東方產育萬物故爲春爲聖〔爾雅〕春爲青陽〔注〕氣青而溫陽 春爲發生〔公羊傳〕春者何歲之始也〔注〕春者天地開闢之端養生之首〔管子〕東方曰歲星其時曰春其氣曰風風生木〔梁元帝纂要〕春曰陽春青春芳春三春九春風曰陽風春風暄風柔風惠風景曰媚景時曰良時嘉時芳時辰曰良辰嘉辰芳辰節曰華節芳節嘉節良

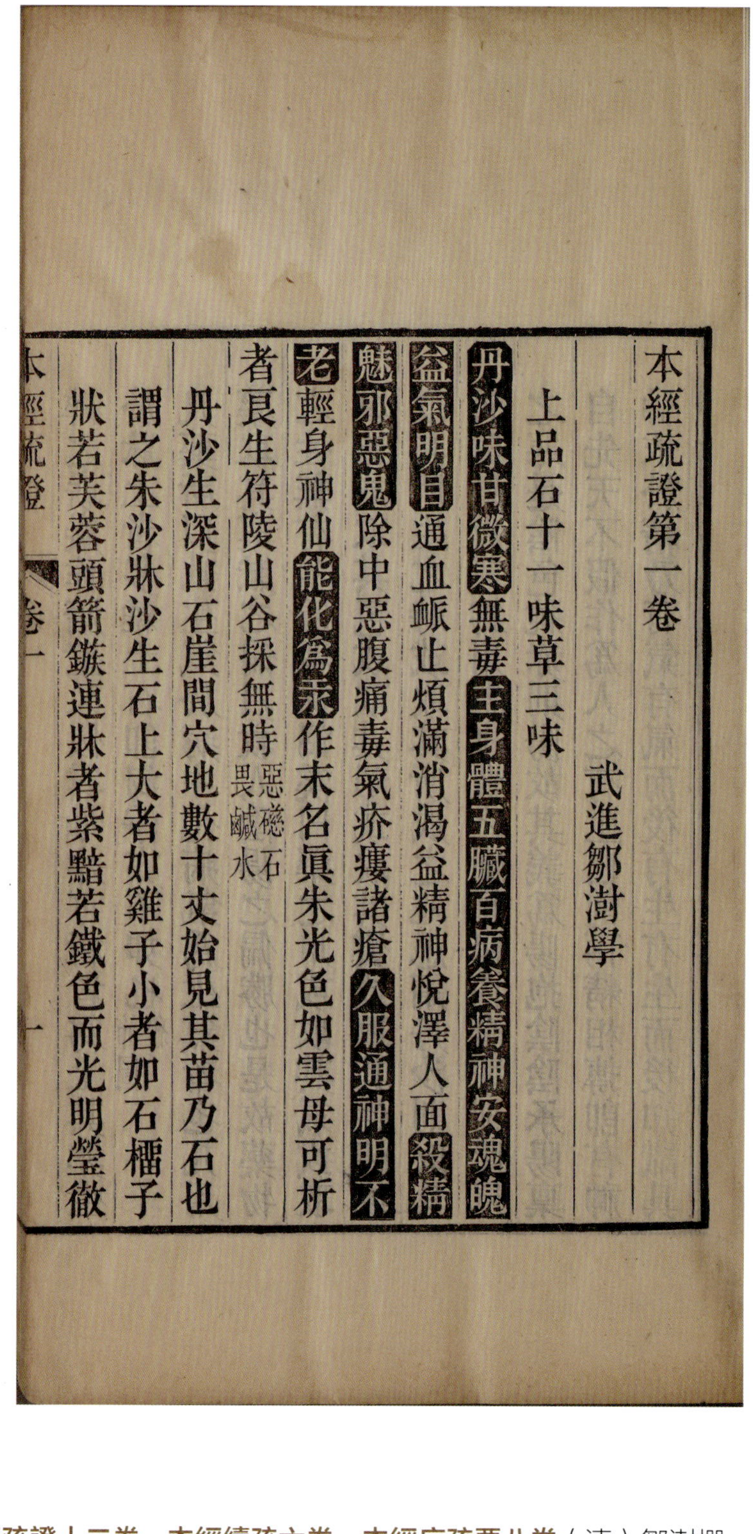
本經疏證第一卷
武進鄒澍學
上品石十一味草三味
丹沙味甘微寒無毒主身體五臟百病養精神安魂魄
益氣明目通血脈止煩滿消渴益精神悅澤人面殺精
魅邪惡鬼除中惡腹痛毒氣疥瘻諸瘡久服通神明不
老輕身神仙能化爲汞作末名眞朱光色如雲母可析
者良生符陵山谷採無時惡慈石畏鹹水
丹沙生深山石崖間穴地數十丈始見其苗乃石也
謂之朱沙牀沙生石上大者如雞子小者如石榴子
狀若芙蓉頭箭鏃連牀者紫黯若鐵色而光明瑩徹
本經疏證　卷一　一

016　本經疏證十二卷　本經續疏六卷　本經序疏要八卷（清）鄒澍撰　清道光二十九年（1849）刻本

開本高25.0cm，闊15.3cm。版框高16.2cm，闊12.1cm。半葉11行，單行21字。白口，左右雙邊，單黑魚尾。

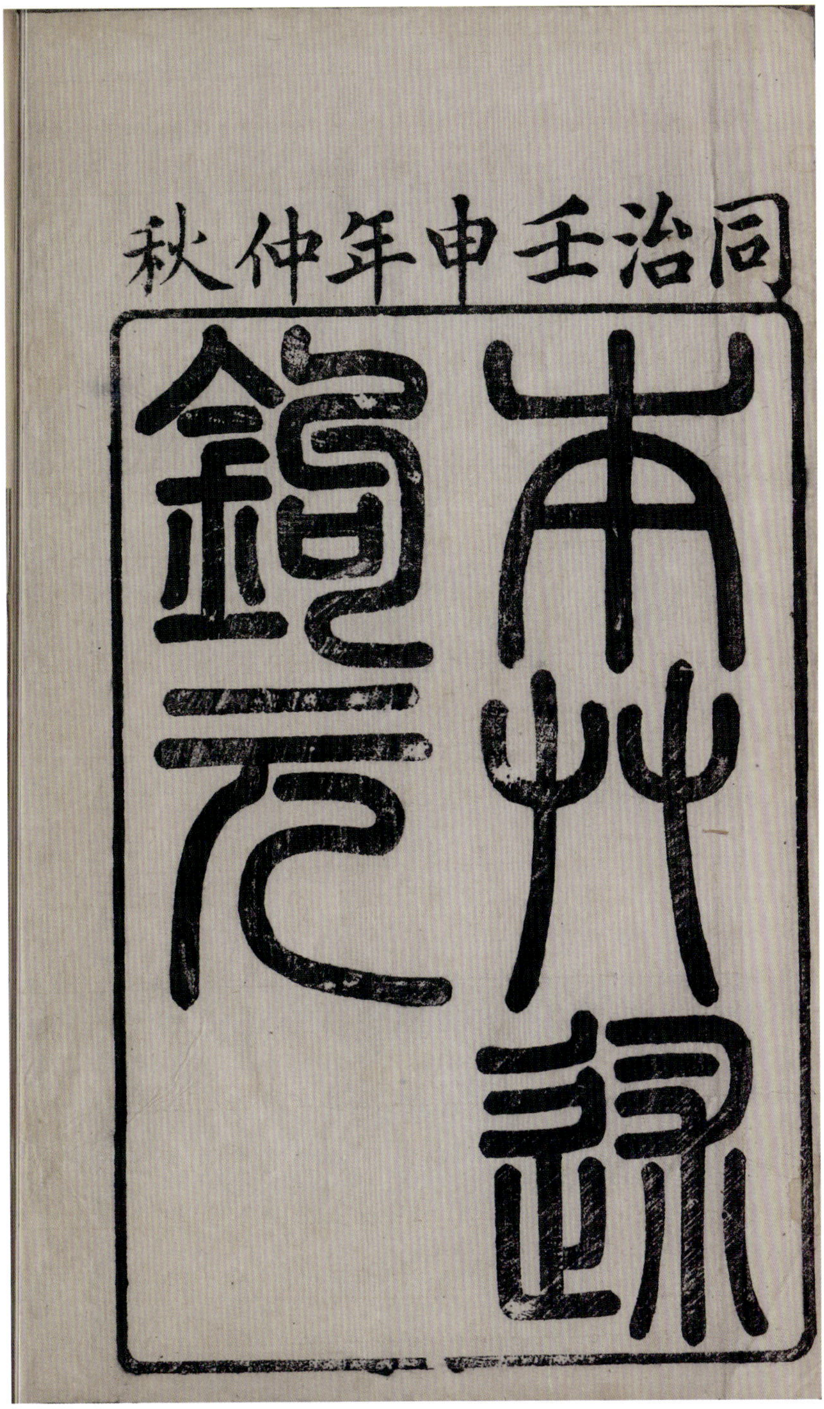

017　本草述鉤元三十二卷（清）劉若金原撰　（清）楊時泰輯　清同治十一年（1872）常州韓文煥齋木活字印本

開本高24.0cm，闊15.8cm。版框高21.3cm，闊13.5cm。半葉9行，單行22字，雙行小字同。白口，左右雙边，單黑魚尾。

本草述鉤元卷一 水部 武進楊時泰貞頤輯

雨水

立春節雨水 梅雨水芒種後逢壬日入梅小暑後逢壬爲出梅 液雨水立冬後十日入液至小雪爲出液得雨謂之液雨廣筆記

論 立春節雨水宜煎發散及補中益氣膏瀕湖爲其得春升生發之氣也虞摶 梅雨水多由濕熱之氣鬱遏熏蒸釀爲霏雨人受其氣則生病物受其氣則生黴覯此水不可造酒醋則梅雨水不宜用矣瀕湖 液雨水主殺百蟲

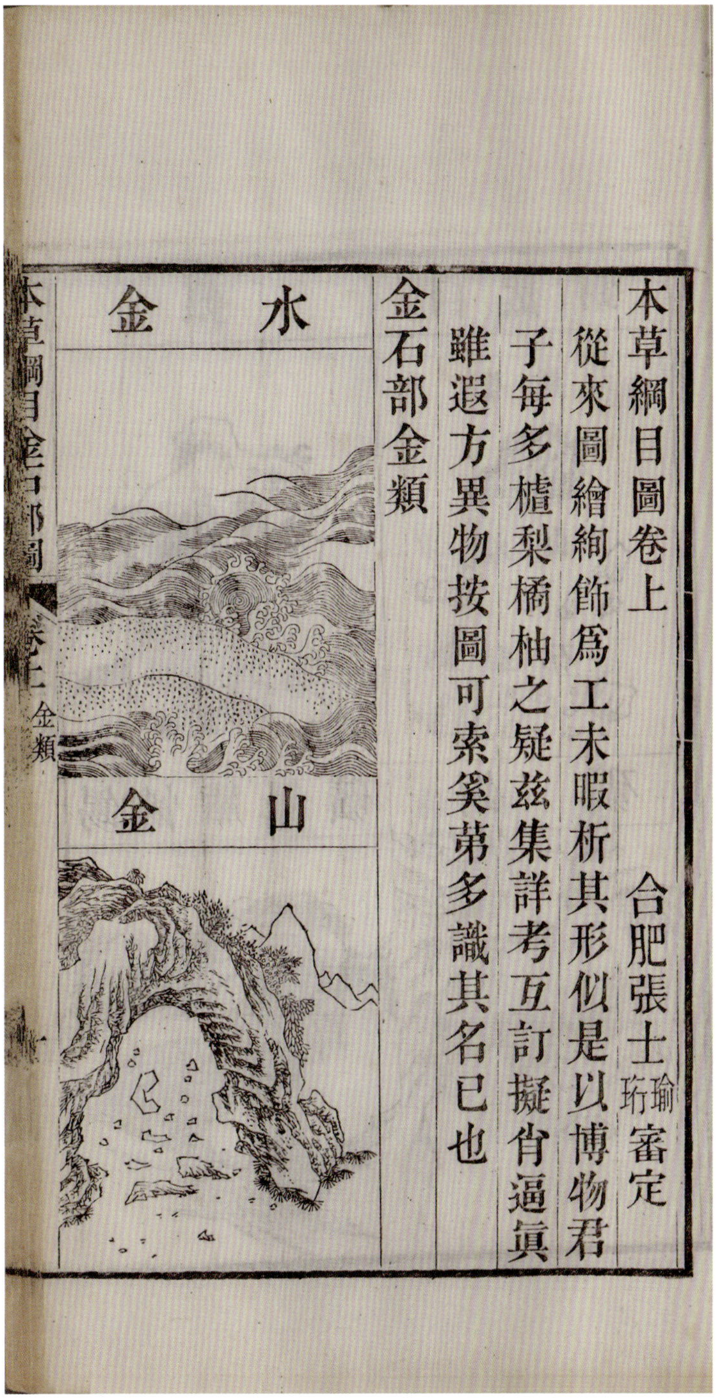

本草綱目圖卷上　　合肥張士瑜珩審定

從來圖繪絢飾爲工未暇析其形似是以博物君

子每多樝梨橘柚之疑茲集詳考互訂擬肖逼眞

雖遐方異物按圖可索奚弟多識其名已也

金石部金類

018　本草綱目五十二卷首一卷圖三卷　附瀕湖脈學脈訣考證、奇經八脈考、本草萬方針線八卷，本草綱目拾遺十卷、首一卷（明）李時珍撰　李建中、李建元校正　李建元、李建木圖　清光緒十一年（1885）味古齋刻本

開本高29.4cm，闊17.5cm。版框高21.5cm，闊13.8cm。半葉9行，單行20字，雙行小字同。白口，左右雙边，單黑魚尾。

本草綱目序例第一卷上

蘄陽李時珍東璧甫編輯
合肥張紹棠又堂重校栞

序例上

歷代諸家本草

神農本草經（掌禹錫曰舊說本草經三卷神農所作而不經見漢書藝文志亦無錄焉漢平帝紀云元始五年舉天下通知方術本草者所在軺傳遣詣京師樓護傳稱護少誦醫經本草方術數十萬言本草之名蓋見于此唐李世勣等以梁七錄載神農本草三卷推以爲始又疑所載

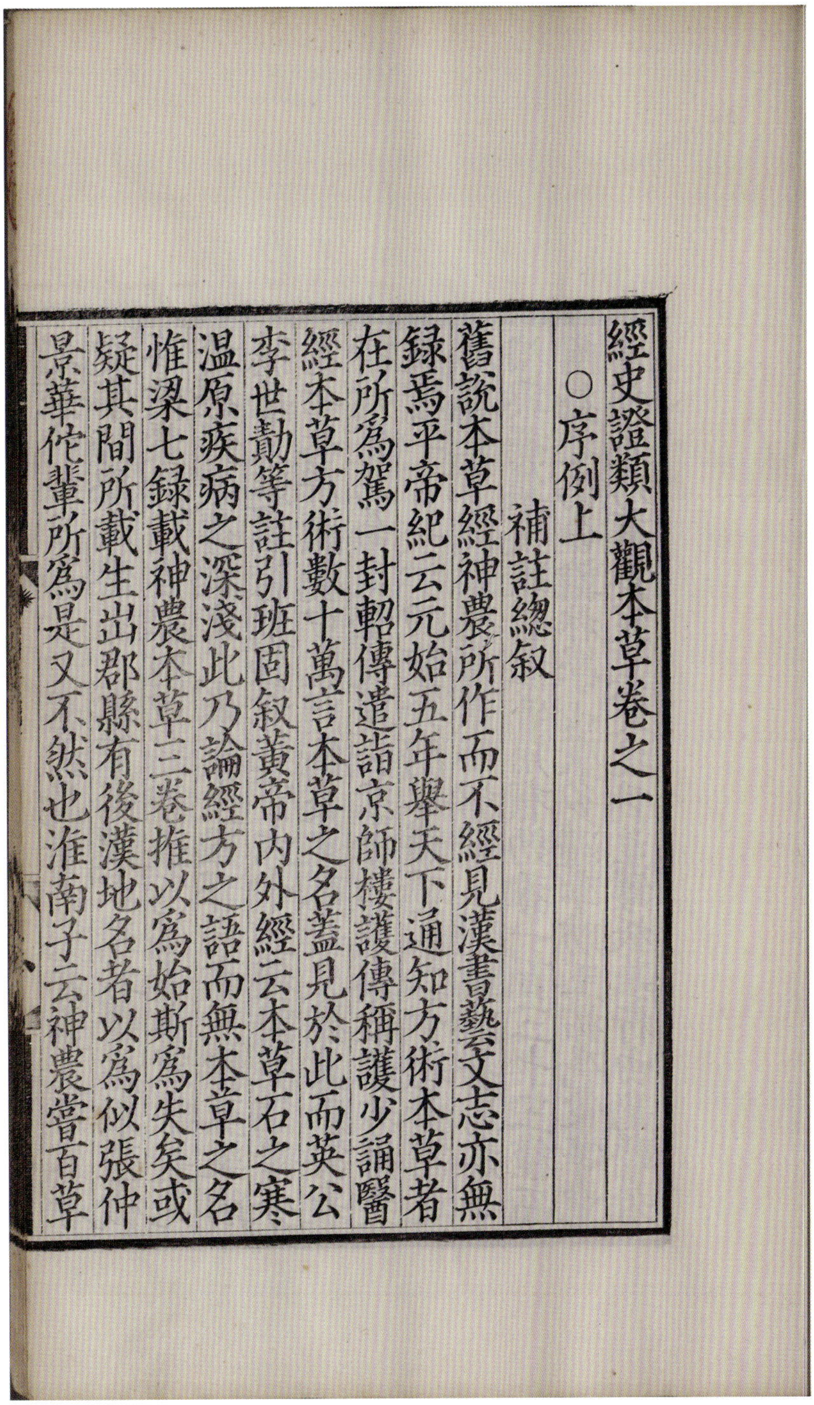
經史證類大觀本草卷之一

○序例上

補註總叙

舊説本草經神農所作而不經見漢書藝文志亦無録焉平帝紀云元始五年舉天下通知方術本草者在所爲駕一封軺傳遣詣京師樓護傳稱護少誦醫經本草方術數十萬言本草之名蓋見於此而英公李世勣等註引班固叙黄帝内外經云本草石之寒温原疾病之深淺此乃論經方之語而無本草之名惟梁七録載神農本草三卷推以爲始斯爲失矣或疑其間所載生出郡縣有後漢地名者以爲似張仲景華佗輩所爲是又不然也淮南子云神農嘗百草

019　經史證類大觀本草三十一卷（宋）唐慎微纂　清光緒三十年（1904）武昌柯逢時影宋校刻本

開本高30.2cm，闊20.4cm。版框高20.4cm，闊14.1cm。半葉12行，單行20字。上下黑口，四周雙邊，三黑魚尾（下下上）。

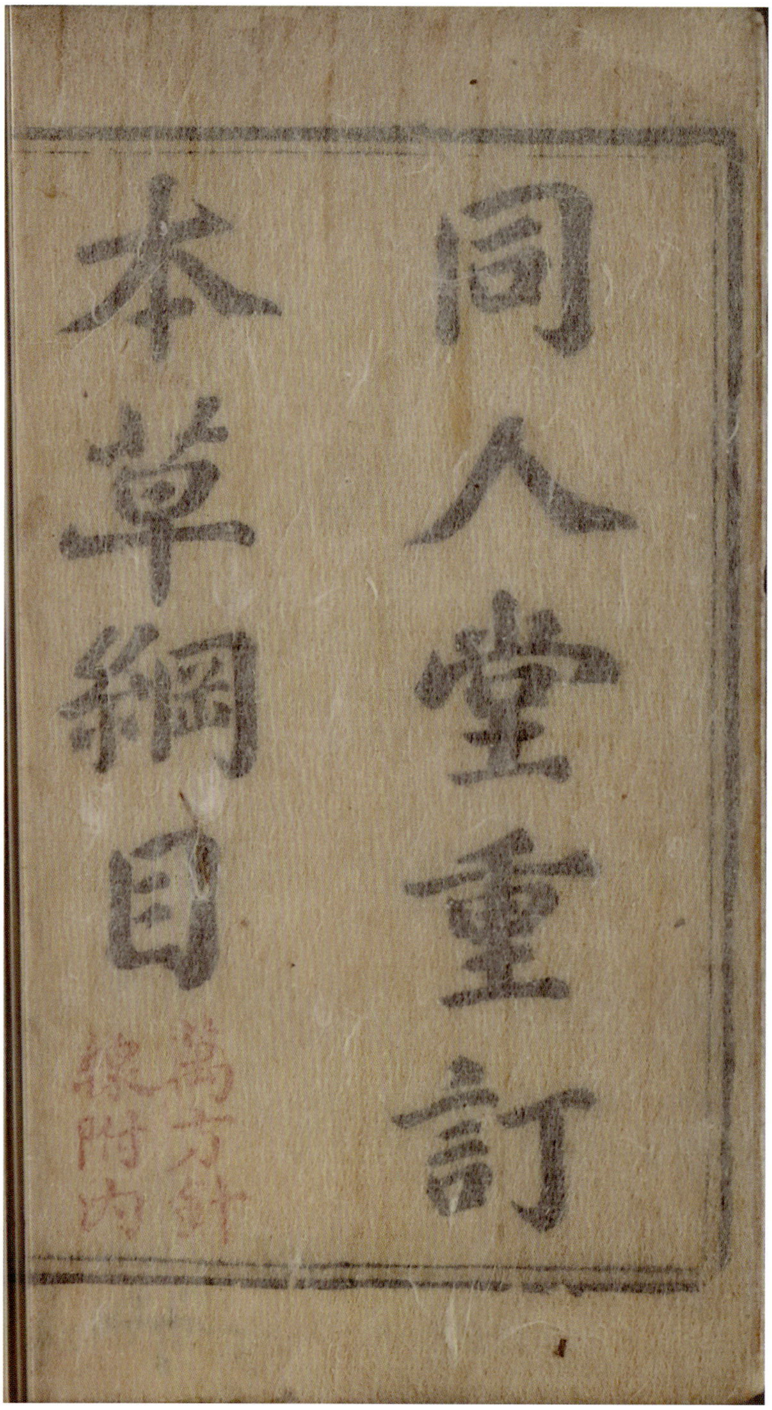

020　同人堂重訂本草綱目五十二卷圖三卷　藥品總目一卷　附本草萬方針線八卷（明）李時珍撰　（清）蔡烈先編　清同人堂刻本（順治序）

開本高17.2cm，闊11.2cm。版框高12.6cm，闊9.3cm。半葉10行，單行32字，雙行小字同。白口，四周單边，單黑魚尾。

蔡繭齋先生原本

本草萬方鍼線

同人堂藏板

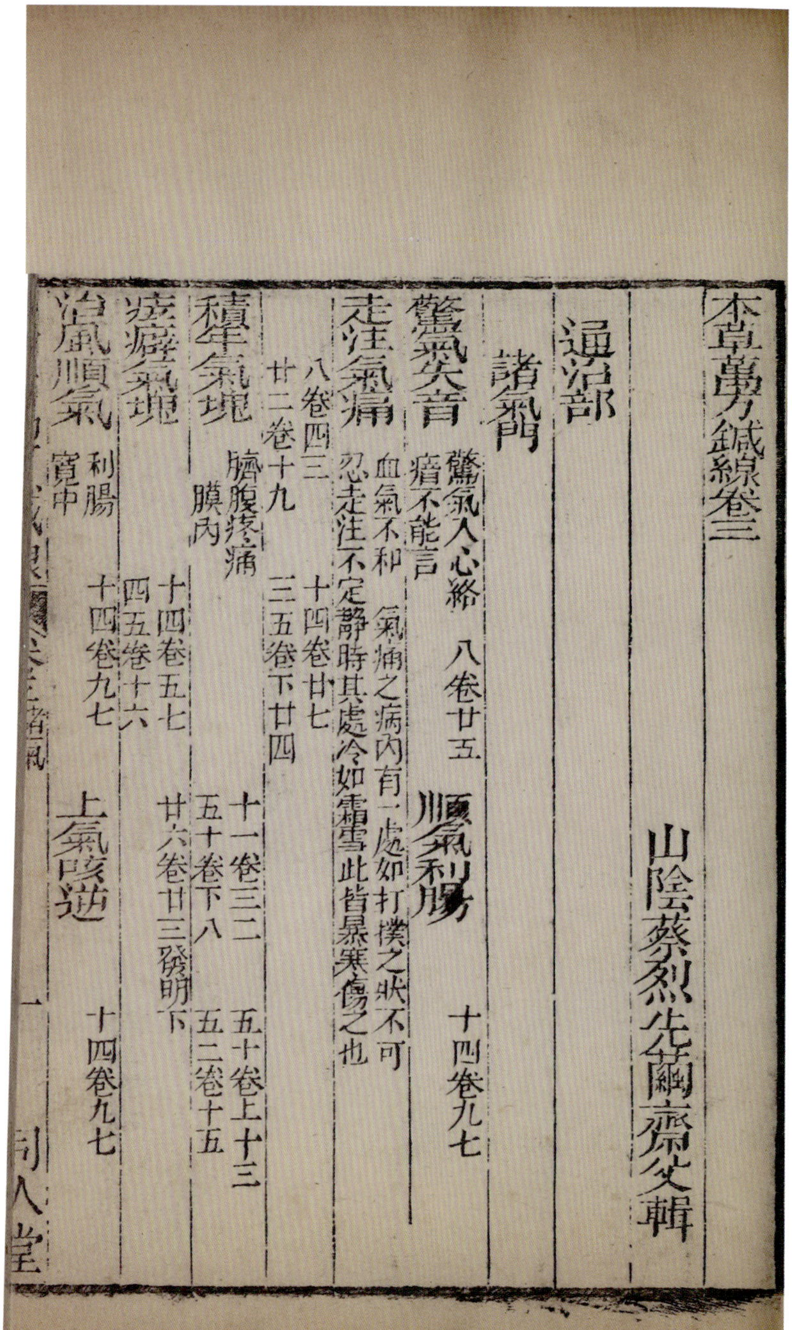

本草萬方鍼線卷三

山陰蔡烈先繭齋父輯

通治部

諸氣門

驚氣失音　驚氣入心絡瘖不能言　八卷廿五

順氣利腸　十四卷九七

走注氣痛　血氣不和　氣痛之病內有一處如打撲之狀不可忍走注不定靜時其處冷如霜雪此皆暴寒傷之也　八卷四三　廿二卷十九　十四卷廿七　三五卷下廿四

積聚氣塊　臍腹疼痛膜內　十一卷三二　五十卷下八　五十卷上十三　五二卷十五

痃癖氣塊　十四卷五七　四五卷十六　廿六卷廿三發明下

治風順氣　利腸寬中　十四卷九七

上氣咳逆　十四卷九七

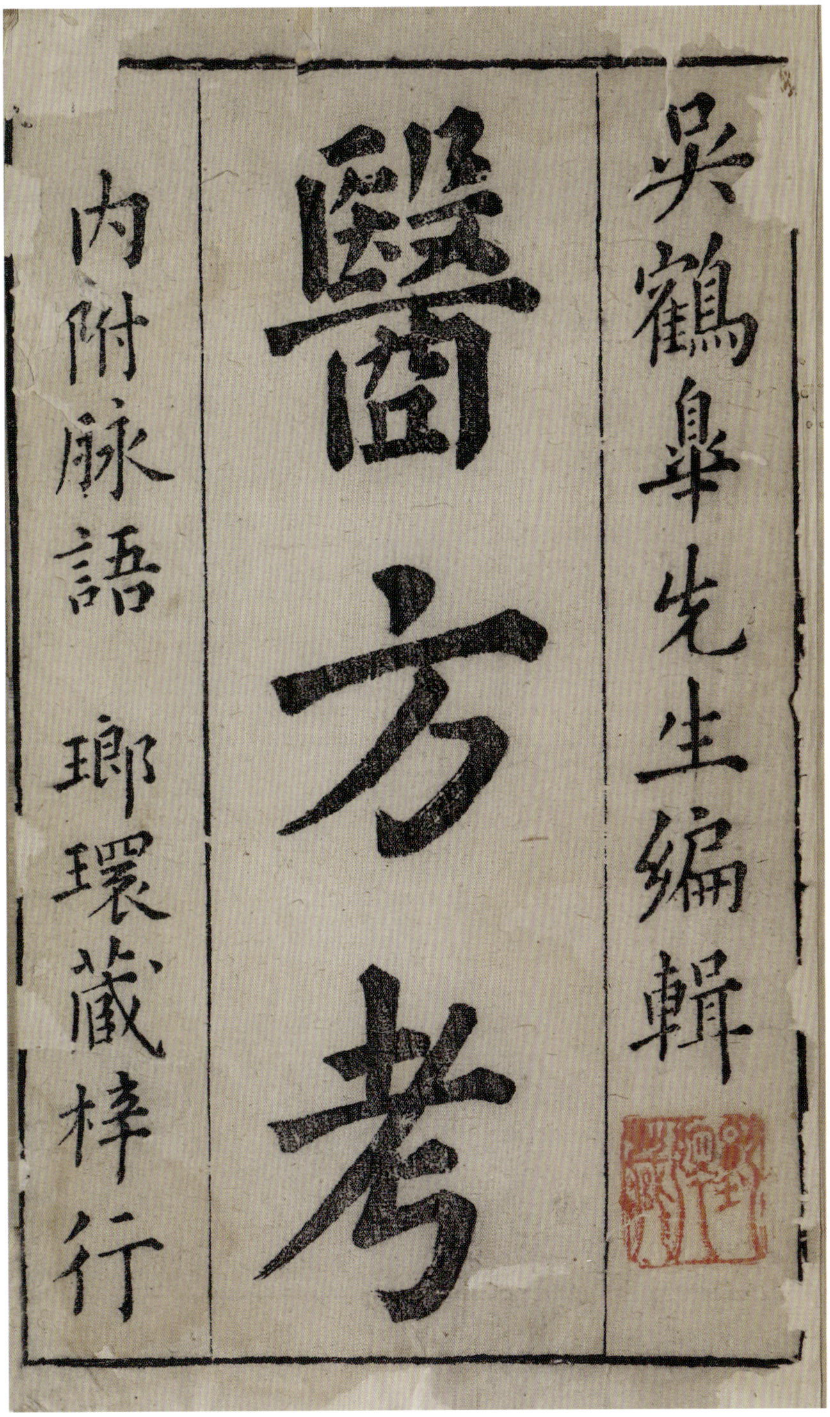

吳鶴皋先生編輯

醫方考

內附脉語　瑯環藏梓行

021　醫方考六卷（明）吳崑輯　明萬歷瑯環刻本

開本高23.2cm，闊15.1cm。版框高19.0cm，闊12.5cm。半葉10行，單行20字，雙行小字同。白口，四周單邊雙邊兼有，單黑魚尾。

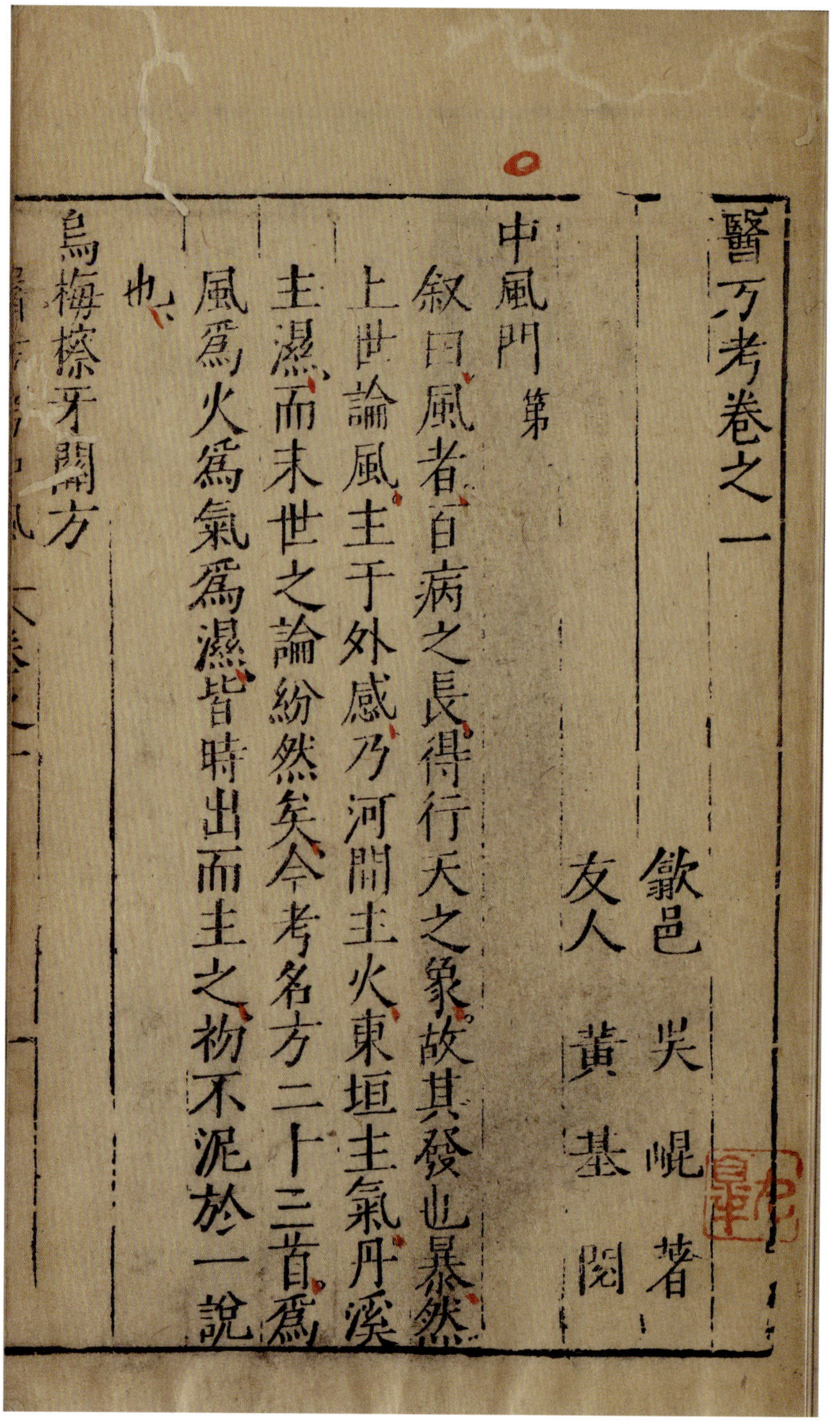
醫方考卷之一

歙邑 吴崐 著

友人 黄基 閱

中風門第

叙曰風者百病之長得行天之象故其發也暴然上世論風主于外感乃河間主火東垣主氣丹溪主濕而末世之論紛然矣今考名方二十三首爲風爲火爲氣爲濕皆時出而主之初不泥於一說也

烏梅擦牙關方

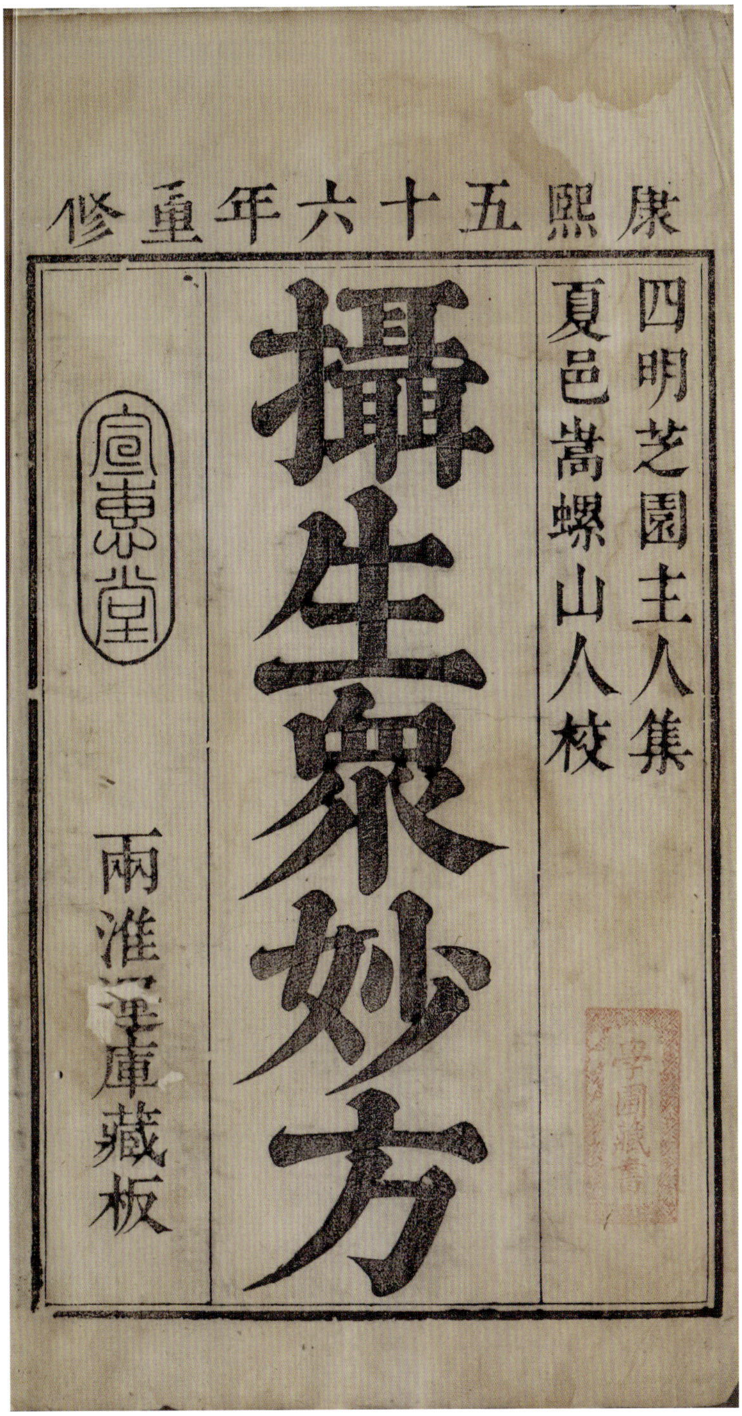

022　攝生衆妙方十一卷（明）張時徹編　明萬曆三十八年（1610）张一栋两淮鹾司刻，清康熙五十六年（1717）兩淮運庫重修本

開本高26.9cm，闊16.9cm。版框高19.8cm，闊13.3cm。半葉9行，單行20字，雙行小字同。白口，左右雙边，單黑魚尾。

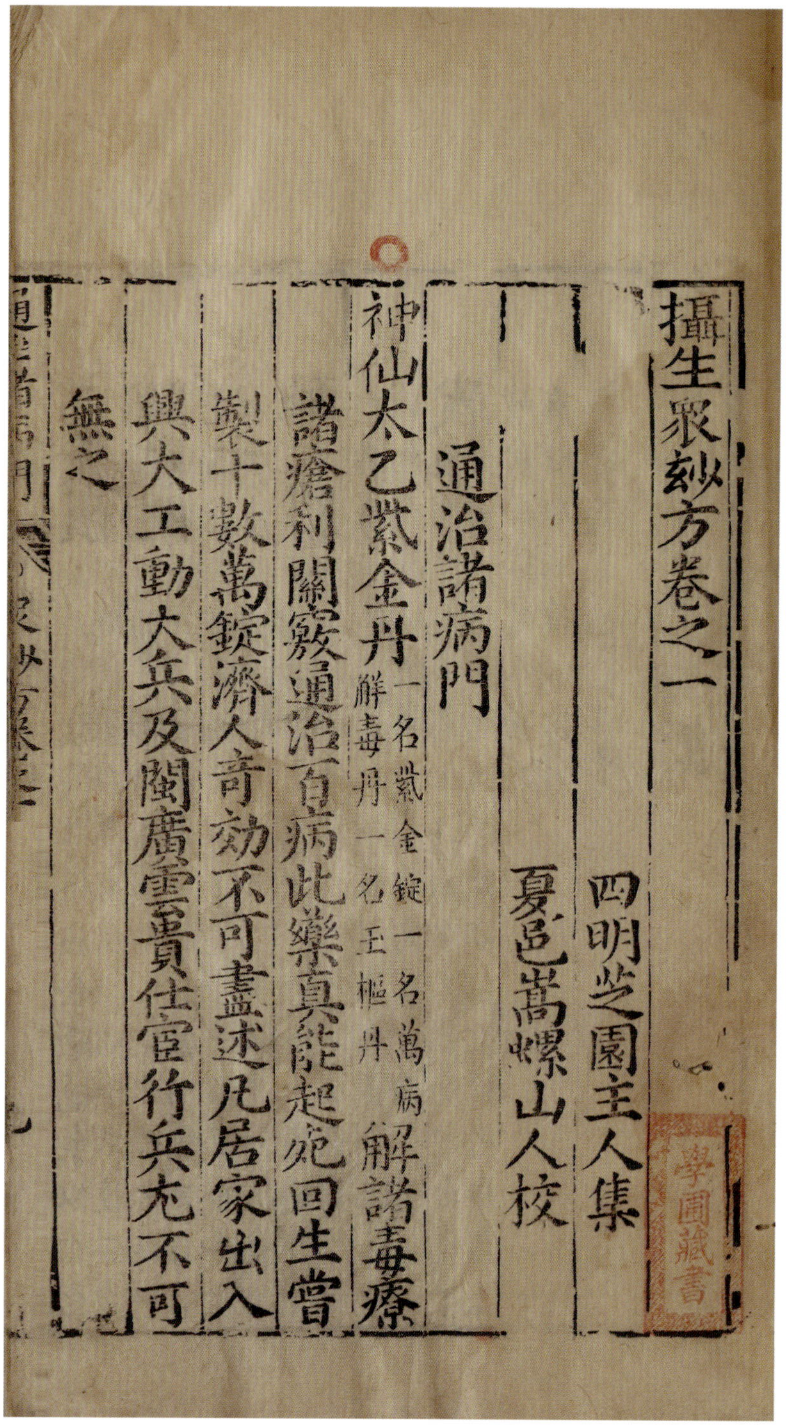

攝生衆妙方卷之一

四明芝園主人集

夏邑嵩螺山人校

通治諸病門

神仙太乙紫金丹一名紫金錠一名萬病解毒丹一名玉樞丹解諸毒療諸瘡利關竅通治百病此藥真能起死回生嘗製十數萬錠濟人奇効不可盡述凡居家出入興大工動大兵及閫廣雲貴仕宦行兵尤不可無之

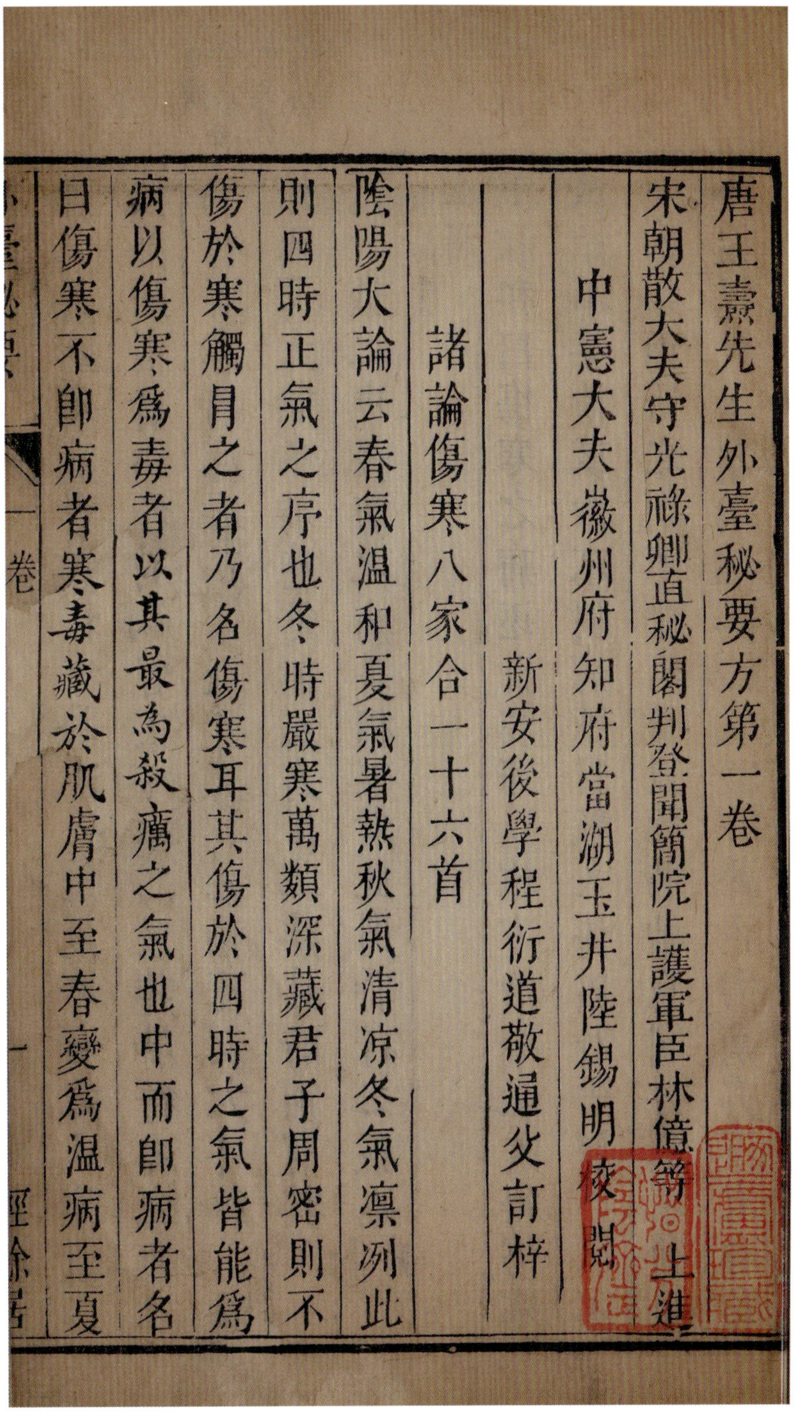

唐王燾先生外臺秘要方第一卷
宋朝散大夫守光祿卿直秘閣判登聞簡院上護軍臣林億等上進
中憲大夫徽州府知府當湖玉井陸錫明校閱
新安後學程衍道敬通父訂梓
諸論傷寒八家合一十六首
陰陽大論云春氣溫和夏氣暑熱秋氣清凉冬氣凜冽此則四時正氣之序也冬時嚴寒萬類深藏君子周密則不傷於寒觸冒之者乃名傷寒耳其傷於四時之氣皆能爲病以傷寒爲毒者以其最爲殺癘之氣也中而即病者名曰傷寒不即病者寒毒藏於肌膚中至春變爲溫病至夏

外臺秘要　一卷　一　經餘居

023　外臺秘要方四十卷（唐）王燾輯　（清）程衍道訂梓　清初程氏經餘居重刻本

開本高25.2cm，闊15.5cm。版框高20.3cm，闊13.5cm。半葉10行，單行22字，雙行小字同。白口，四周雙邊，單魚尾，魚尾黑白均有。

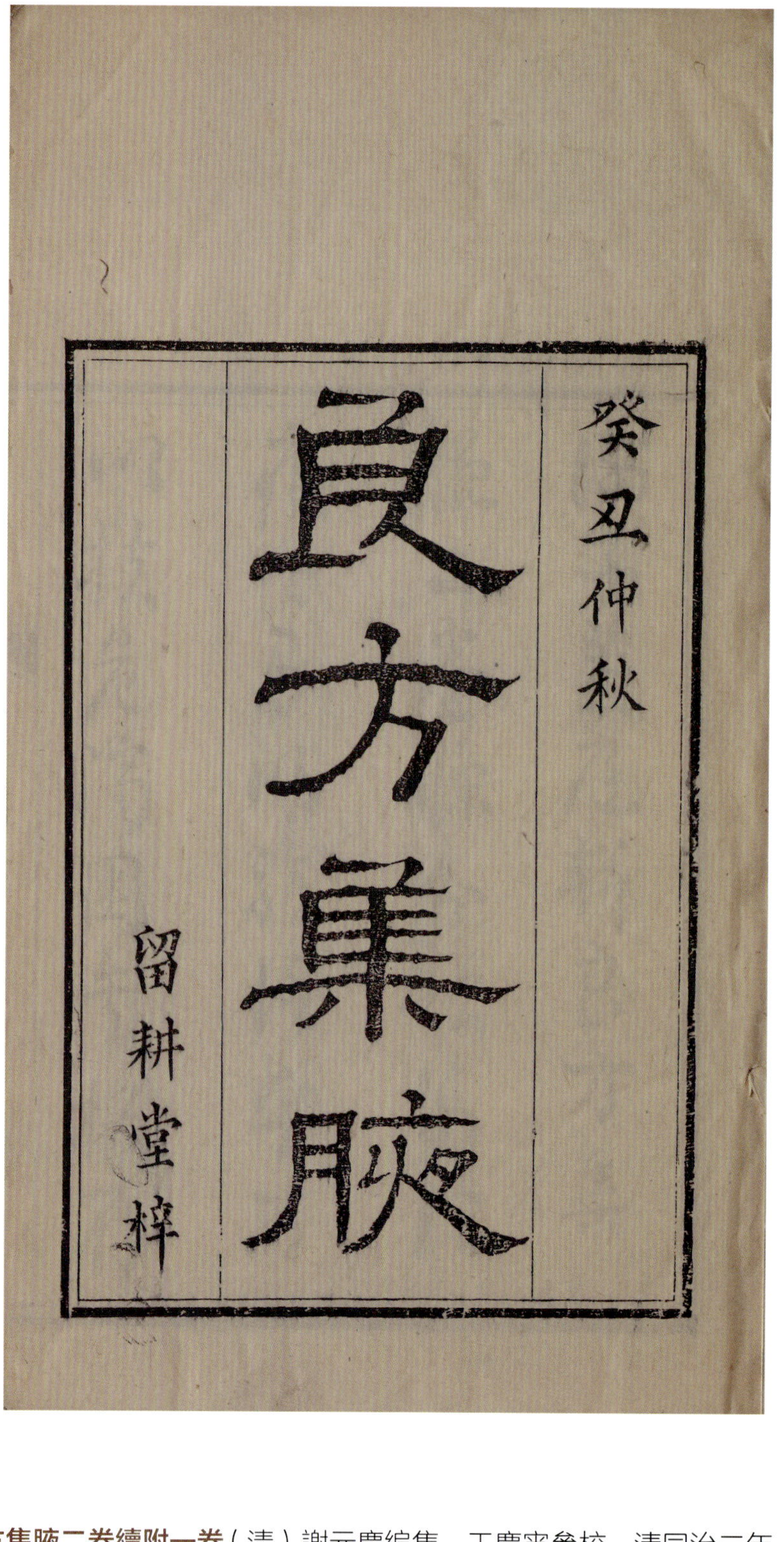

024　良方集腋二卷續附一卷（清）謝元慶編集　王慶霄參校　清同治二年（1863）留耕堂刻本

開本高24.2cm，闊15.5cm。版框高17.0cm，闊11.8cm。半葉9行，單行20字，雙行小字同。白口，四周雙邊，單黑魚尾。

良方集腋卷之上

吳中蕙庭謝元慶編集
瀫水蘅香王慶霄參校

頭面門

偏正頭風

班蝥壹個去頭足翅隔紙研細爲末篩去衣殼將末少許點在膏藥上如患左痛貼右太陽患右痛貼左太陽隔足半日取下永不再發矣久貼恐起

又泡耳

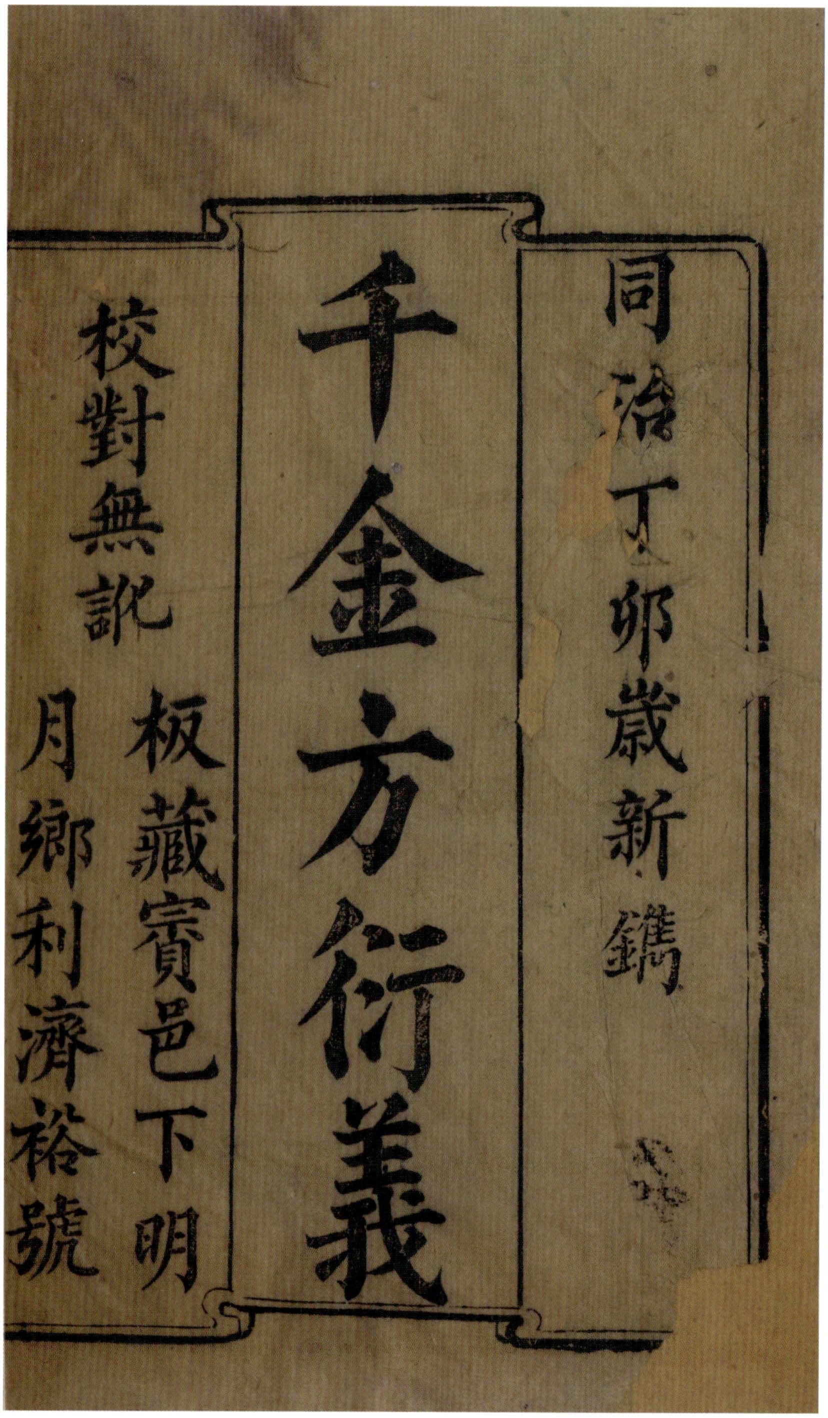

025　孫真人千金方衍義三十卷（唐）孫思邈撰　（清）張璐衍義　清同治六年（1867）四川寶邑利濟裕號刻本（據掃葉山房翻刻）

開本高24.4cm，闊16.2cm。版框高17.8cm，闊13.2cm。半葉10行，單行20字。白口，左右雙边，雙黑魚尾。

孫眞人千金方衍義卷一

長洲張　璐路玉著

南沙席世臣鄂客校

諸論十

論大醫習業第一

凡欲爲大醫必須諳素問甲乙黃帝鍼經明堂流注十二經脈三部九候五臟六腑表裏孔穴本草藥對張仲景王叔和阮河南范東陽張苗靳邵等諸部經方又須妙解陰陽祿命諸家相法及灼龜五兆周易六壬並須精熟如此乃得爲大醫不爾者如無目夜

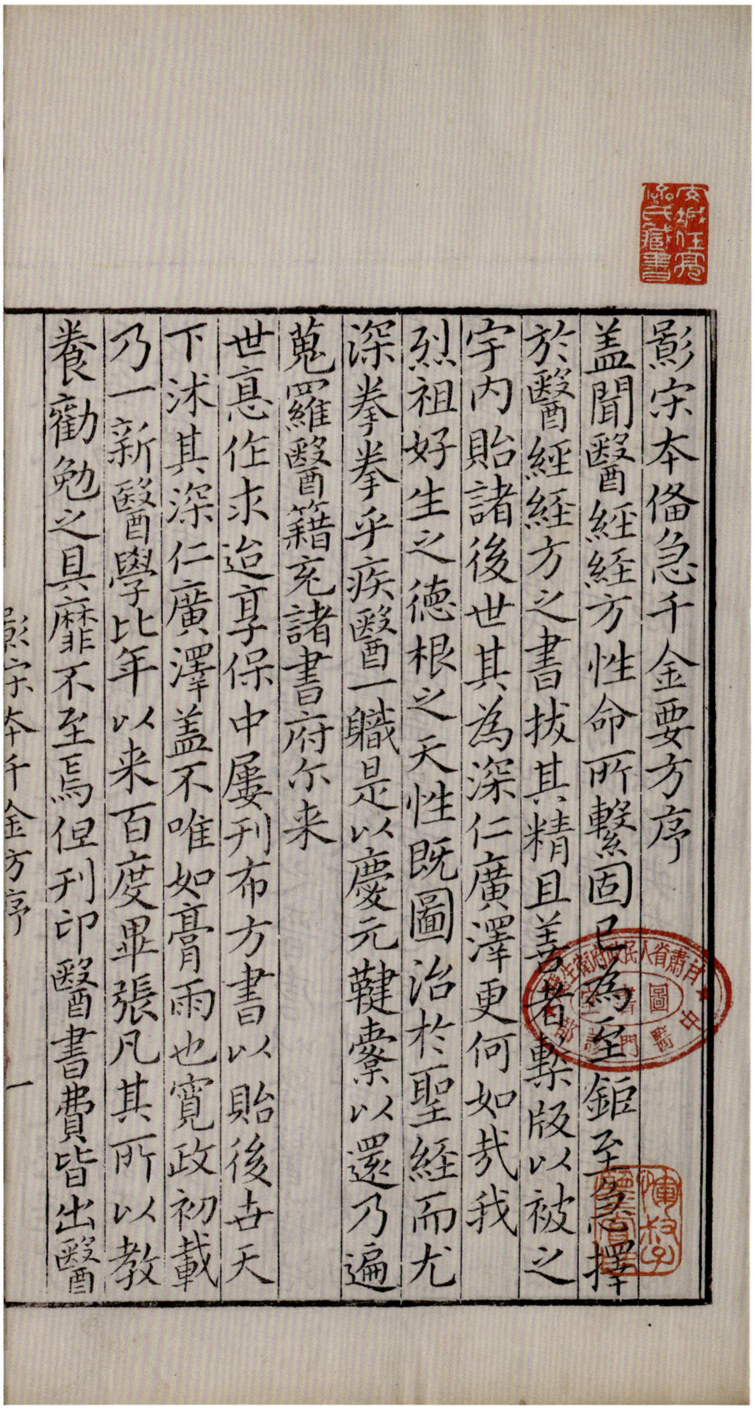
影宋本備急千金要方序
蓋聞醫經經方性命所繫固已為至鉅至要擇
於醫經經方之書拔其精且善者槧版以被之
宇内貽諸後世其為深仁廣澤更何如哉我
烈祖好生之德根之天性既圖治於聖經而尤
深拳拳乎疾醫一職是以慶元韃纛以還乃遍
蒐羅醫籍充諸書府尔来
世息佐求迨享保中屢刊布方書以貽後世天
下沐其深仁廣澤蓋不唯如膏雨也寛政初載
乃一新醫學比年以来百度畢張凡其所以教
養勸勉之具靡不至焉但刊印醫書費皆出醫

影宋本千金方序　一

026　備急千金要方三十卷（唐）孫思邈撰　（宋）林億校　清光緒四年（1878）上海長洲麟瑞堂據日本嘉永二年江户醫學影宋重印本

開本高29.0cm，闊17.6cm。版框高20.8cm，闊14.4cm。半葉13行，單行23字，雙行小字同。白口，左右雙边，雙黑魚尾。

備急千金要方卷第一序例

朝奉郎守太常少卿充秘閣校理判登聞檢院上護軍賜緋魚袋臣林億等校正

大醫習業第一

凡欲爲大醫必須諳素問甲乙黄帝鍼經明堂流注十二經

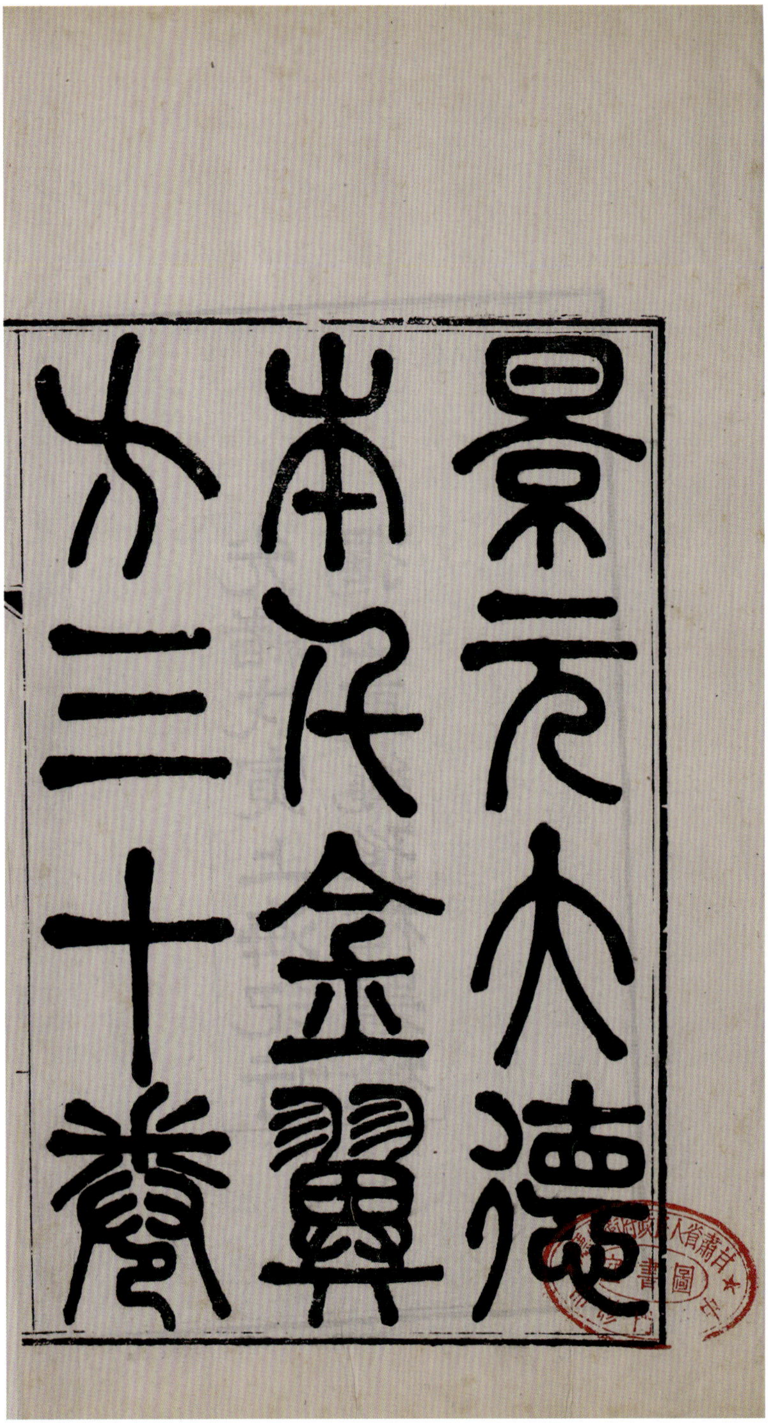

027　千金翼方三十卷（唐）孫思邈撰　清光緒四年（1878）獨山莫氏據日本影刻元大德梅溪書院刻本影印本

開本高29.0cm，闊17.6cm。版框高20.7cm，闊13.0cm。半葉13行，單行23字，雙行小字同。上下黑口，四周雙边，雙黑魚尾。

千金翼方卷第一

朝奉郎守太常少卿充秘閣校理判登聞檢院上護軍賜緋魚袋臣林億等校正

藥錄纂要

採藥時節第一

論曰：夫藥採取不知時節，不以陰乾暴乾，雖有藥名，終無藥實，故不依時採取，與朽木不殊，虚費人功，卒無裨益。其法雖具大經，學者尋覽，造次難得，是以甄別，即日可知耳。

萎蕤立春後採陰乾　菊花正月採根三月採葉五月採莖九月採花十一月採實皆陰乾

白英春採葉夏採莖秋採花冬採根　絡石正月採　飛廉正月採根七八月採花陰乾

藁本正月二月採暴三十日成　通草正月採陰　女菀正月二月採陰

烏頭烏喙正月二月採春採爲烏頭冬採爲附子八月上旬採根陰　蒴藋春夏採葉秋冬採莖根

柏葉四時各依方面採陰　枸杞春夏採葉秋採莖實冬採根陰　茗春採

桃梟正月採　天門冬二月三月七月八月採暴　麥門冬二月三月八月十月採陰

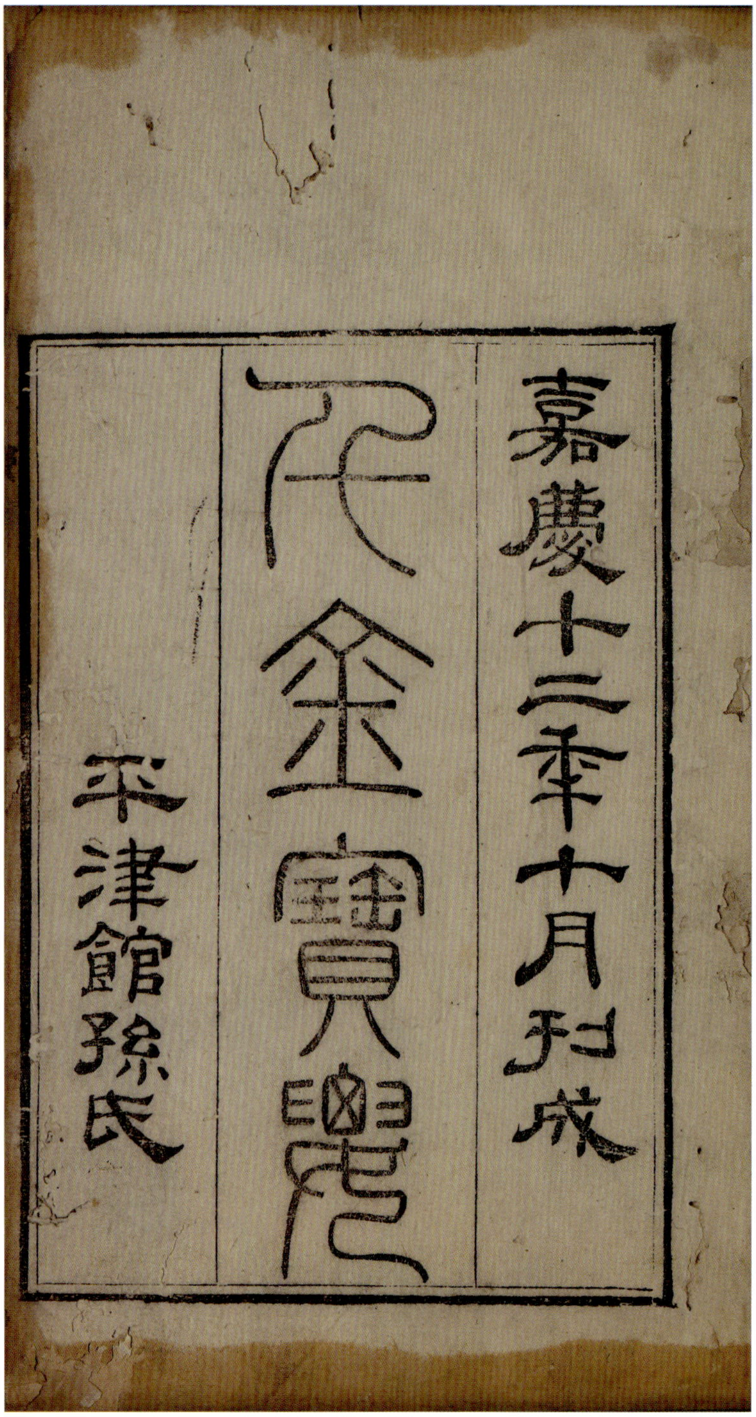

028　千金寶要六卷（唐）孫思邈原撰　（宋）郭思編　清光緒十一年（1885）吳縣朱氏槐廬家塾刻平津馆丛书本

開本高24.0cm，闊15.0cm。版框高16.4cm，闊11.2cm。半葉11行，單行20字。白口，左右雙邊，單黑魚尾。

千金寶要卷之一

賜進士及第授通奉大夫署山東布政使孫星衍校

婦人第一

妊娠難産燒車軖脂内酒中服亦治腹中痛并欬嗽

妊娠忽苦心腹痛燒鹽令赤熱三指撮酒服之立産

又方吞槐子二七箇

又方菟絲子或車前子以酒或米汁服方寸匕即生

又方水或酒服家中黑塵

子死腹中及小難横生倒生難生者半夏白斂各二兩末之服方寸匕亦可加代赭瞿麥各二兩佳小難一服横生二服倒生三服子死四服

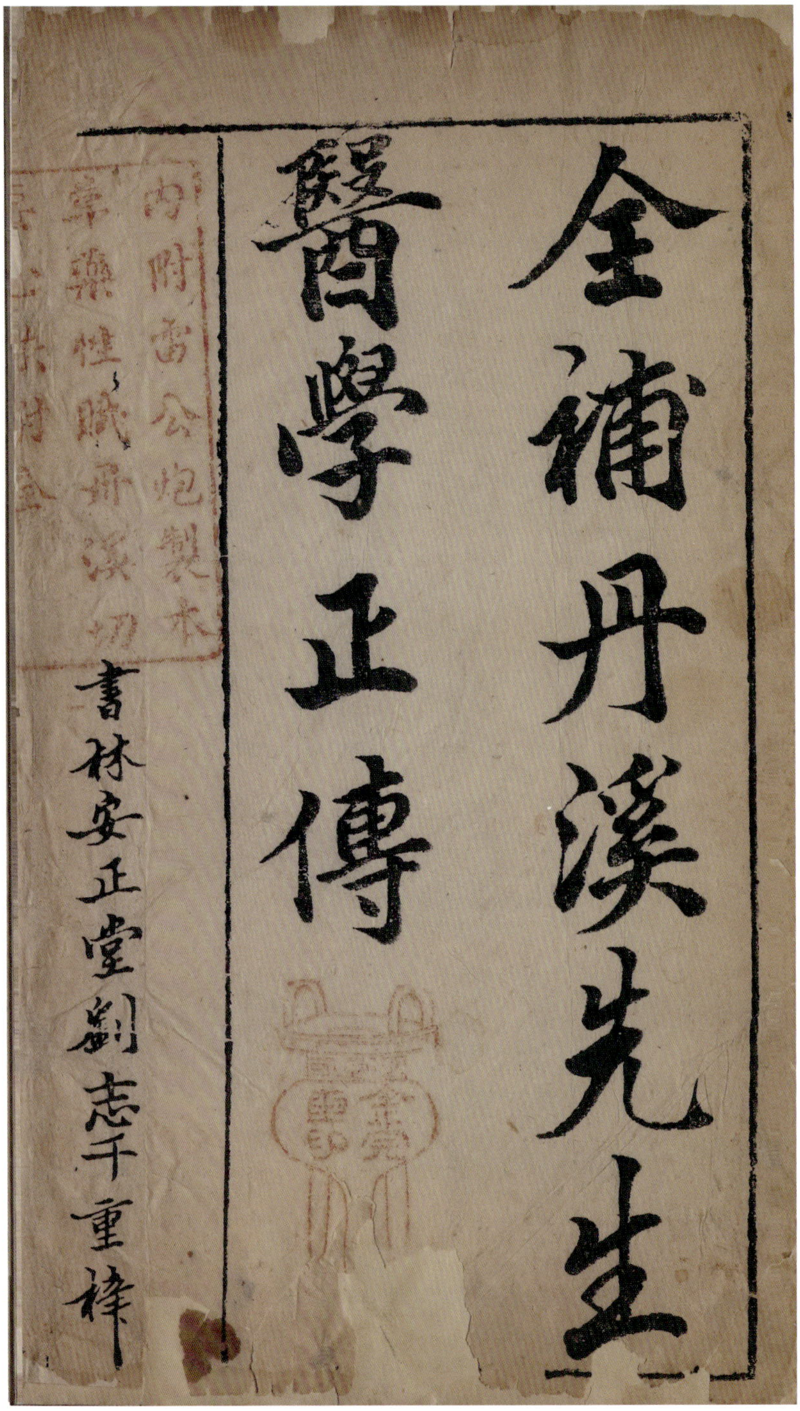

029 （全補丹溪先生）醫學正傳八卷（明）虞摶著　明萬歷五年（1577）松亭吴江金陵刻譚城書林劉希信重修書林安正堂劉誌千印本

開本高25.3cm，闊16.0cm。版框高20.4cm，闊14.0cm。半葉13行，單行24字。白口，四周雙邊，單黑魚尾。

重校一字無訛

李古聖之仁術活人有憾

傳先賢之奇方滌病無嗟

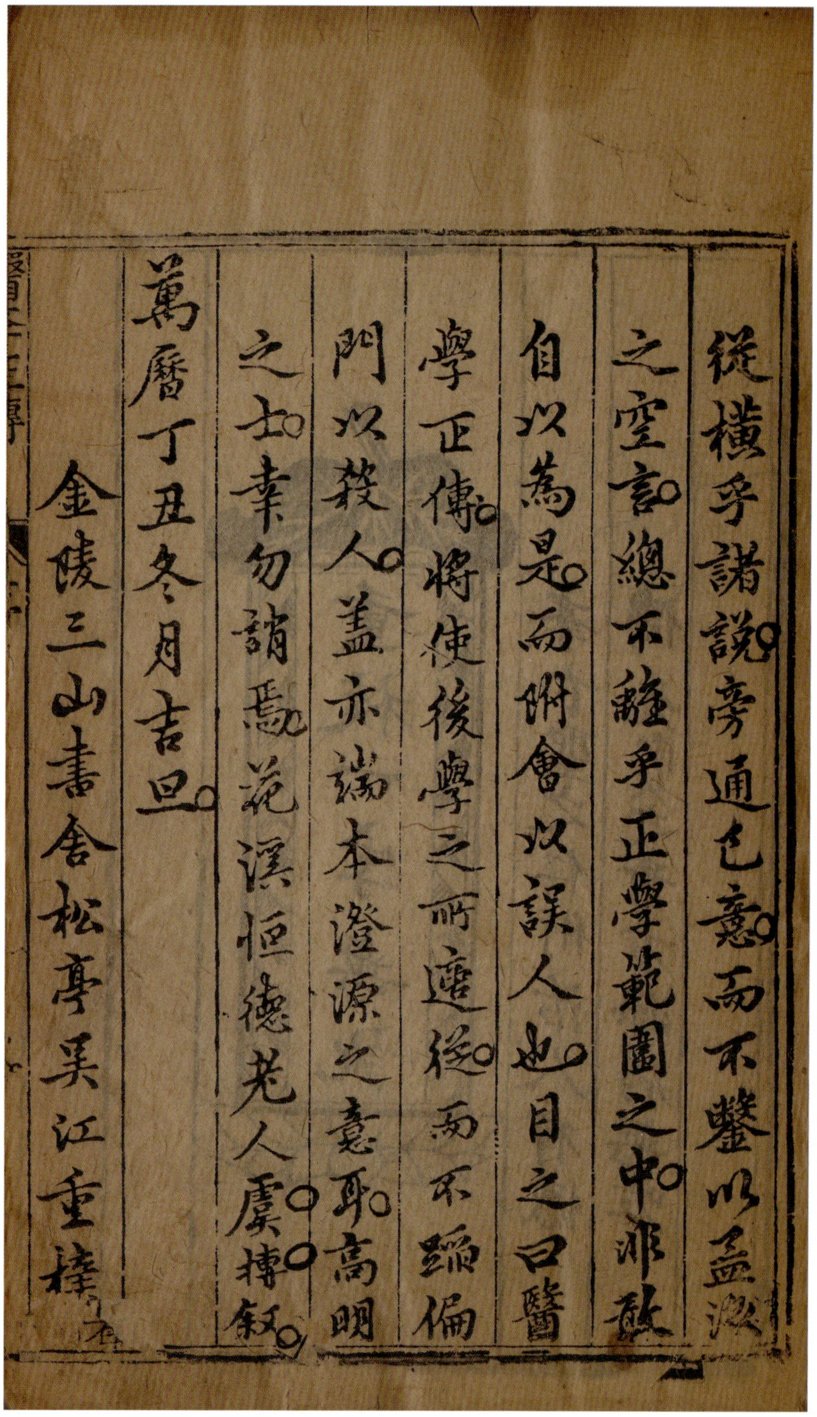

從橫乎諸說旁通己意而不鑿以孟浪之空言總不離乎正學範圍之中非敢自以為是而附會以誤人也目之曰醫學正傳將使後學之所適從而不蹈偏門以殺人蓋亦端本澄源之意取高明之士幸勿誚焉花溪恒德老人虞摶敘

萬曆丁丑冬月吉旦

金陵三山書舍松亭吳江重梓

京板校正大字醫學正傳卷之一

花溪恒德老人虞　摶天民編集

姪孫虞守愚惟明校正

潭城書林元　初　劉希信繡梓

醫學或問 凡五十三條

或問醫學源流自軒岐以來以醫術鳴世與夫著書立言俾後人之可法者幾何人哉請明以告我曰予嘗閱故學士宋公景濂之文而得其說矣請陳如左夫黃帝內經雖疑先秦之士依倣而作之其言深而要其旨邃以弘其攷辯信而有徵是當為醫家之宗下此則秦越人和緩和緩無書可傳越人所著八十一難經則皆舉內經之要而推明者也又下此則淳于意華陀之熊經鴟顧固亦導引家之一術至於刳腹背湔腸胃而去疾則涉於神怪矣意之醫狀司馬遷備誌之

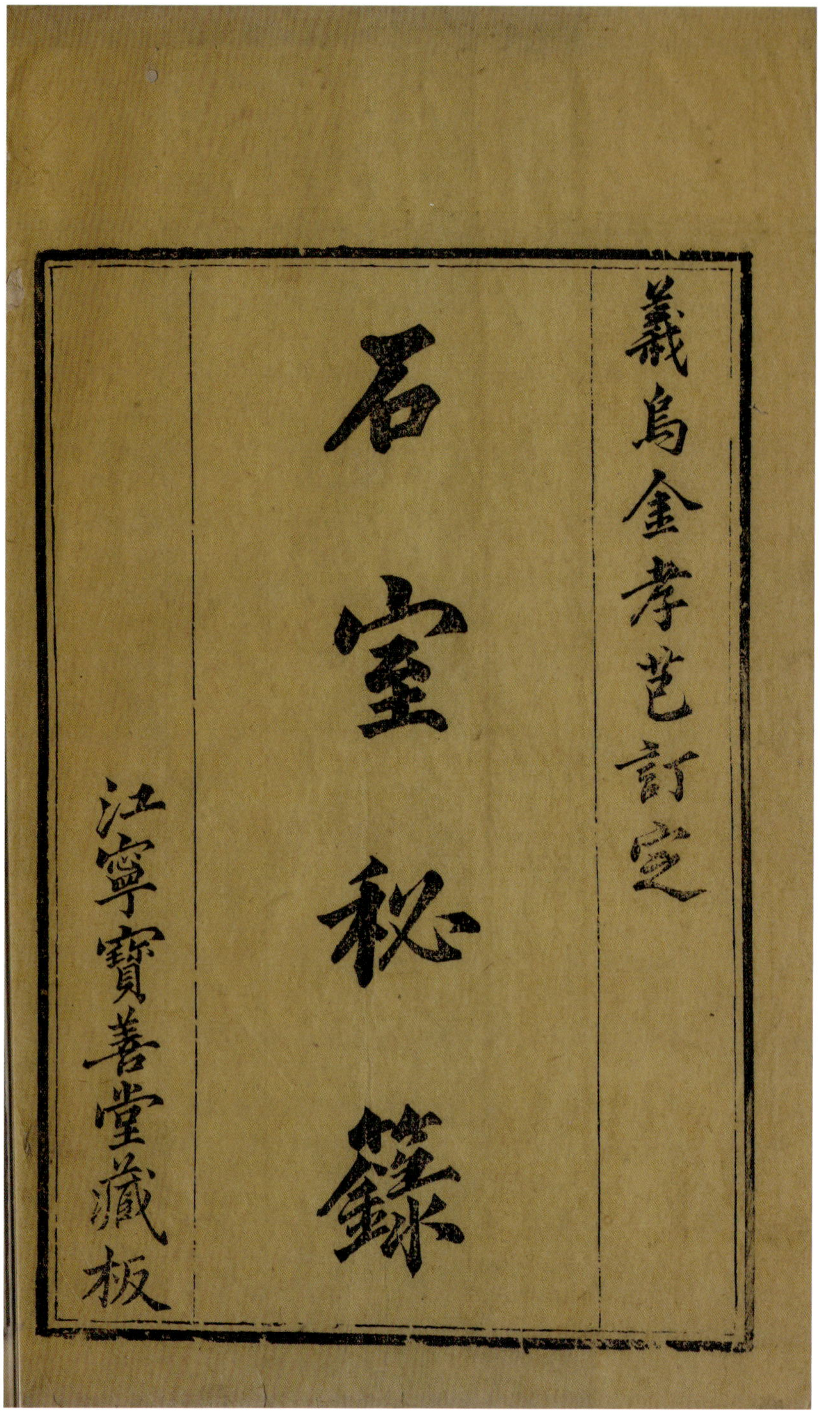

030　石室秘錄六卷（清）陳士鐸撰　清江寧寶善堂據雍正八年（1730）萱永堂刻本翻刻本

開本高25.2cm，闊16.1cm。版框高19.5cm，闊14.1cm。半葉10行，單行25字，雙行小字同。白口，左右雙边，單黑魚尾。

石室秘籙卷之一

山陰陳士鐸遠公甫敬習
義烏金以謀孝芑甫訂定
李祖詠子永甫叅攷

天有奇文地有奇事人有奇病不可拘也欲治其病不可以常藥治之有正醫有反醫有順醫有逆醫有內治有外治有完治有碎治有大治有小治有生治有死治有上治有下治有中治之分有先治有後治有急治有緩治有本治有末治之異有一百二十八法

正醫法 論肺經生癰 論久嗽服氣法 論水瀉 論血痢 論水腫 論兩脇脹滿吞酸吐酸 論腰痛 論怔忡不寐

031　傅青主男科二卷　傅青主女科二卷　附産後編二卷、經驗良方一卷（清）傅山撰　清光緒九年（1883）羊城古經閣刻本

開本高26.5cm，闊15.5cm。版框高17.1cm，闊12.5cm。半葉9行，單行22字，雙行小字同。白口，左右雙邊，單黑魚尾。

男科

傅青主先生手著　　介休王道平校字

　　　　　　　　　平遥張桂林校對

傷寒門

初病說

凡病初起之時用藥原易奏功無如世人看不清症用藥錯亂往往致變症蜂起苟看病清用藥當何變症之有

傷風

凡人初傷風必然頭痛身痛咳嗽痰多鼻流清水切其脉必浮方用

032　證治彙補八卷（清）李用粹撰　清光緒九年（1883）萬卷樓刻本

開本高24.0cm，闊15.2cm。版框高18.6cm，闊12.1cm。半葉10行，單行20字，雙行小字同。白口，左右雙邊，單黑魚尾。

證治彙補卷之一

上海李惺菴先生著　　門人唐玉書翰文

袁　謙豫來

姪邦俊彦章

男　謨丕文

詰撰文仝較

中風章

大意

風者百病之始也又曰百病之長也善行而數變內經大法有四曰偏枯半身不遂也曰風痱四肢不舉也曰風癔卒倒不語也曰風痺遍身疼痛也岐伯四症爲

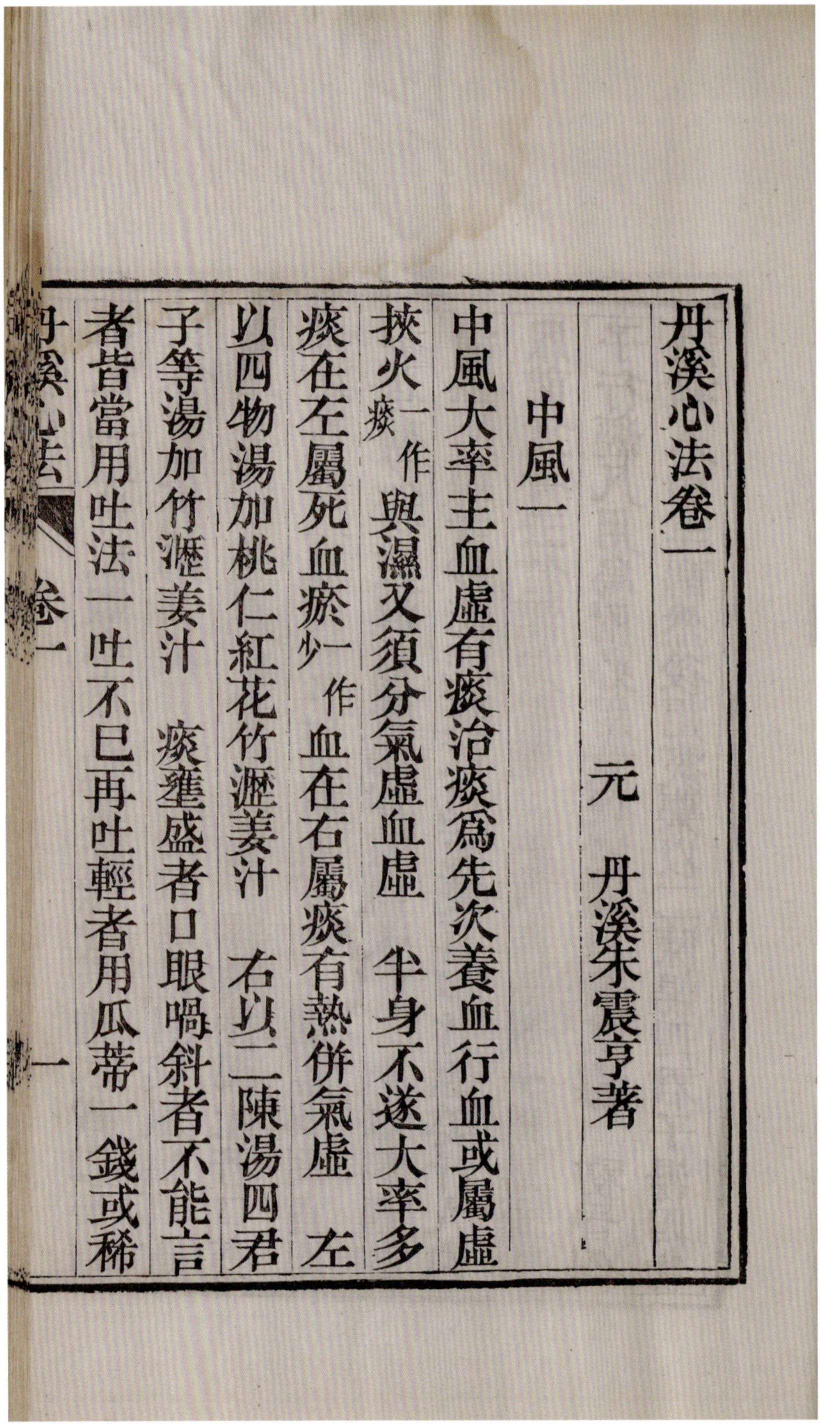

丹溪心法卷一

元　丹溪朱震亨著

中風一

中風大率主血虛有痰治痰爲先次養血行血或屬虛挾火（一作痰）與濕又須分氣虛血虛　半身不遂大率多痰在左屬死血瘀（一作少）血在右屬痰有熱併氣虛　左以四物湯加桃仁紅花竹瀝姜汁　右以二陳湯四君子等湯加竹瀝姜汁　痰壅盛者口眼喎斜者不能言者皆當用吐法一吐不已再吐輕者用瓜蒂一錢或稀

丹溪心法　卷一　一

033　（新刊）丹溪心法五卷　附論一卷　格致余論一卷（元）朱震亨撰　（明）程充校補　清光緒十八年（1892）浙江書局刻三十二年（1907）京師醫局重修古今醫統正脈全書本

開本高25.7cm，闊16.8cm。版框高18.0cm，闊12.4cm。半葉9行，單行21字，雙行小字同。白口，四周雙边，單黑魚尾。

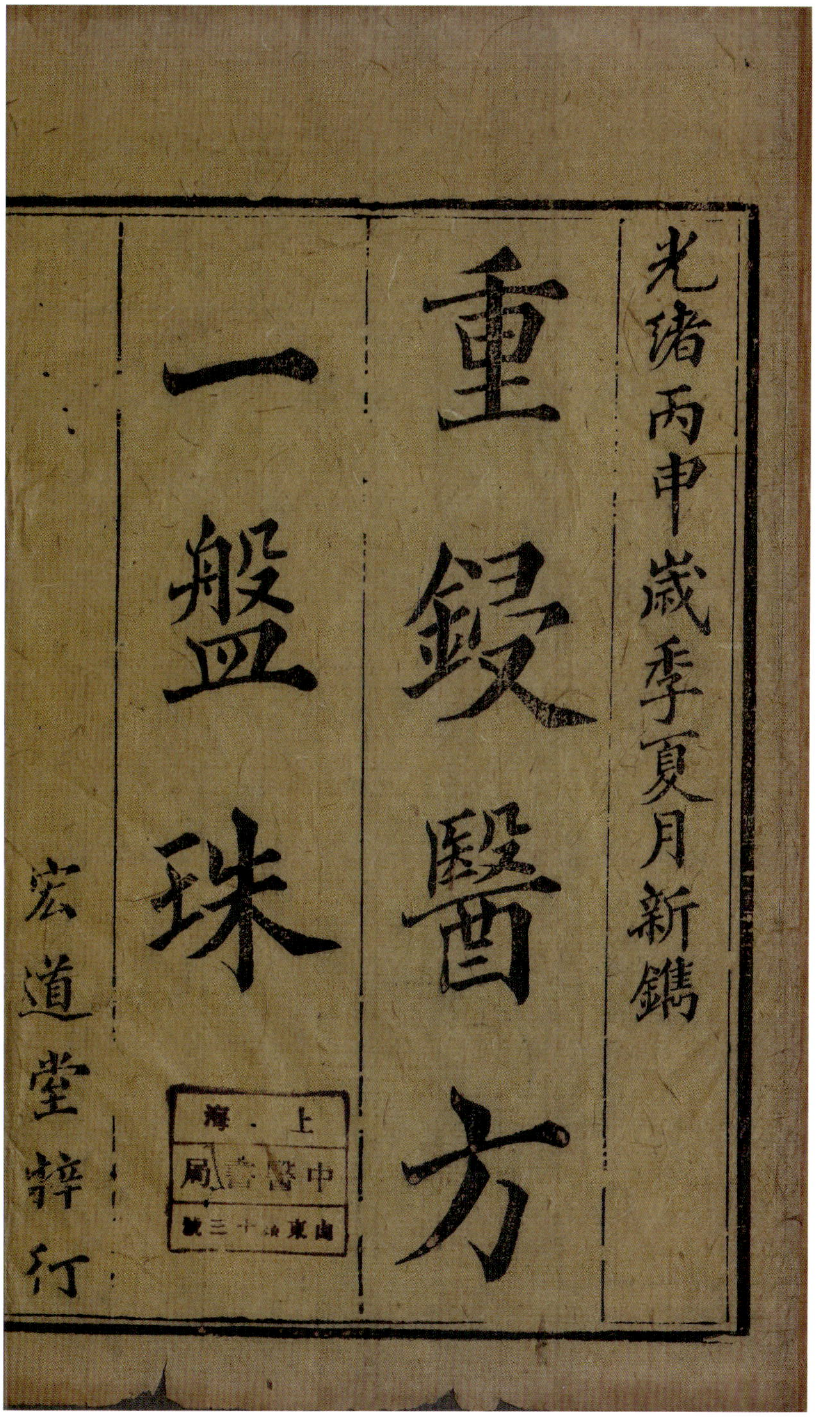

034　醫方一盤珠全集十卷（清）洪金鼎纂　清光緒二十二年（1896）宏道堂刊本

開本高23.5cm，闊15.5cm。版框高20.2cm，闊13.2cm。半葉12行，單行22字，雙行小字同。白口，四周單边雙边兼有，單黑魚尾。

增補醫方一盤珠全集卷之一

金川邑庠生洪金鼎玉友氏纂　男濂　洛希訂

五運六氣所屬

五運者金木水火土也　六氣者風寒暑濕燥火也

十二經絡所屬

手太陰屬肺　足太陰屬脾　手少陰屬心　足少陰屬腎　手厥陰屬包絡　足厥陰屬肝　手太陽屬小腸　足太陽屬膀胱　手少陽屬三焦　足少陽屬膽　手陽明屬大腸　足陽明屬胃

五臟六腑所屬

五臟者心肝脾肺腎也　六腑者膽胃大腸小腸膀胱三焦也

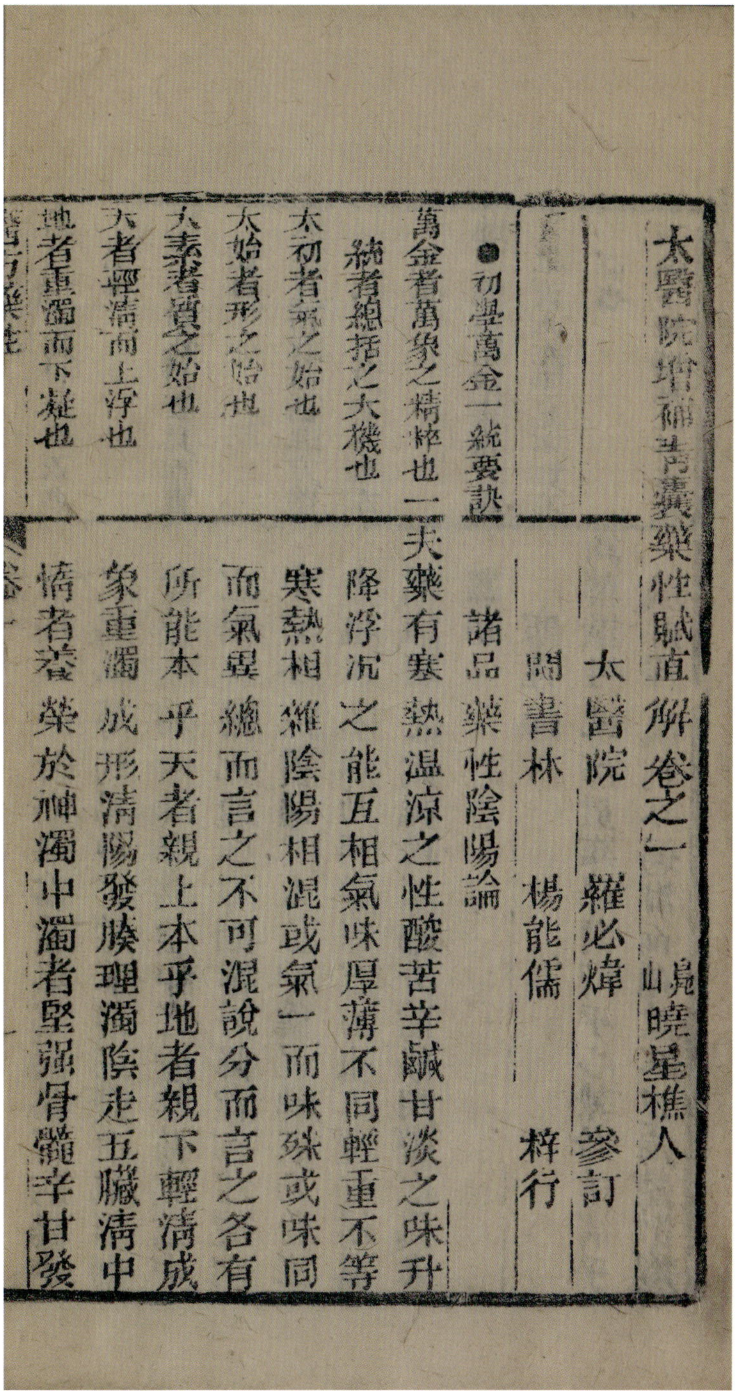
太醫院增補青囊藥性賦直解卷之一　　曉星樵人
●初學萬金一統要訣
萬金者萬象之精粹也一
統者總括之大機也
太初者氣之始也
太始者形之始也
太素者質之始也
天者輕清而上浮也
地者重濁而下凝也
太醫院　羅必煒　參訂
閩書林　楊能儒　梓行
諸品藥性陰陽論
夫藥有寒熱溫涼之性酸苦辛鹹甘淡之味升
降浮沉之能互相氣味厚薄不同輕重不等
寒熱相雜陰陽相混或氣一而味殊或味同
而氣異總而言之不可混說分而言之各有
所能本乎天者親上本乎地者親下輕清成
象重濁成形清陽發腠理濁陰走五臟清中
情者榮於神濁中濁者堅強骨髓辛甘發
醫方藥性　卷一

035　醫方藥性初學要訣八卷首一卷末一卷 明太醫院原本　羅必煒參訂　楊能儒梓行　清光緒三十年（1904）寶慶祥隆書舍刻本

開本高24.4cm，闊14.8cm。版框高19.4cm，闊12.3cm，上下分欄，上欄半葉11行，單行10字，雙行小字同。下欄半葉11行，單行18字，雙行小字24字。白口，四周單边，單黑魚尾。

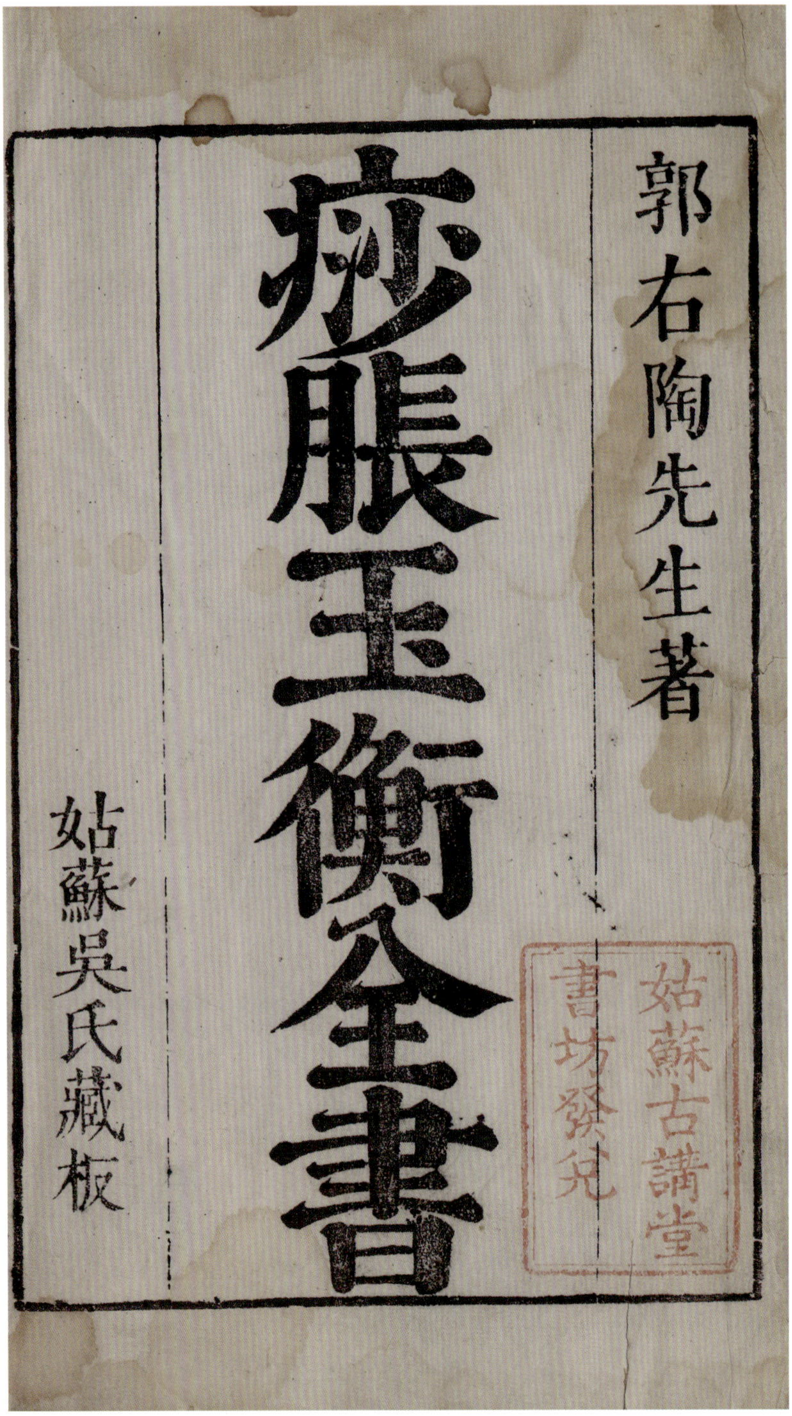

036　痧脹玉衡三卷卷末一卷（清）郭志邃著　清康熙十四年（1675）刻十七年（1678）姑蘇吳氏增刻本

開本高24.6cm，闊16.2cm。版框高20.0cm，闊13.6cm。半葉9行，單行20字。白口，左右雙邊，單黑魚尾。

痧脹玉衡書卷之上

檇李郭志邃右陶著

痧症發蒙論

夫君子生于斯世。不屑爲天下無所用之人。則必求爲天下所必需之人。故君子不爲良相。則爲良醫。蓋良相濟世。良醫濟生。其所以行我心之不忍者。事有相符。而道有相類也。余于傷寒痘疹驚風瘧痢。與夫胎前產後等症。俱所潛心。姑不具贅。獨是痧之一症。緩者或可遲延。急者命懸頃刻。在病家必當誠心請

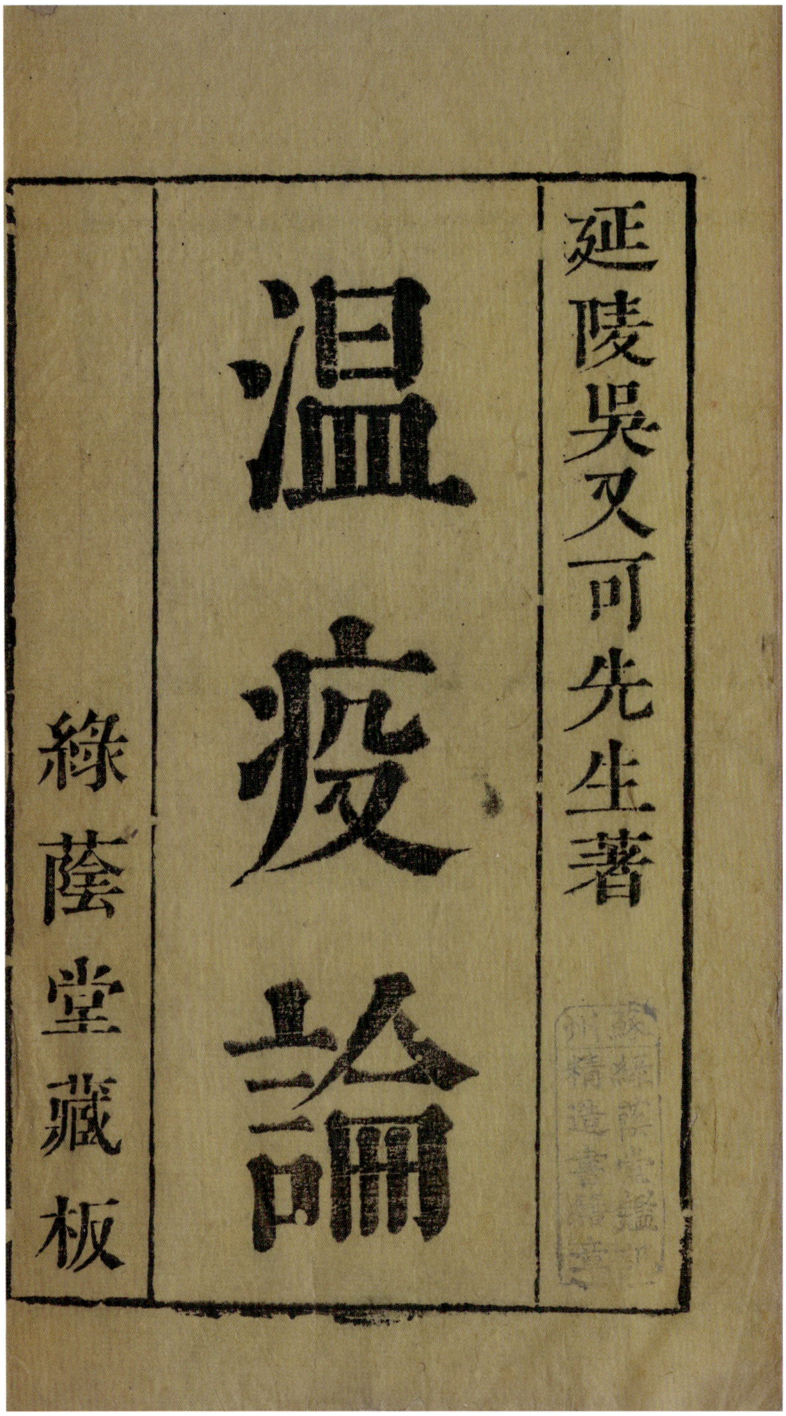

037　温疫論二卷（明）吳有性著　清康熙三十三年（1694）嘉善張以增刻蘇州綠蔭堂印本

開本25.1cm，闊15.5cm。版框高18.8cm，闊13.1cm。半葉9行，單行20字，雙行小字同。上下黑口，左右雙邊，雙對黑魚尾。

溫疫論卷上

具區吳有性又可甫著
嘉善張以增容旃評點

原病

病疫之由，昔以爲非其時有其氣，春應溫而反大寒，夏應熱而反大凉，秋應凉而反大熱，冬應寒而反大溫，得非時之氣，長幼之病相似以爲疫。余論則不然。夫寒熱溫凉，乃四時之常，因風雨陰晴，稍爲損益，假令秋熱必多晴，春寒因多雨，較之亦天地之常事，未

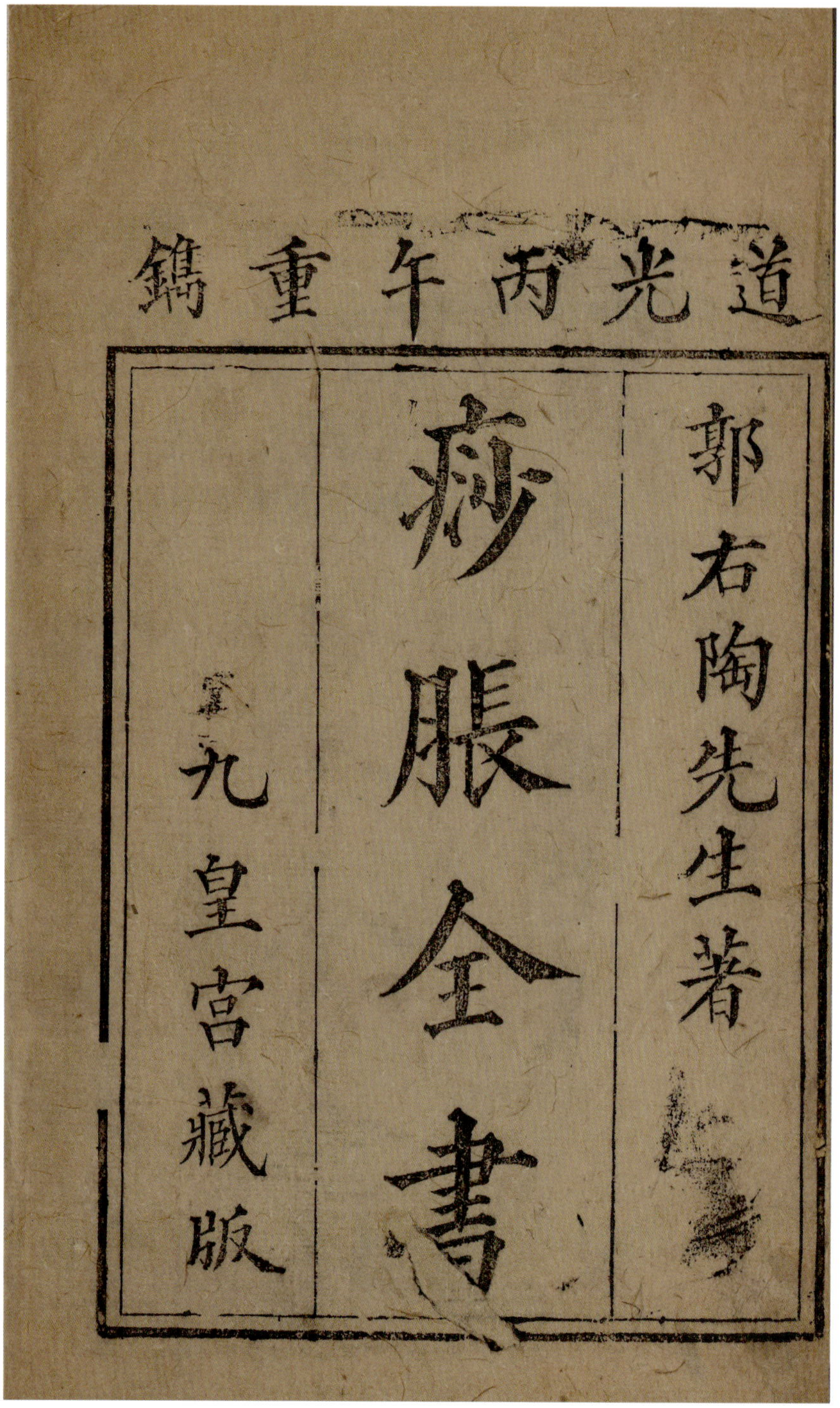

038　疫痧二症合編十五卷 編者佚名　清道光二十六年（1846）廣安九皇宮寫刻本

開本高23.5cm，闊15.7cm。版框高18.7cm，闊12.6cm。半葉9行，單行22字，雙行小字同。白口，四周雙邊，單黑魚尾。

道光丙午重鐫

劉松峯先生著

説疫全書

九皇宮藏版

疫痧二症合編卷之一

諸城劉　奎松峯著輯　男劉秉錦濯西纂述
福山劉嗣宗南瑛叅閱

述古

刺法論帝曰。余聞五疫之至。皆相染易。無問大小。病狀相似。不施救療。如何可得。不相移易者。岐伯曰。不相染者。正氣存內。邪不可干。避其毒氣。天牝（天牝、鼻也、老子謂元牝之門、毒氣從鼻來、可嚏之從鼻而出、）從來。復得其往。氣出於腦。即不干邪。氣出於腦。即先想心如日。欲將入疫室。先想青氣自肝而出

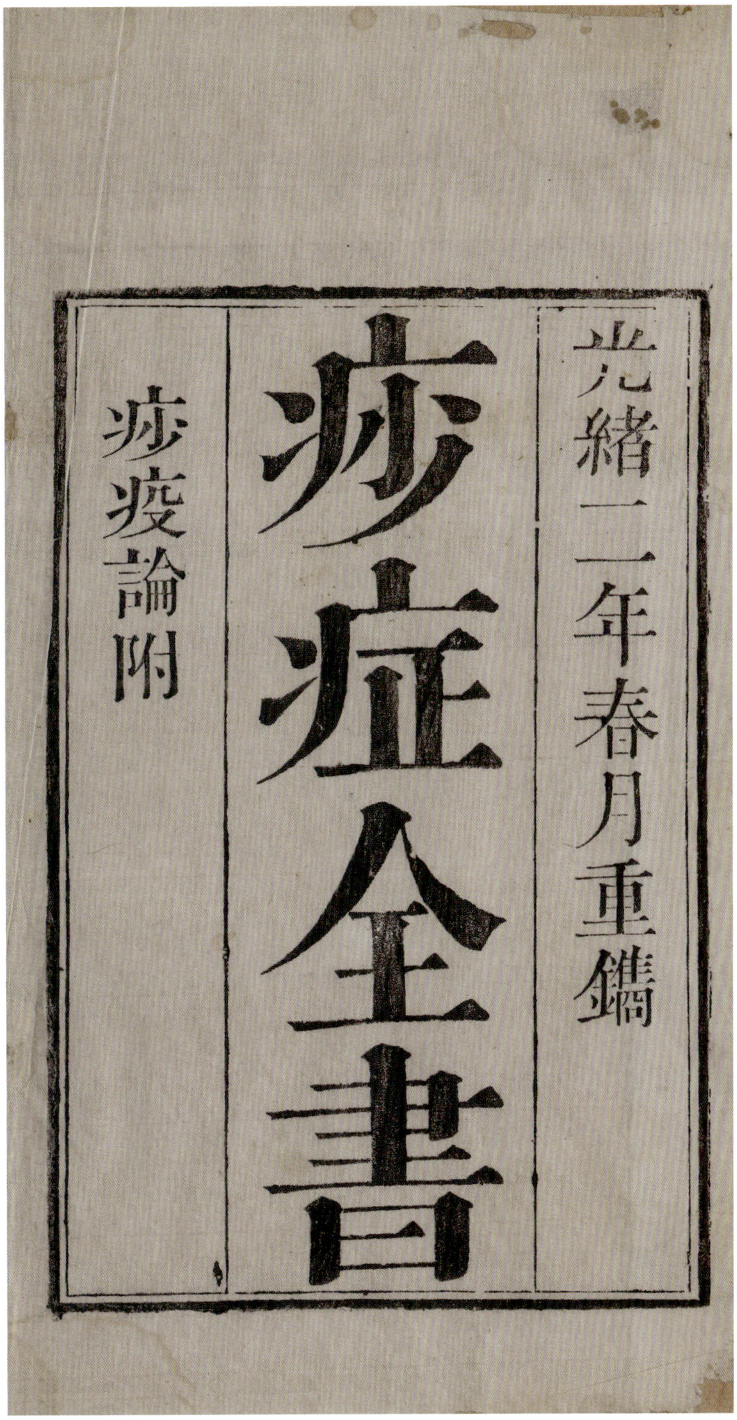
光緒二年春月重鐫

痧症全書

痧疫論附

039　痧症全書三卷　附痧疫論一卷（清）林森傳授　王凱編　胡傑輯著　清光緒二年（1876）中湘王文德書坊刻本

開本高24.8cm，闊15.6cm。版框高18.3cm，闊12.0cm。半葉9行，單行22字。白口，左右雙邊，單黑魚尾。

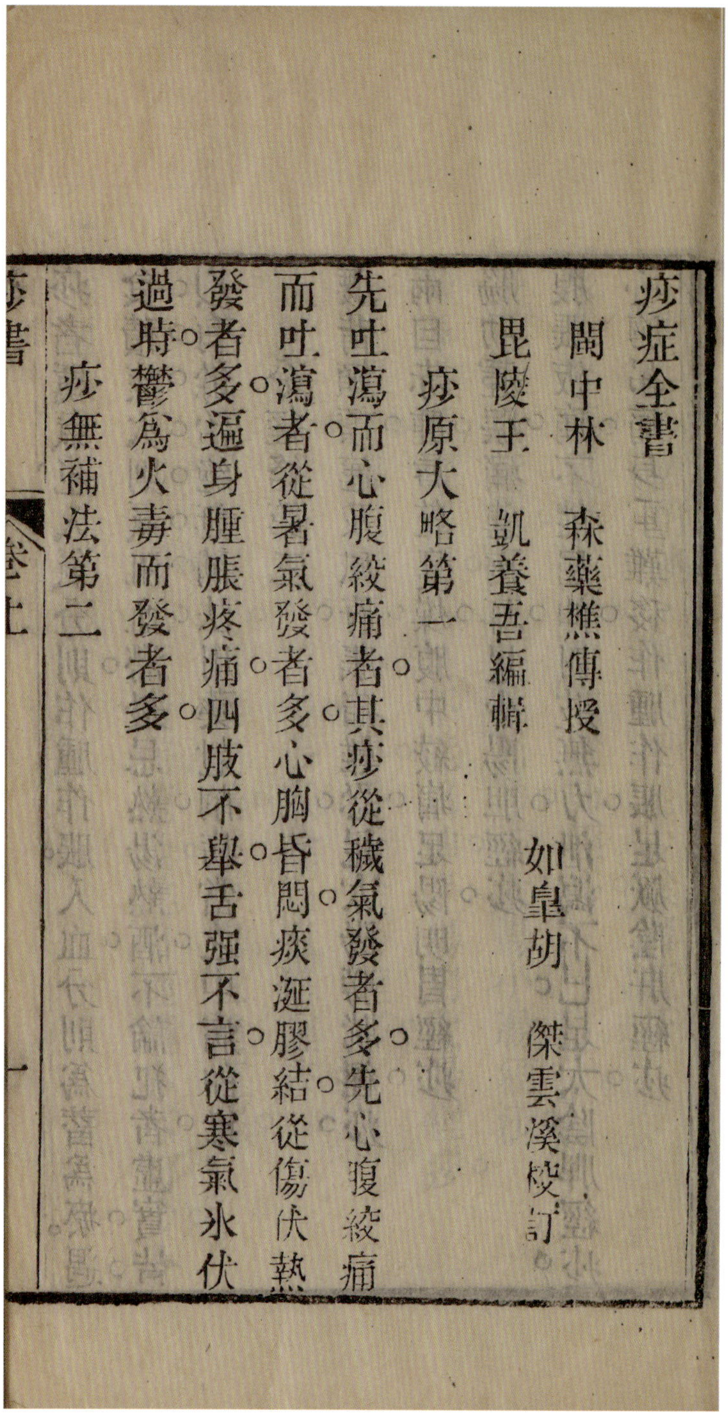

痧症全書

閩中林　森藥樵傳授

毘陵王　凱養吾編輯　　如臯胡　傑雲溪校訂

痧原大略第一

先吐瀉而心腹絞痛者。其痧從穢氣發者多。先心腹絞痛而吐瀉者。從暑氣發者多。心胸昏悶。痰涎膠結。從傷伏熱發者多。遍身腫脹。疼痛。四肢不舉。舌強不言。從寒氣氷伏過時。鬱爲火毒而發者多。

痧無補法第二

痧書　卷上　一

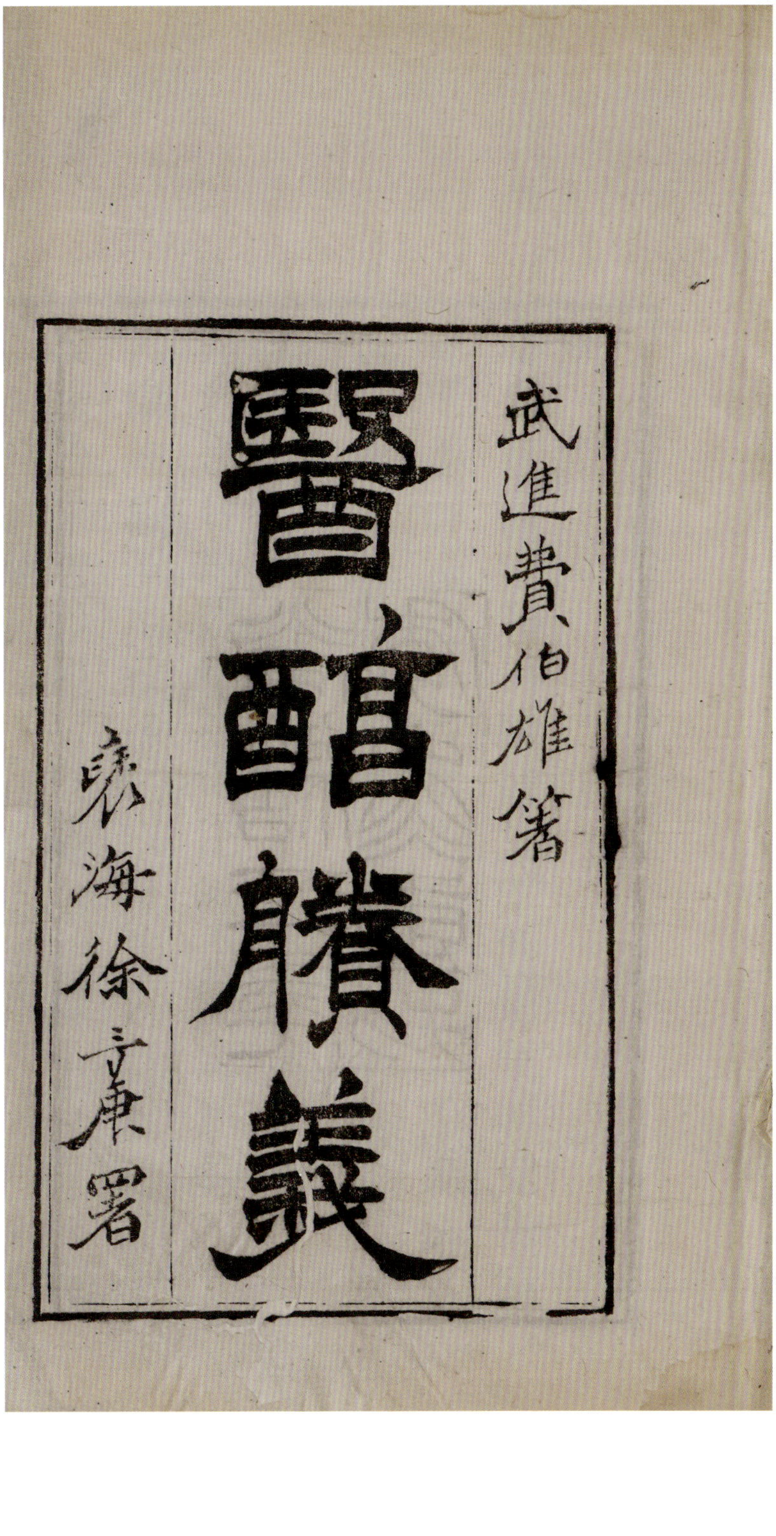

040　醫醇賸義四卷（清）費伯雄撰　清光緒三年（1877）李冬刻本

開本高23.8cm，闊15.4cm。版框高16.8cm，闊10.7cm。半葉8行，單行18字，雙行小字同。白口，左右雙边，單黑魚尾。

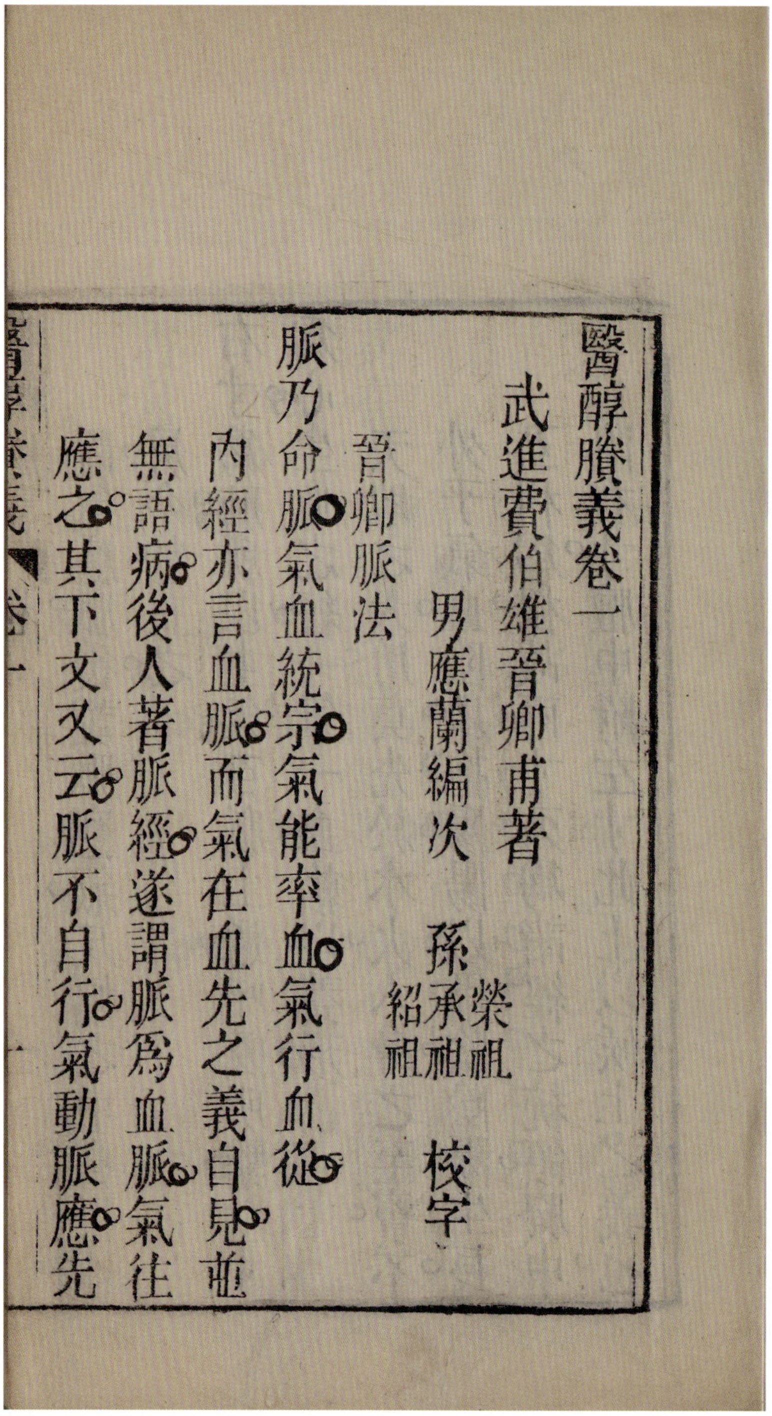

醫醇賸義卷一

武進費伯雄晉卿甫著

男應蘭編次

孫榮祖　承祖　紹祖　校字

晉卿脈法

脈乃命脈。氣血統宗。氣能率血。氣行血從。內經亦言血脈。而氣在血先之義自見。並無語病。後人著脈經。遂謂脈爲血脈。氣往應之。其下文又云。脈不自行。氣動脈應。先

醫醇賸義　卷一　一

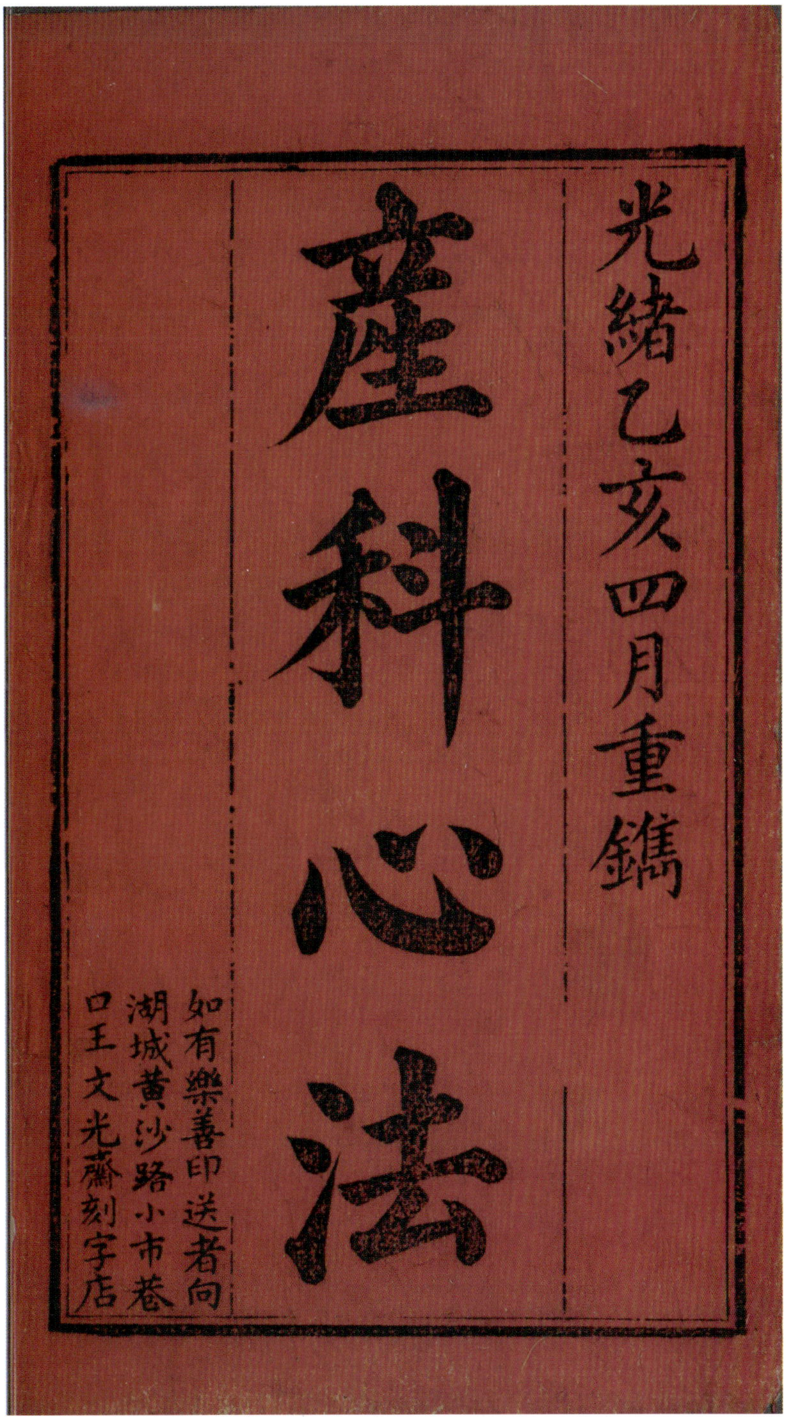

041　產科心法二集（清）汪喆纂　清光緒元年（1875）蘇州刻本

開本高24.6cm，闊15.5cm。版框高20.4cm，闊12.4cm。半葉9行，單行24字。白口，左右雙边，單黑魚尾。

種子方法

聖書云。不孝有三。無後爲大。蓋爲人子者。以宗祧爲大事。大凡年輕之人。精力强壯。原不難于生子。獨恐其不安靜。常多隨愛隨落。至于男女體薄。而艱於子嗣者。延至四十之外。尚未得子。寧不心慌。其五六旬者。更不待言也。如欲得子。試聽吾言。依法行事。生男生女。其權原在自手。頗有應驗。豈可視爲戲談。而至自悮無後耶

其法先宜積德存陰隲。再自量男人本體如何。大凡難得子者。病有四件。其一。氣不足。臨事必不能遠射。不射。則精不入子宮。

042　胎產心法三卷（清）閻純璽撰　清光緒四年（1878）長沙遐齡書舍刻本

開本高22.0cm，闊13.5cm。版框高16.9cm，闊11.6cm。半葉9行，單行22字，雙行小字同。白口，左右雙邊，單黑魚尾。

胎產心法卷之上

上谷閻純璽

脈法

經曰婦人手少陰動甚者姙子也○又曰陰摶陽別謂之有子○又云何以知懷子之且生也曰身有病而無邪脈也○又尺中之脈按之不絕者姙娠也○滑伯仁曰三部脈浮沉正等無他病而不月者姙也○按婦人帶證足少陰脈亦多滑利頗似孕脈然必與手少陰脈動相應方爲姙子否則爲帶也○凡婦人懷孕其血留氣聚胞宮內實

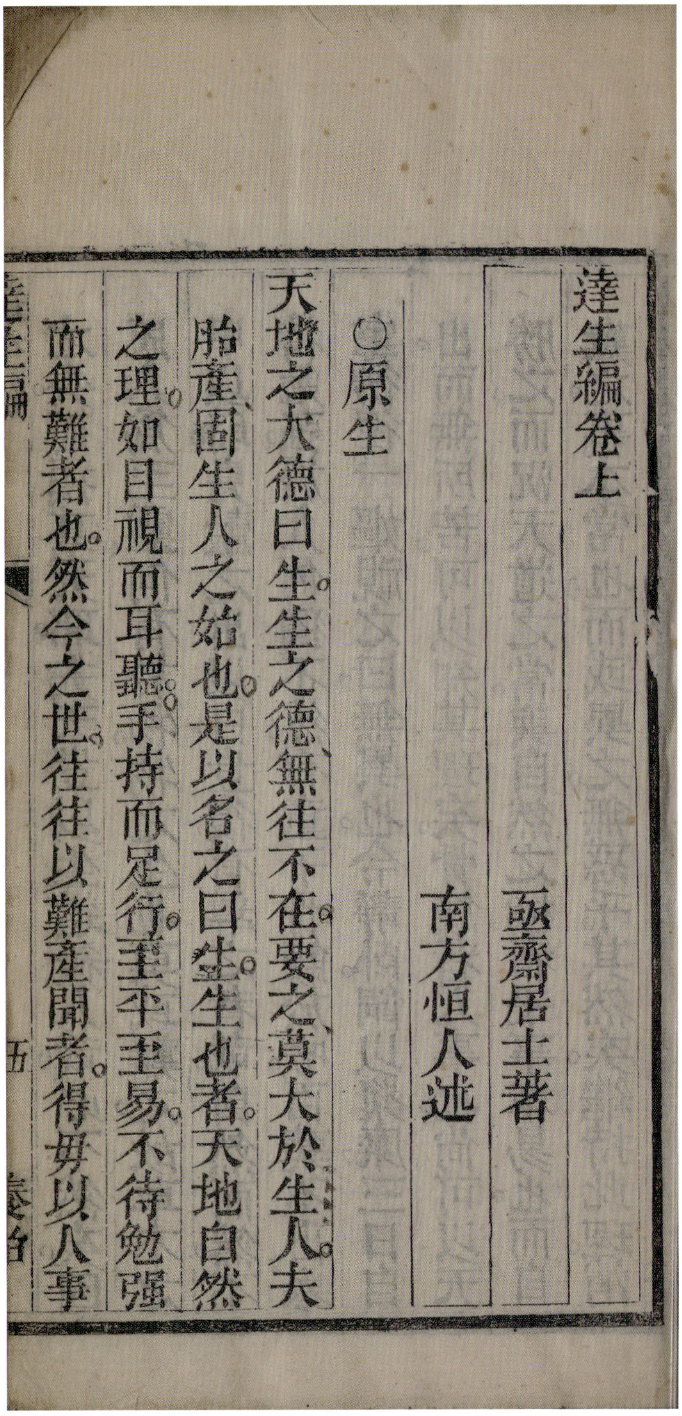
達生編卷上

亟齋居士著

南方恒人述

○原生

天地之大德曰生生之德無往不在要之莫大於生人夫胎産固生人之始也是以名之曰生生也者天地自然之理如目視而耳聽手持而足行至平至易不待勉強而無難者也然今之世往往以難産聞者得毋以人事

達生編　五

043　達生編二卷（清）亟齋居士撰　清光緒十一年（1885）甘肅成縣捕署養怡堂刻本

開本高23.7cm，闊13.2cm。版框高18.2cm，闊10.9cm。半葉8行，單行22字，雙行小字同。白口，四周雙边，單黑魚尾。

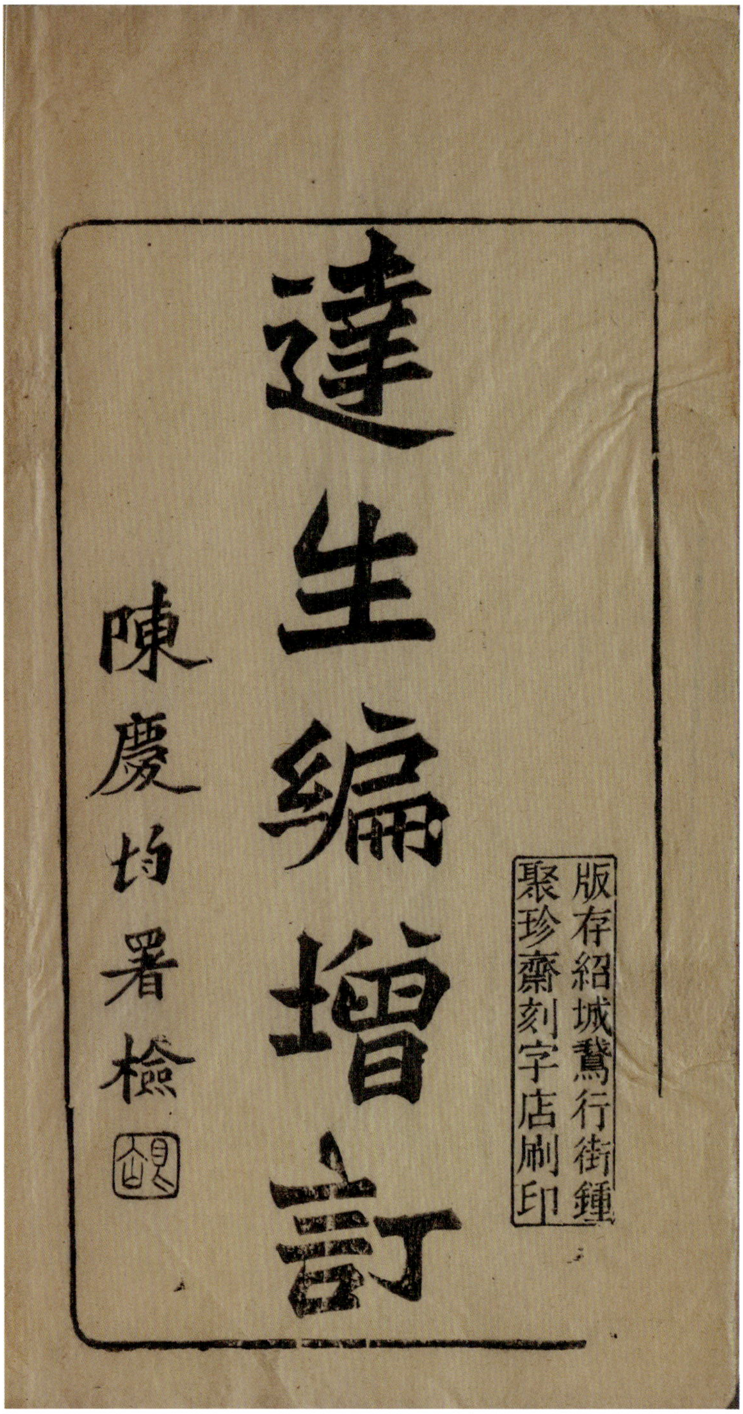

044　達生編二卷（清）亟齋居士撰　清光緒紹城聚珍齋刻本

開本高23.7cm，闊14.3cm。版框高19.0cm，闊11.4cm。半葉8行，單行20字，雙行小字同。白口，四周單边，單黑魚尾。

達生編上

○原生

天地之大德曰生生之德無往不在要之莫大于生人夫胎產固生人之始也是以名之曰生生也者天地自然之理如目視而耳聽手持而足行至平至易不待勉強而無難者也然今之世往往以難產聞者得無以人事之失而損其天耶夫天豈以生道殺人哉必不然矣因思人爲至靈何有于物物之生也莫

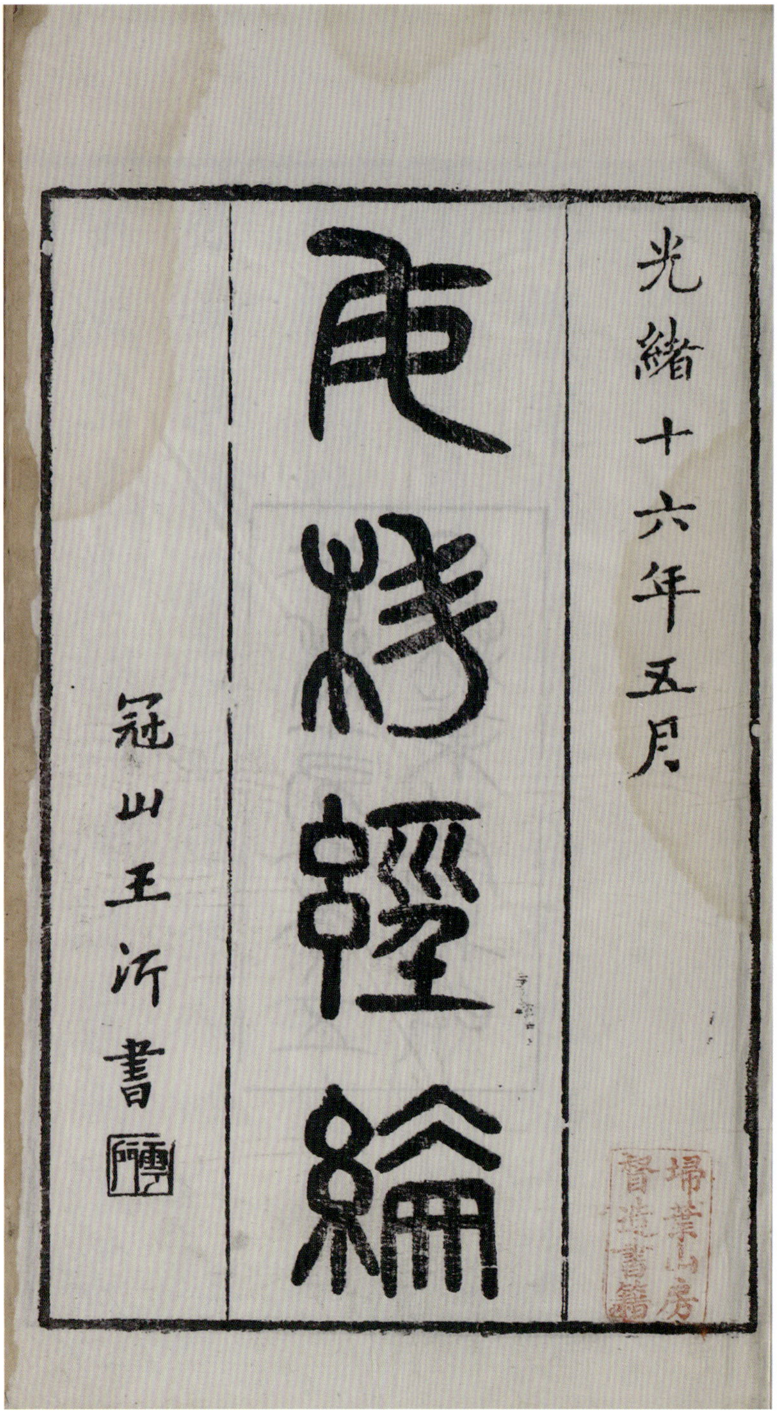

045 女科經綸八卷（清）蕭壎撰　清光緒十六年（1890）掃葉山房刻本（書口題燕貽堂）

開本高24.6cm，闊15.5cm。版框高19.6cm，闊12.4cm。半葉9行，單行24字。白口，左右雙边，單黑魚尾。

女科經綸卷一

檇李蕭壎賡六纂著　男 鋐律黄　鐕鑫濤　壻 李含渼南溟　薛之屏翰周　仝校

金大起旭曙　石 楷臨初　殷 銘子文

薛 珩楚玉　李新枝森若　尹延英樹百　仝參訂

禾郡 賈所學九如　萬八望吉先　葛錫保箕山

懷應聘莘皐　江 淞樂天

月經門

○經論女子月事屬太衝脈盛

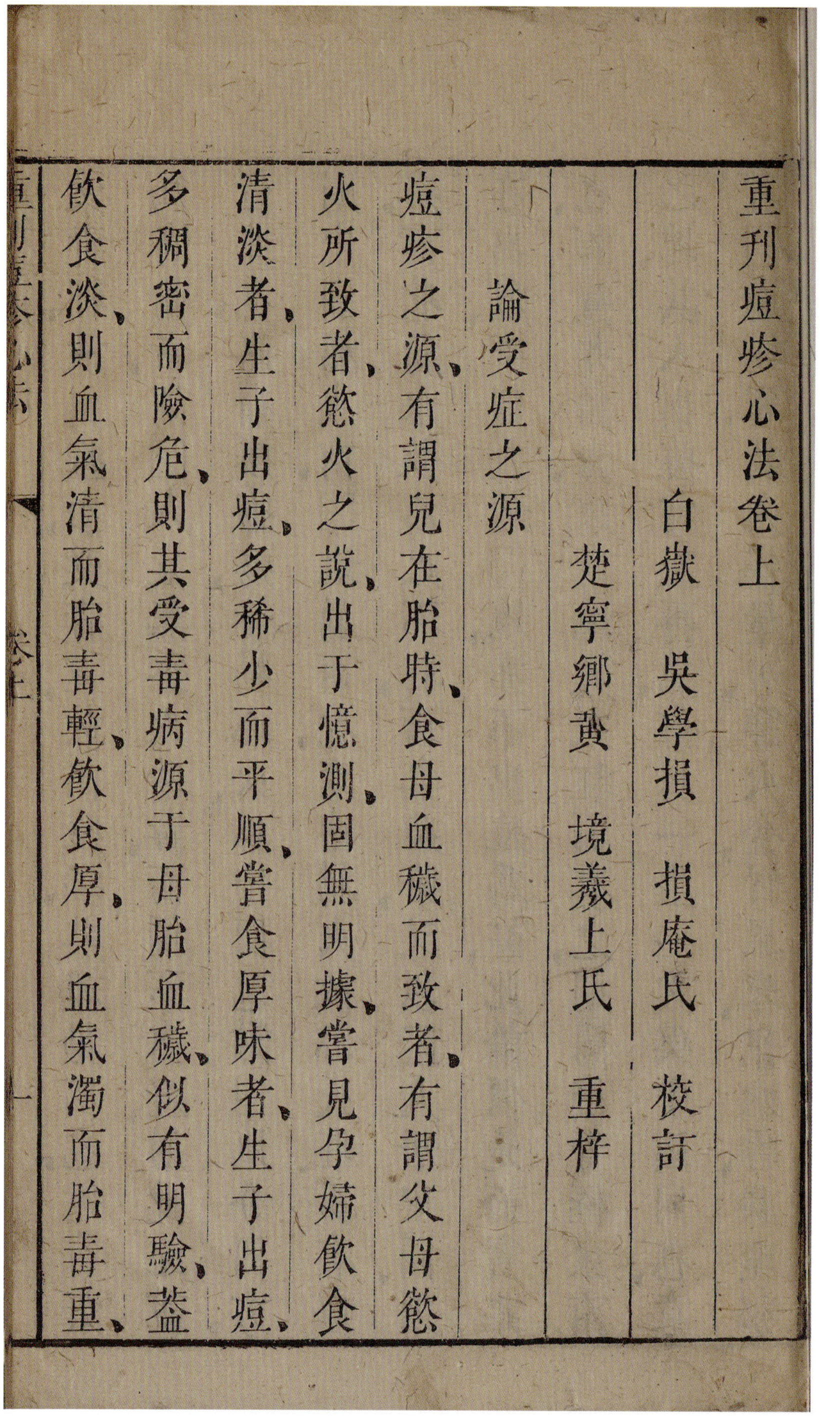

重刊痘疹心法卷上

白嶽　吳學損　損庵氏　校訂

楚寧鄉　黃　境羲上氏　重梓

論受症之源

痘疹之源、有謂兒在胎時、食母血穢而致者、有謂父母慾火所致者、慾火之說、出于臆測、固無明據、嘗見孕婦飲食清淡者、生子出痘、多稀少而平順、嘗食厚味者、生子出痘、多稠密而險危、則其受毒病源于母胎血穢、似有明驗、蓋飲食淡、則血氣清而胎毒輕、飲食厚、則血氣濁而胎毒重、

重刊痘疹心法　卷上　一

046　重刊痘疹心法二卷　麻疹心法一卷（清）吳學損校訂　清康熙楚寧黃鏡刻本

開本高23.2cm，闊14.8cm。版框高19.5cm，闊12.9cm。半葉9行，單行22字，雙行小字同。白口，四周單邊，單黑魚尾。

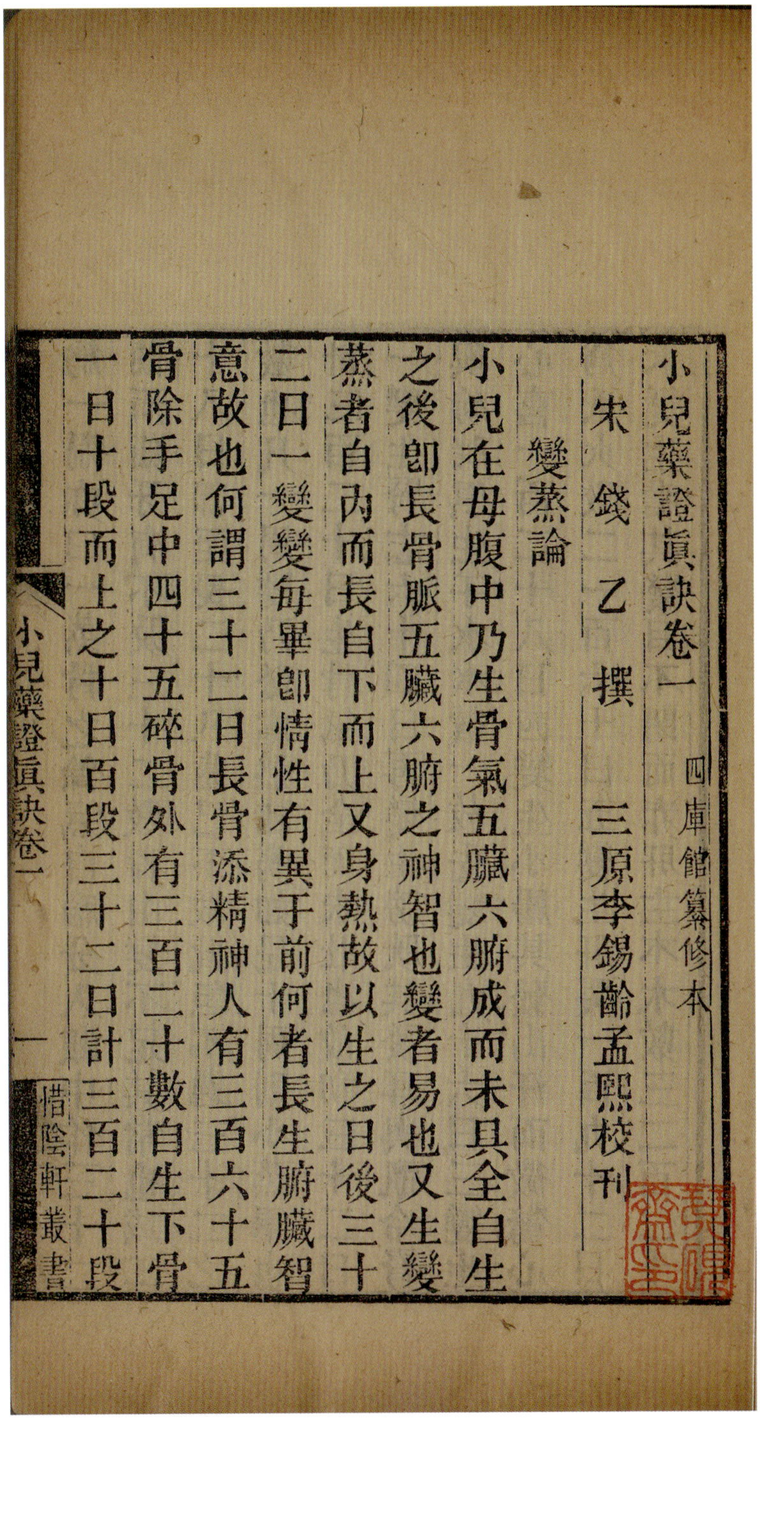
小兒藥證眞訣卷一　　四庫館纂修本

宋　錢　乙　撰　　三原李錫齡孟熙校刊

變蒸論

小兒在母腹中乃生骨氣五臟六腑成而未具全自生之後卽長骨脈五臟六腑之神智也變者易也又生變蒸者自內而長自下而上又身熱故以生之日後三十二日一變變每畢卽情性有異于前何者長生腑臟智意故也何謂三十二日長骨添精神人有三百六十五骨除手足中四十五碎骨外有三百二十數自生下骨一日十段而上之十日百段三十二日計三百二十段

小兒藥證眞訣卷一　一　惜陰軒叢書

047　小兒藥證直訣三卷（宋）錢乙撰　清光緒十四年（1888）惜陰書局刻本（惜陰軒叢書本）

開本高24.9cm，闊15.3cm。版框高17.1cm，闊12.0cm。半葉10行，單行21字。上下黑口，四周單邊雙邊兼有，單黑魚尾。

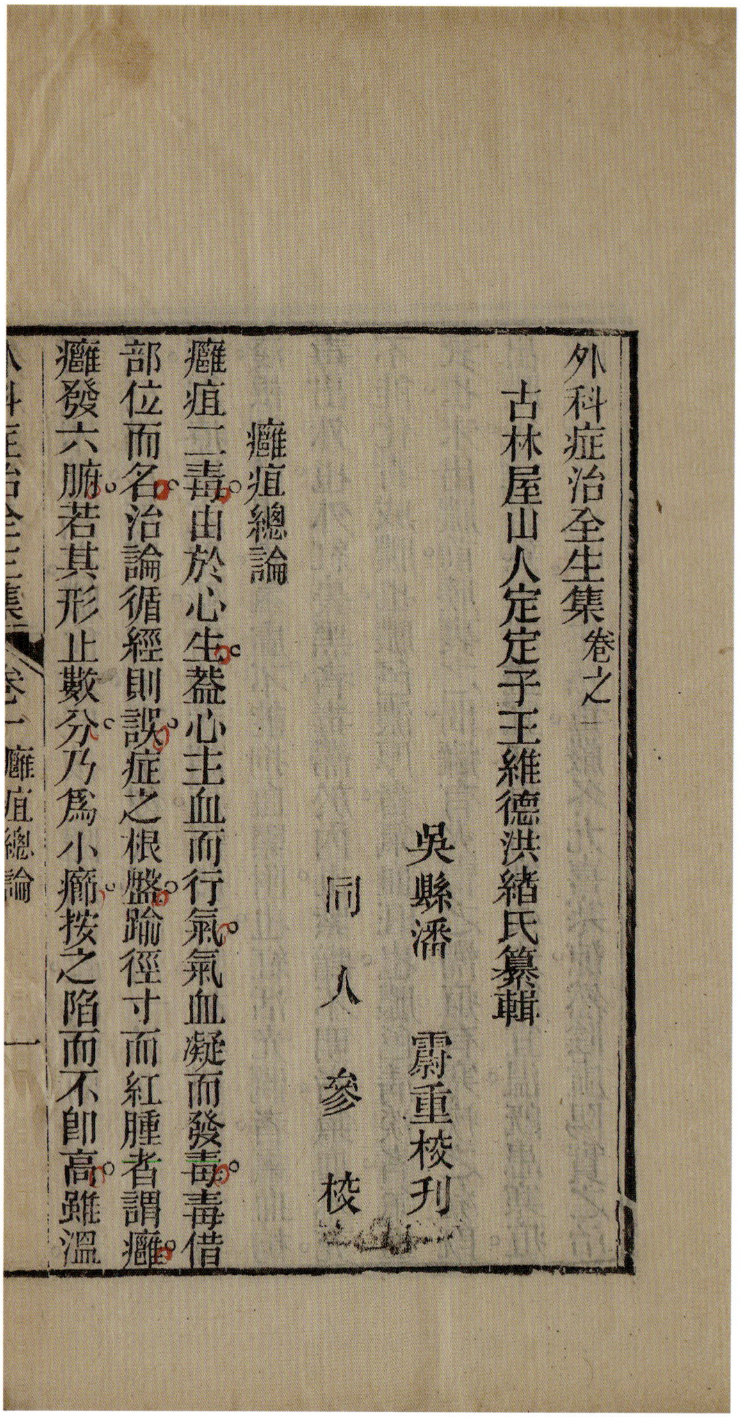
外科症治全生集卷之一
古林屋山人定定子王維德洪緒氏纂輯
吳縣潘　霨重校刊
同人參校
癰疽總論
癰疽二毒由於心生盖心主血而行氣氣血凝而發毒借
部位而名治論循經則誤症之根盤踰徑寸而紅腫者謂癰
癰發六腑若其形止數分乃爲小癤按之陷而不即高雖溫
外科症治全生集　卷一　癰疽總論　一

048　外科症治全生集四卷（清）王維德編　清光緒四年（1878）潘氏敏德堂刻本

開本高24.4cm，闊15.0cm。版框高16.3cm，闊10.4cm。半葉9行，單行23字，雙行小字同。白口，四周單边雙边兼有，單黑魚尾。

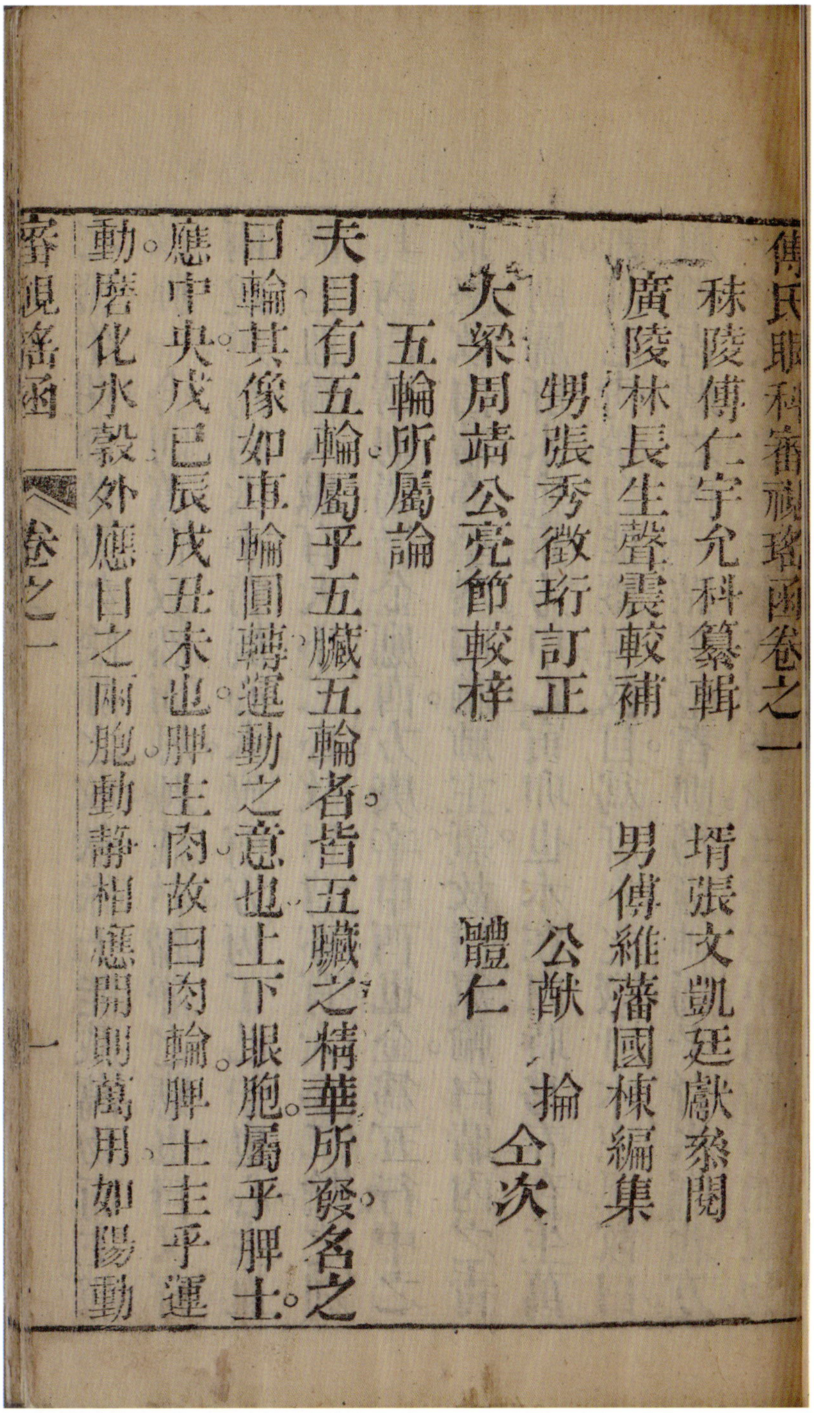
傅氏眼科審視瑤函卷之一

秣陵傅仁宇允科纂輯　　壻張文凱廷獻參閱

廣陵林長生聲震較補　　男傅維藩國棟編集

甥張秀徵珩訂正　　公猷　掄　仝次

大梁周靖公兗節較梓　　體仁

五輪所屬論

夫目有五輪屬乎五臟五輪者皆五臟之精華所發名之曰輪其像如車輪圓轉運動之意也上下眼胞屬乎脾土應中央戊己辰戌丑未也脾主肉故曰肉輪脾土主乎運動磨化水穀外應目之兩胞動靜相應開則萬用如陽動

審視瑤函　卷之一　一

049　傅氏眼科審視瑤函六卷卷首一卷（明）傅仁宇撰　林長生校補　清姑蘇聚文堂刻本

開本高24.4cm，闊15.0cm。版框高19.3cm，闊13.3cm。半葉10行，單行22字，雙行小字同。白口，四周雙邊，單黑魚尾。

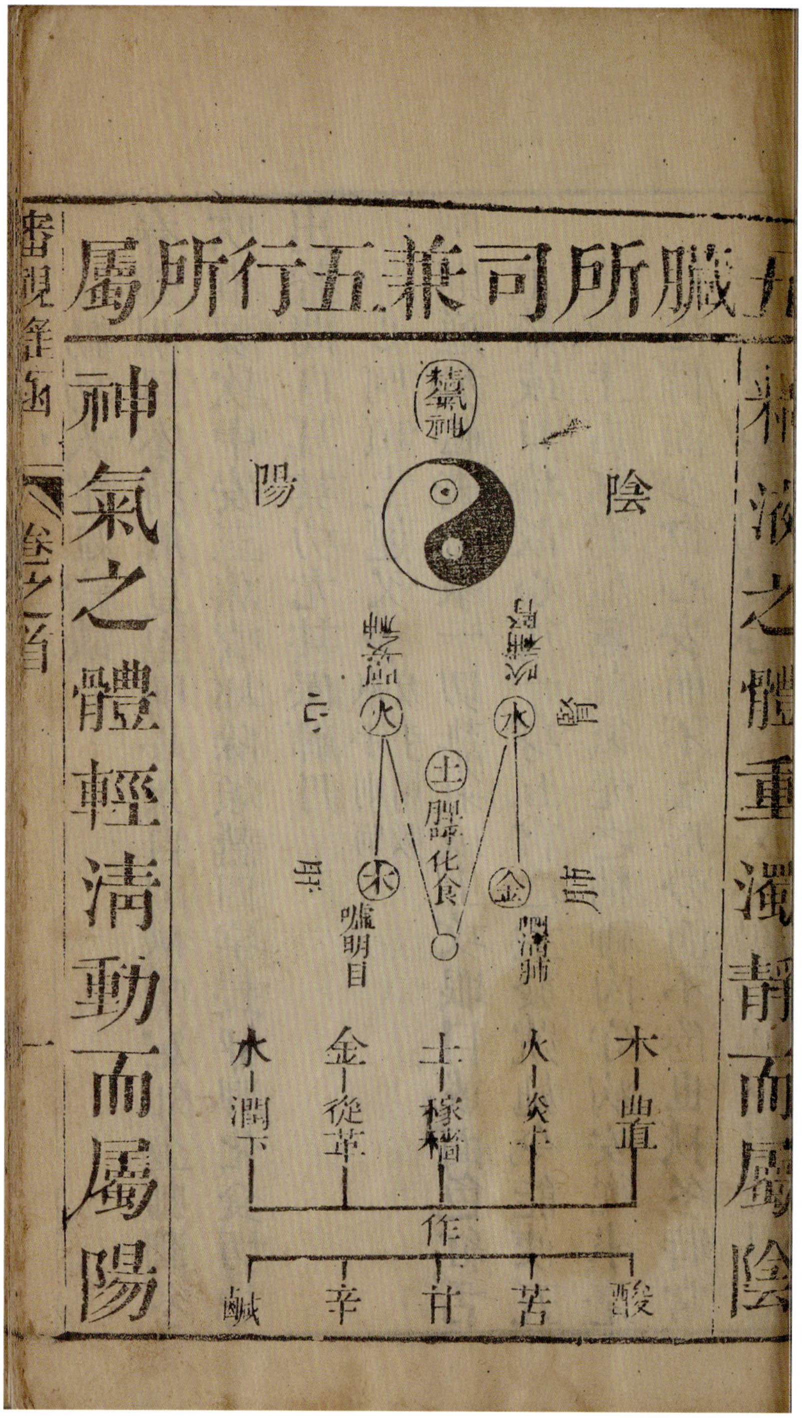
審視瑤函　卷之首　一

五臟所司兼五行所屬

精液之體重濁靜而屬陰

神氣之體輕清動而屬陽

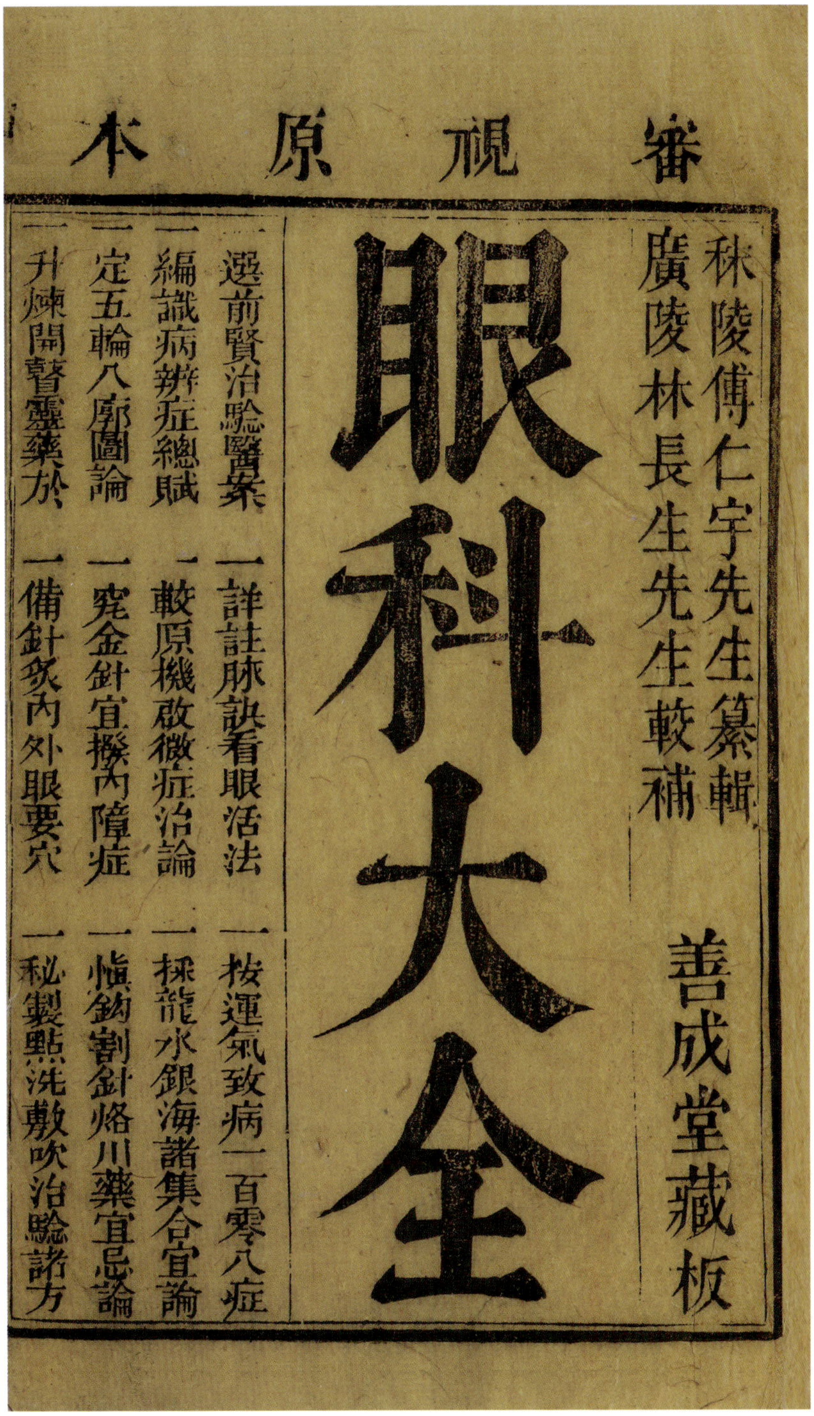

審視原本

秣陵傅仁宇先生纂輯
廣陵林長生先生較補

眼科大全

善成堂藏板

一選前賢治驗醫案　一詳註脉訣看眼活法　一按運氣致病一百零八症
一編識病辨症總賦　一較原機啟微症治論　一探龍水銀海諸集合宜論
一定五輪八廓圖論　一窕金針宜撥內障症　一慎鉤割針烙川藥宜忌論
一升煉開瞽靈藥方　一備針灸內外眼要穴　一秘製點洗敷吹治驗諸方

050　傅氏眼科審視瑤函六卷卷首一卷（明）傅仁宇撰　林長生校補　清光緒十年（1884）善成堂刻本

開本高23.9cm，闊15.2cm。版框高19.9cm，闊13.5cm。半葉10行，單行22字，雙行小字同。白口，左右雙边，單黑魚尾。

傅氏眼科審視瑤函卷之一

秣陵傅仁宇允科纂輯　壻張文凱廷獻參閱

廣陵林長生聲震較補　男傅維藩國棟編集

甥張秀徵珩訂正　公猷　掄　仝次

大梁周靖公亮節較梓　體仁

五輪所屬論

夫目有五輪，屬乎五臟。五輪者，皆五臟之精華所發，名之曰輪。其像如車輪圓轉，運動之意也。上下眼胞屬乎脾土，應中央戊己辰戌丑未也。脾主肉，故曰肉輪。脾上主乎運動，磨化水穀。外應目之兩胞，動靜相應，開則萬用，如陽動

審視瑤函　卷之一　一

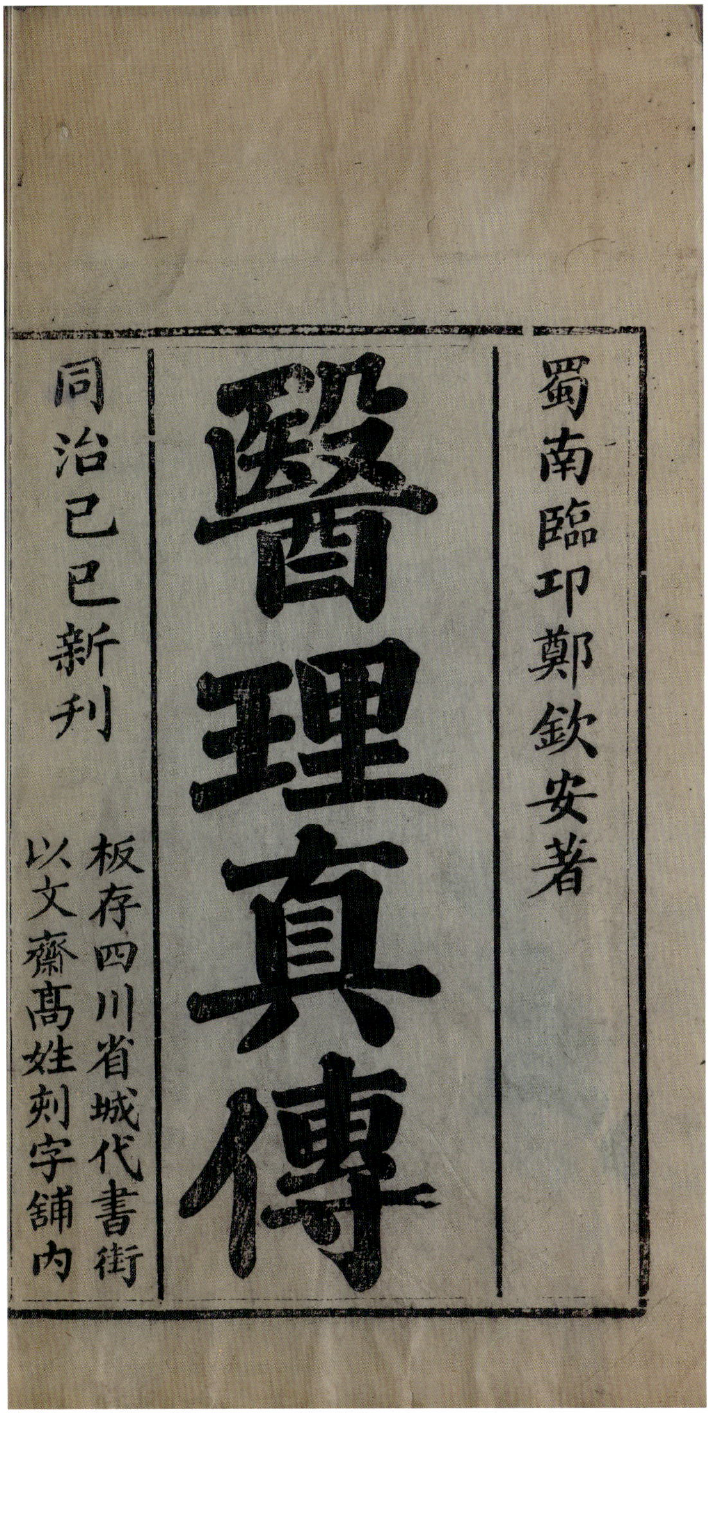

051　醫理真傳四卷 (清)鄭壽全撰　清同治八年（1869）四川以文齋刻本

開本高25.8cm，闊16.0cm。版框高18.7cm，闊12.3cm。半葉9行，單行21字，雙行小字同。白口，四周單边雙边兼有，單黑魚尾。

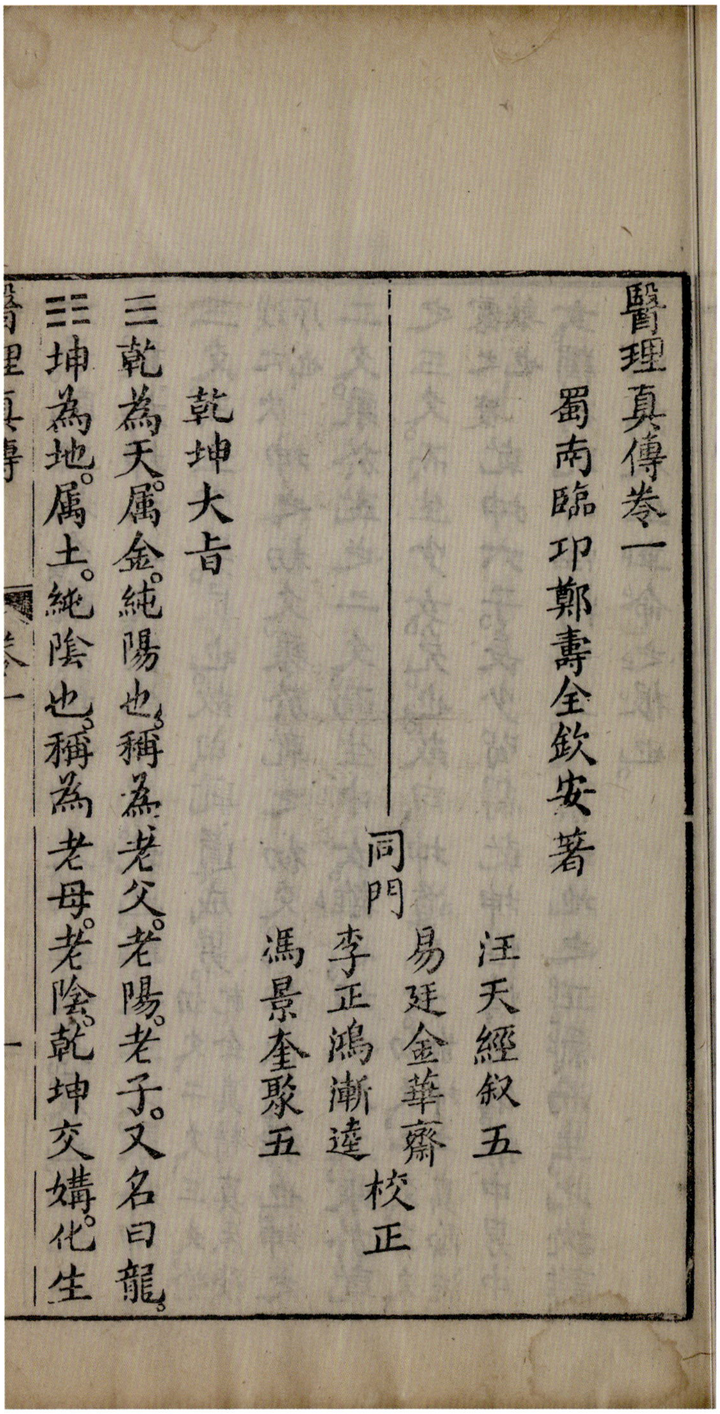

醫理真傳卷一

蜀南臨邛鄭壽全欽安著

同門 汪天經叙五 易廷金華齋 李正鴻漸逵 馮景奎聚五 校正

乾坤大旨

☰乾為天。屬金。純陽也。稱為老父。老陽。老子。又名曰龍。

☷坤為地。屬土。純陰也。稱為老母。老陰。乾坤交媾化生

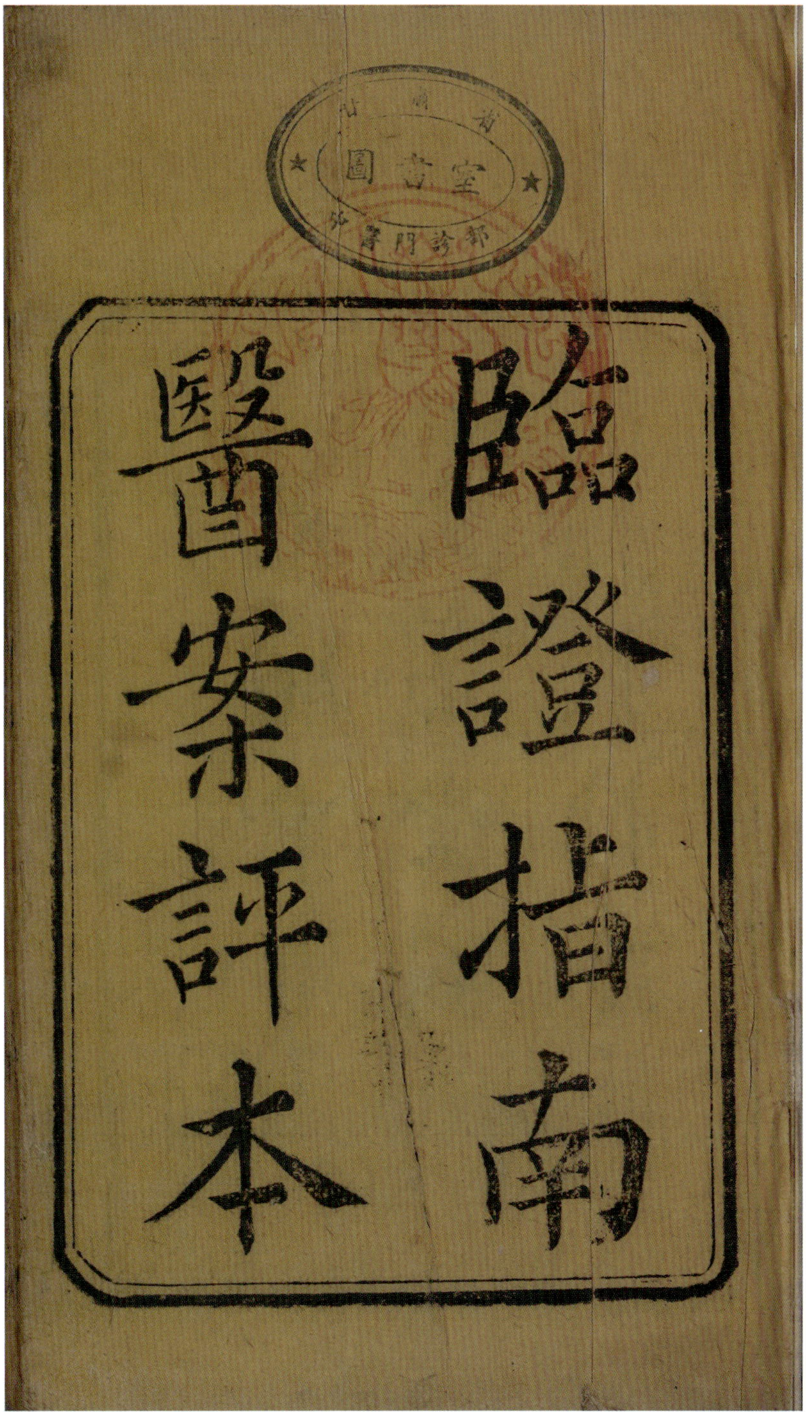

052　臨證指南醫案十卷　附種福堂公選溫熱論醫案一卷、種福堂公選良方三卷（清）葉桂著
清光緒十年（1884）古吳掃葉山房刻朱墨套印本

開本高18.7cm，闊12.2cm。版框高12.9cm，闊9.7cm。半葉10行，單行22字，雙行小字同。白口，左右雙边，單黑魚尾。

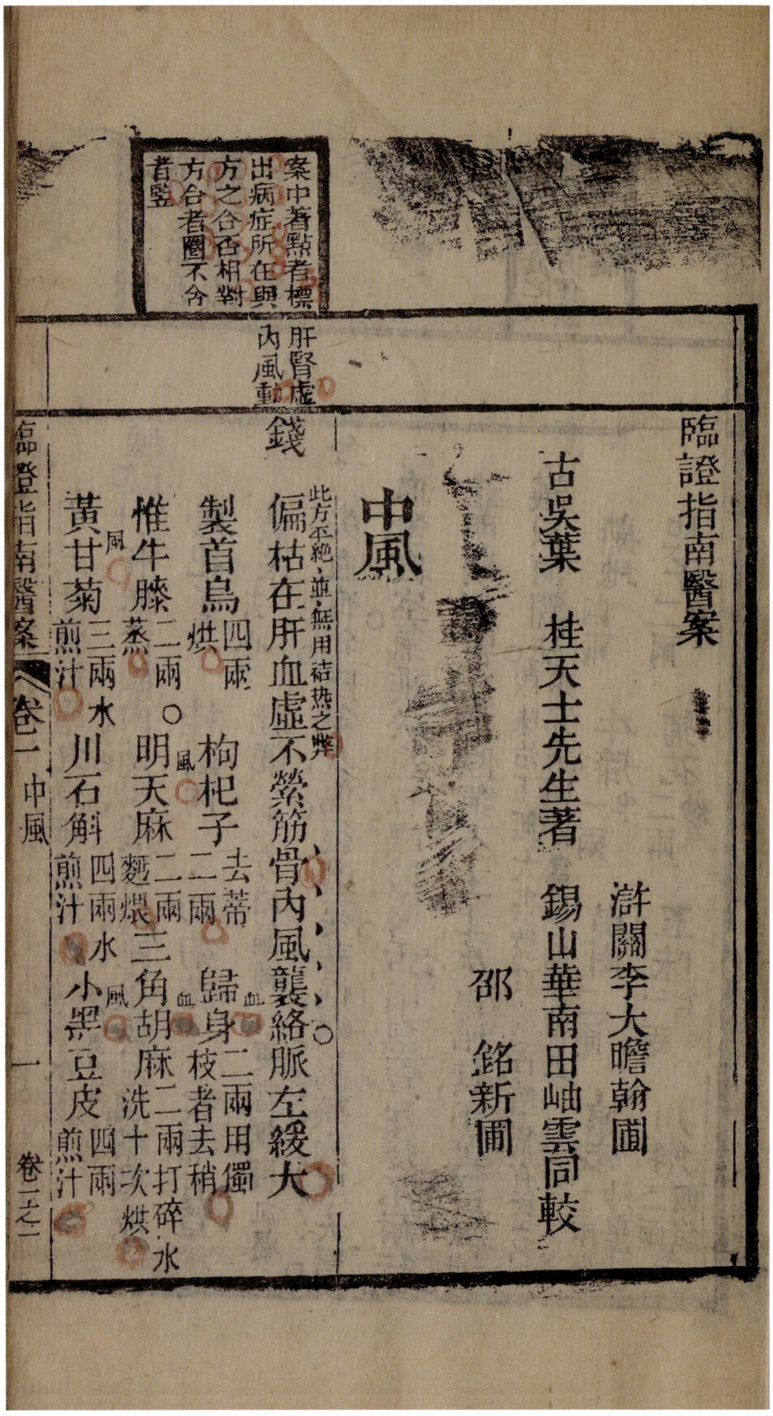
案中着點者標出病症所在與方之合否相對方合者圈不合者竪

肝腎虛內風動

臨證指南醫案　卷一

古吳葉　桂天士先生著

滸關李大瞻翰圃
錫山華南田岫雲同較
邵　銘新圃

中風

錢　偏枯在肝血虛不榮筋骨內風襲絡脈左緩大。此方平絕、並無用祜熱之弊

製首烏四兩烘　枸杞子去蒂二兩　歸身二兩用獨枝者去稍

懷牛膝二兩蒸　明天麻二兩麪煨　三角胡麻二兩打碎水洗十次烘

黃甘菊三兩水煎汁　川石斛四兩水煎汁　小黑豆皮四兩煎汁

臨證指南醫案　卷一　中風　一　卷一之一

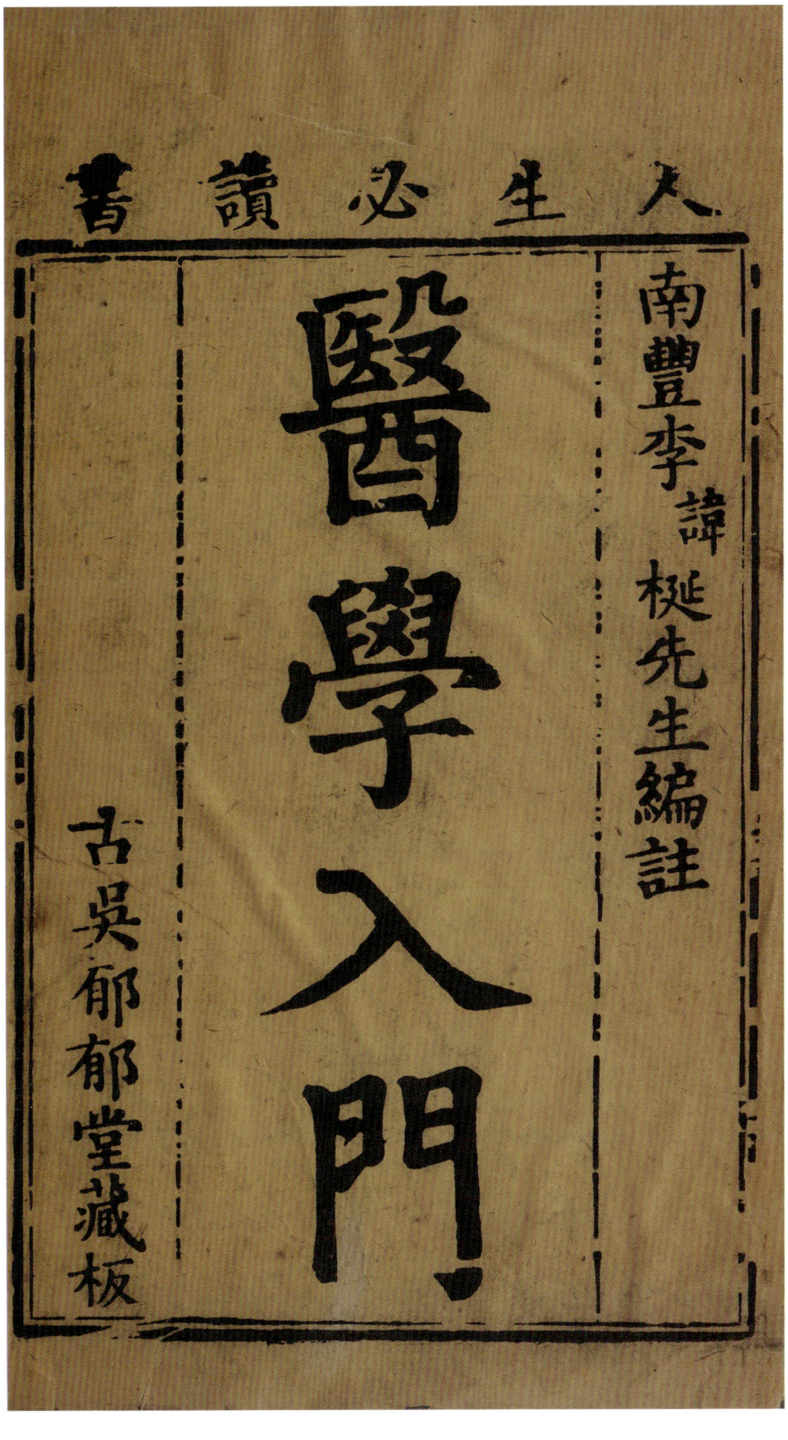
人生必讀書
南豐李諱梴先生編註
醫學入門
古吳郁郁堂藏板

053　醫學入門七卷卷首一卷（明）李梴編註　明萬歷三年（1575）刻清古吳郁郁堂印本

開本高26.0cm，闊16.2cm。版框高22.6cm，闊14.0cm。半葉9行，單行22字，雙行小字同。白口，四周雙边，單黑魚尾。

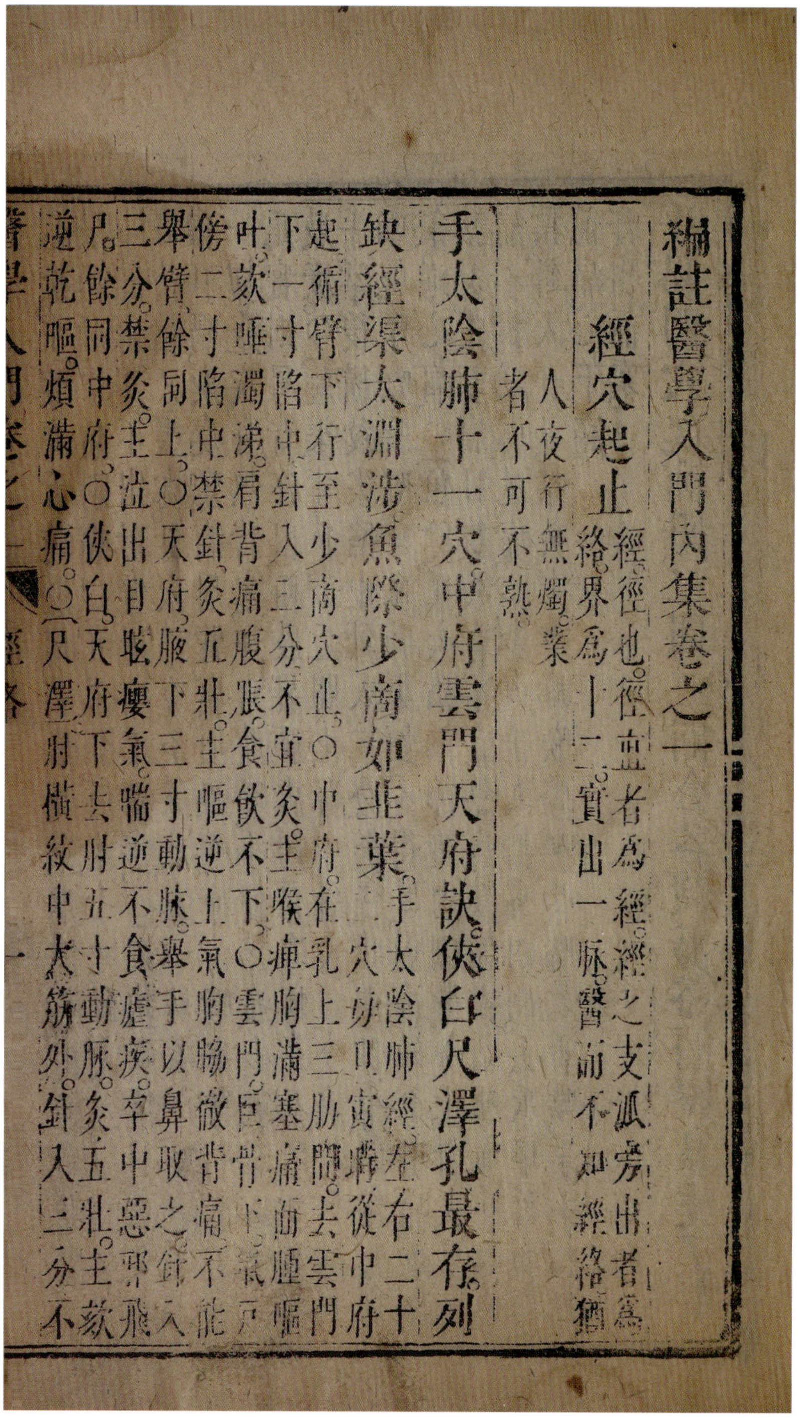

編註醫學入門內集卷之一

經穴起止 經徑也徑直者為經經之支派旁出者為絡界為十二實出一脈醫而不知經絡猶人夜行無燭業者不可不熟

手太陰肺十一穴中府雲門天府訣俠白尺澤孔最存列缺經渠太淵涉魚際少商如韭葉 手太陰肺經左右二十二穴每日寅時從中府起循臂下行至少商穴止○中府在乳上三肋間去雲門下一寸陷中針入三分不宜灸主喉痺胸滿塞痛面腫嘔叶欬唾濁涕肩背痛腹脹食飲不下○雲門巨骨下氣戶傍二寸陷中禁針灸五壯主嘔逆上氣胸脇徹背痛不能舉臂餘同上○天府腋下三寸動脈舉手以鼻取之針入三分禁灸主泣出目眩癭氣喘逆不食瘧疾卒中惡邪飛尸餘同中府○俠白天府下去肘五寸動脈灸五壯主欬逆乾嘔煩滿心痛○尺澤肘橫紋中大筋外針入三分不

醫學入門卷之一 經絡 一

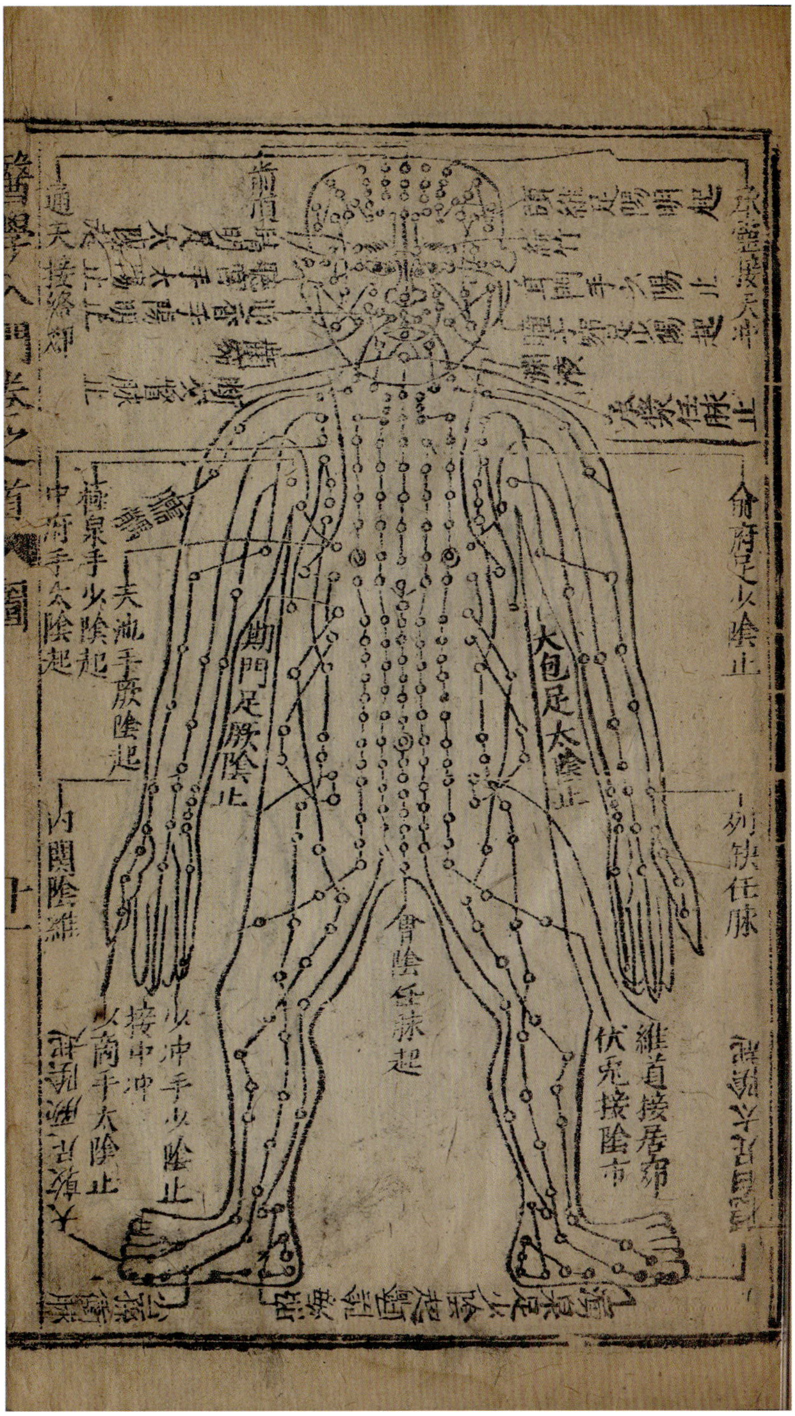
醫學入門卷之首
承漿任脉止
俞府足少陰止
大包足太陰止
期門足厥陰止
列缺任脉
會陰任脉起
維道接居髎
伏兔接陰市
中府手太陰起
極泉手少陰起
天池手厥陰起
內關陰維
少衝手少陰止
少商手太陰止
接中衝
十一

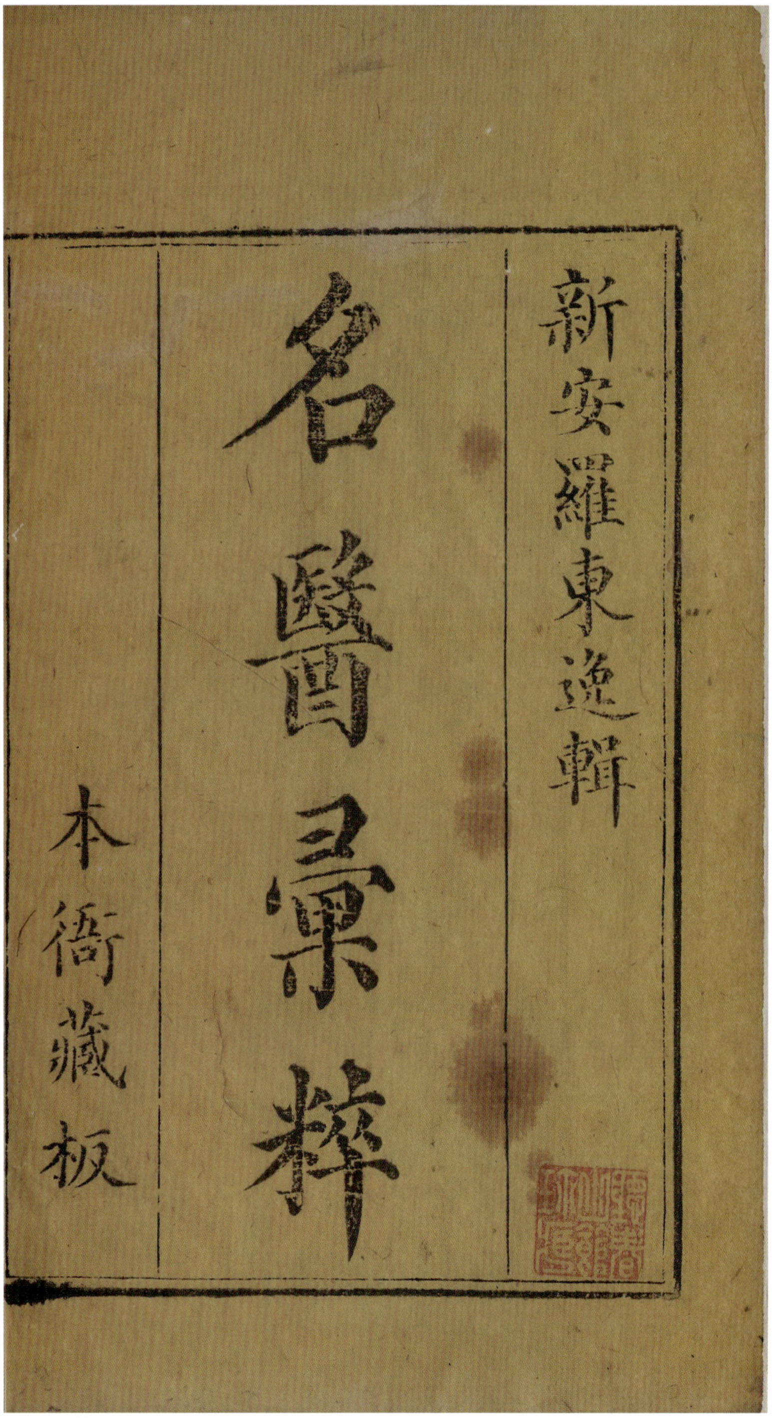

054　古今名醫彙粹八卷（清）羅美辑　清道光三年（1823）嘉興盛新甫刻本

開本高24.6cm，闊15.7cm。版框高17.9cm，闊13.0cm。半葉10行，單行20字，雙行小字同。白口，四周單边，單黑魚尾。

古今名醫彙粹卷之一

新安羅　美東逸父選輯
古虞席世臣鄂洛氏詳校

張景岳大寶論

夫陰陽之體曰乾與坤。陰陽之用曰水與火。陰陽之化曰形與氣。以生殺言則陽生陰殺。以寒熱言則陽熱陰寒。若其生化之基。則陽先陰後。陽施陰受。先天因氣以化形。陽生陰也。後天因形以化氣。陰生陽也。形即精。精即水。神即氣。氣即火。陰陽貳氣最不宜偏。平則氣和而生物。偏則氣乖而殺物。經曰陰平陽秘。

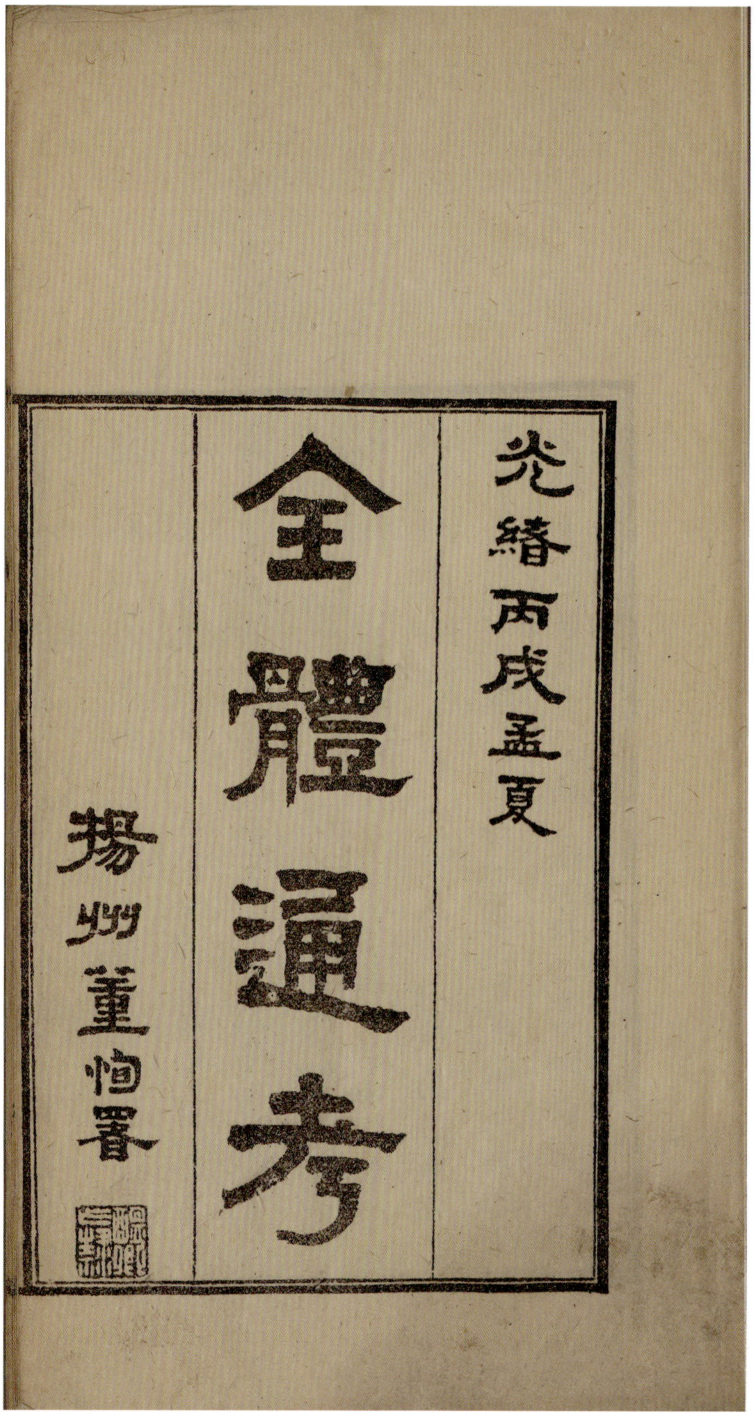

055　全體通考十八卷圖二卷（英國）德貞子固　清光緒十二年（1886）鉛印本（圖石印）

開本高25.3cm，闊15.1cm。版框高16.1cm，闊11.2cm。半葉16行，單行32字，雙行小字34字。白口，四周雙邊，單黑魚尾。

論骨之緊要

骨之用

骨之總質

全體通考卷一

論骨

總論

吾人欲爲良醫、須明全體之骨、此不但爲醫家入門之初階亦爲醫學中之緊要而不可缺者故解剖全體之時學者宜審明全體骨架如不明本來之完骨若骨有脫折必不能療然骨學雖爲醫道之根而在學者則每淡漠遇之此固初起之學之通病也及徐入之必覺其美務此不僅有益於異日之爲醫而於本身之智慧所獲亦多矣蓋世間萬物莫不各有其理各有其用各有其能至於人之一身其理其用其能較世上諸物尤爲顯然然非細加考察不能知也苟明乎人之骨而由此以推則舉凡活物之骨必此心必欲明之然後以之再較人骨則益知其造法之妙矣人倘如此察之必知凡有脊骨之活物皆由一總規模之所爲而人骨之造法卽總規模中之變革者故英詩有云人極大之榮耀卽知吾人爲蟲物中之一物而已〇其骨作架爲模範與保身之輭處、作空處爲列而保其細具、如頭顱骨、爲護腦也、脊骨道、爲護脊髓系也、眼窩爲護眼、耳門骨爲護內耳、胸爲護心肺、復作爲節、以便人身與身各處之運動、並作爲撬爲肌之運動、〇骨係生物之底與骨土卽鏺硫強鹽相攙之所爲、其生物乃膠之所爲而大畧於開水則全化之熬之亦可出糖其生質之用取其韌土質之用取其堅考察此理甚易 假如將骨一塊置於一倍淡輕綠強水中、兌蒸水五六倍、數日後則骨中之土質、全化於水中、所賸者只有生質、其骨之形色不改、而堅性無存、便可隨意扭轉矣、見第一圖 若反其道而用之、使之去生質存土質、則或用火燒、或用水煑、迨工夫既久、則其生質盡去矣、枯朽骨雖年久、與新骨所含之生質、所差無幾、用乳頭象牙與狽之朽骨、俱可以熬成湯、大約骨之爲物、三分之

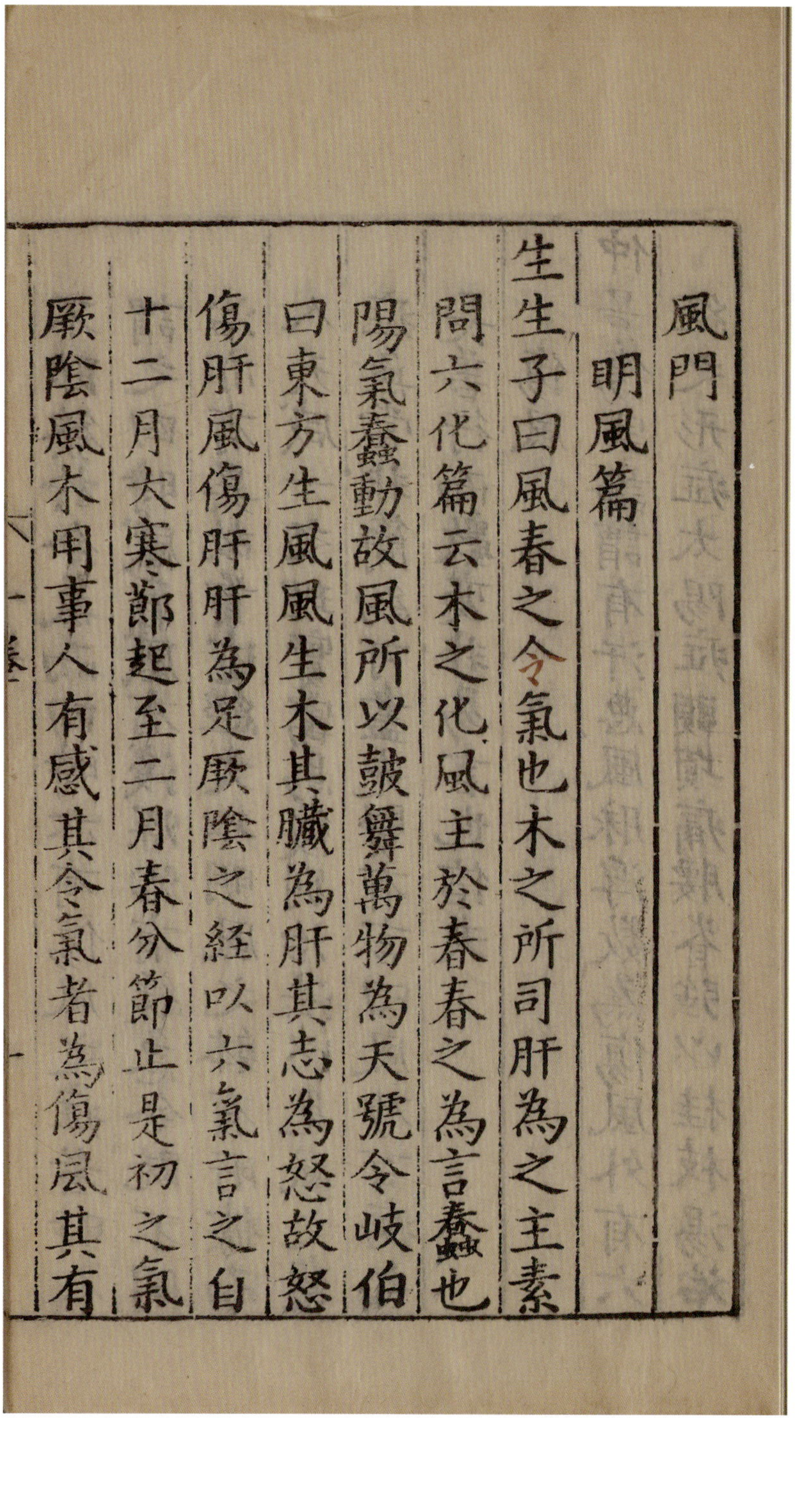
風門
明風篇
生生子曰風春之令氣也木之所司肝為之主素問六化篇云木之化風主於春春之為言蠢也陽氣蠢動故風所以鼓舞萬物為天號令岐伯曰東方生風風生木其臟為肝其志為怒故怒傷肝風傷肝肝為足厥陰之經以六氣言之自十二月大寒節起至二月春分節止是初之氣厥陰風木用事人有感其令氣者為傷風其有

056　赤水玄珠三十卷　醫旨緒餘兩卷　新都醫案四卷　宜興醫案一卷（明）孫一奎撰　明萬歷二十四至二十七年（1596-1599）休寧孫泰來孫朋來刻，清康熙杭州吴氏重修本

開本高24.4cm，闊15.8cm。版框高19.6cm，闊12.6cm。半葉9行，單行19字，雙行小字同。白口，四周雙边，單黑魚尾。

孫東宿先生小像

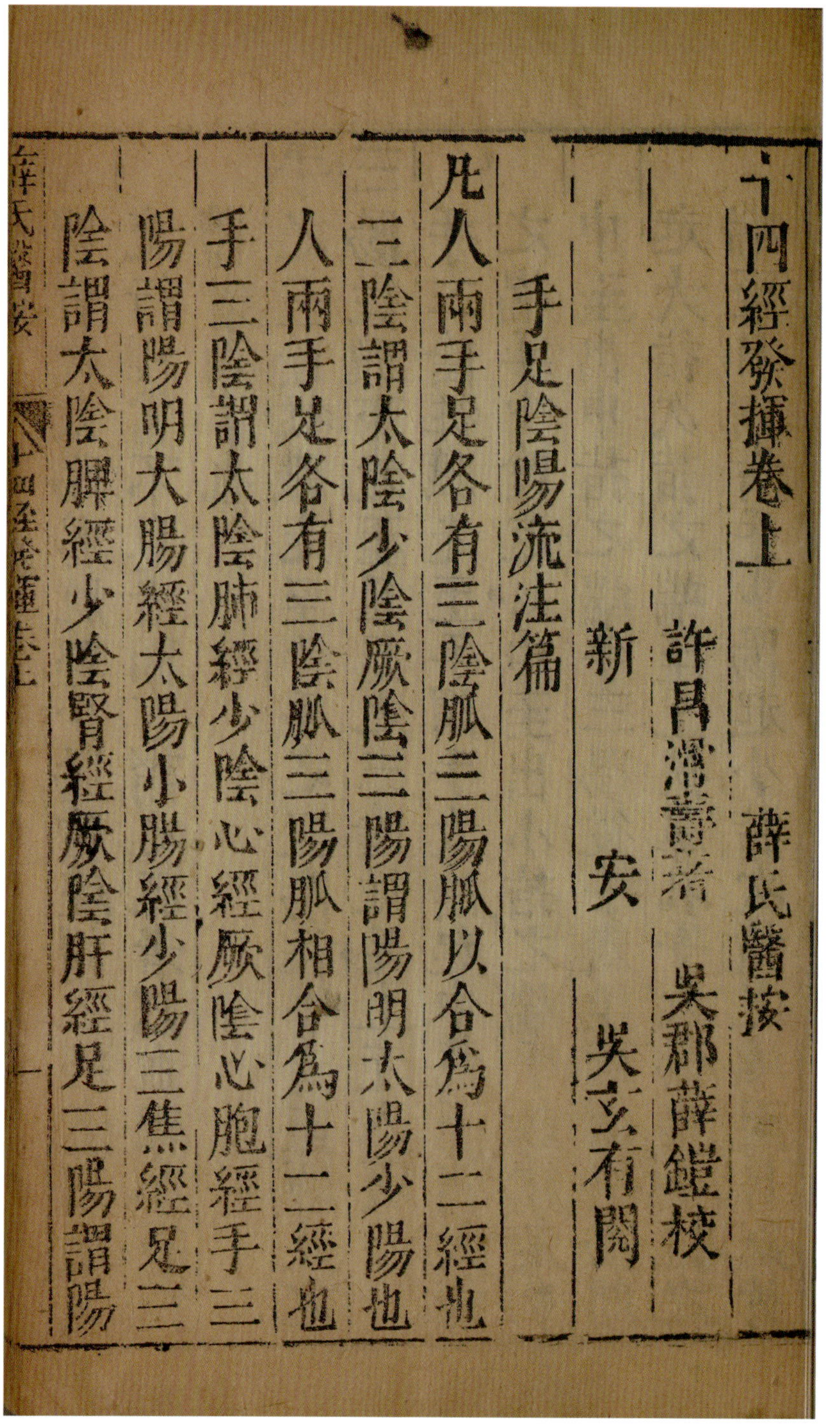
十四經發揮卷上

薛氏醫按

許昌滑壽著　吳郡薛鎧校

新安　吳玄有閱

手足陰陽流注篇

凡人兩手足各有三陰脈三陽脈以合爲十二經也

三陰謂太陰少陰厥陰三陽謂陽明太陽少陽也

人兩手足各有三陰脈三陽脈相合爲十二經也

手三陰謂太陰肺經少陰心經厥陰心胞經手三

陽謂陽明大腸經太陽小腸經少陽三焦經足三

陰謂太陰脾經少陰腎經厥陰肝經足三陽謂陽

薛氏醫按　十四經發揮卷上

057　薛氏醫按二十四種（明）吳琯輯　清光華堂刻裕元堂印本

開本高23.7cm，闊15.3cm。版框高20.2cm，闊13.4cm。半葉10行，單行20字，雙行小字同。白口，左右雙邊，單黑魚尾。

仰人尺寸之圖

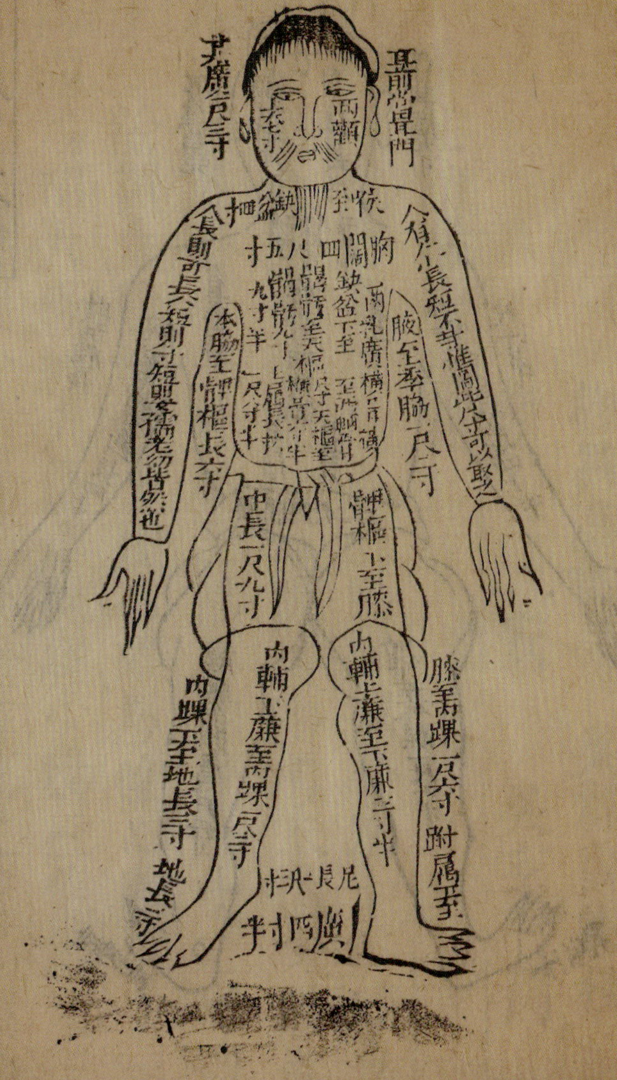

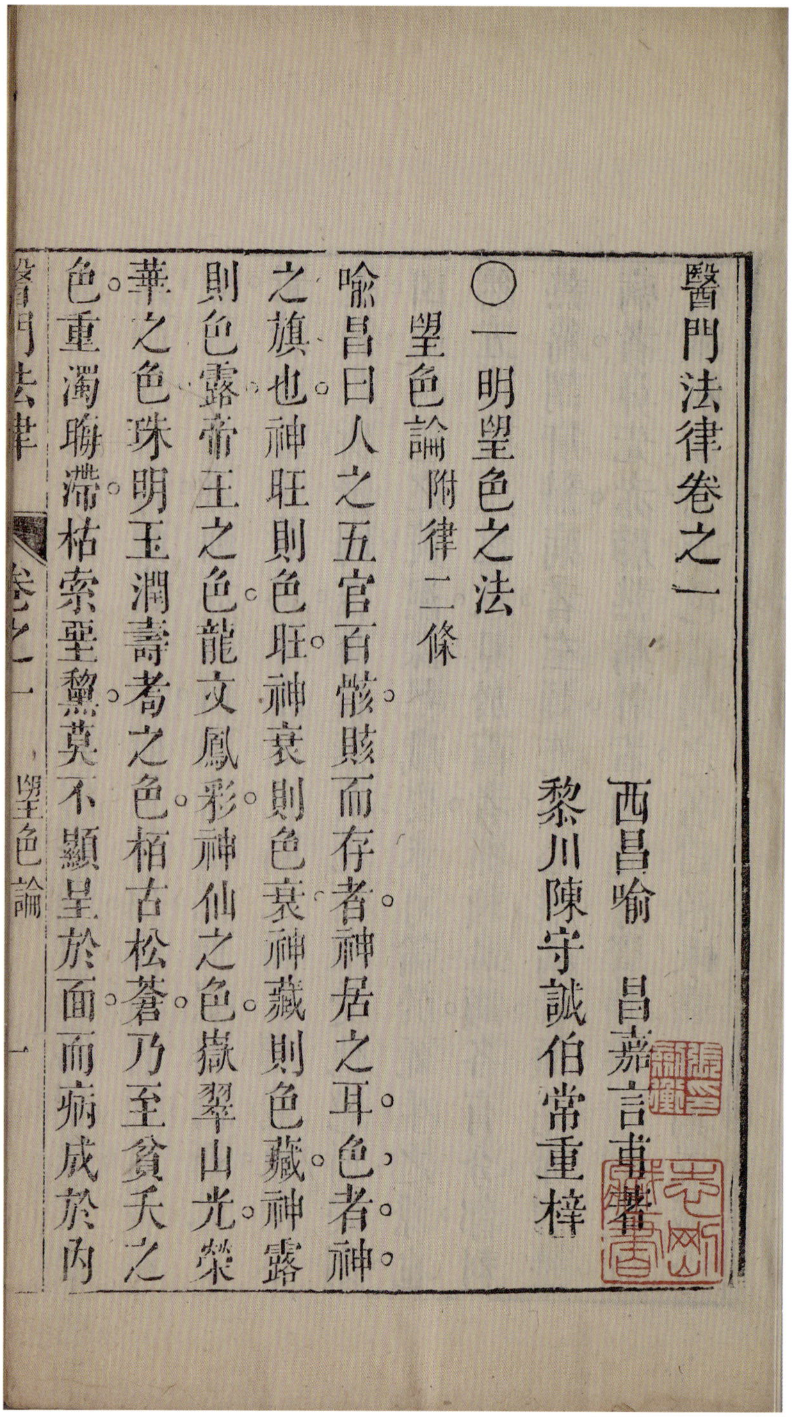
醫門法律卷之一
西昌喻　昌嘉言甫著
黎川陳守誠伯常重梓
○一明望色之法
望色論 附律二條
喻昌曰人之五官百骸賅而存者神居之耳色者神之旗也神旺則色旺神衰則色衰神藏則色藏神露則色露帝王之色龍文鳳彩神仙之色嶽翠山光榮華之色珠明玉潤壽耇之色栢古松蒼乃至貧夭之色重濁晦滯枯索垩黧莫不顯呈於面而病成於內
醫門法律　卷之一　望色論　一

058　喻氏醫書三種（清）喻昌撰　清乾隆二十八至三十年（1763-1765）黎川陳守誠刻本

開本高24.5cm，闊15.8cm。版框高18.0cm，闊12.5cm。半葉10行，單行20字，雙行小字字數不等。白口，左右雙边，單黑魚尾。

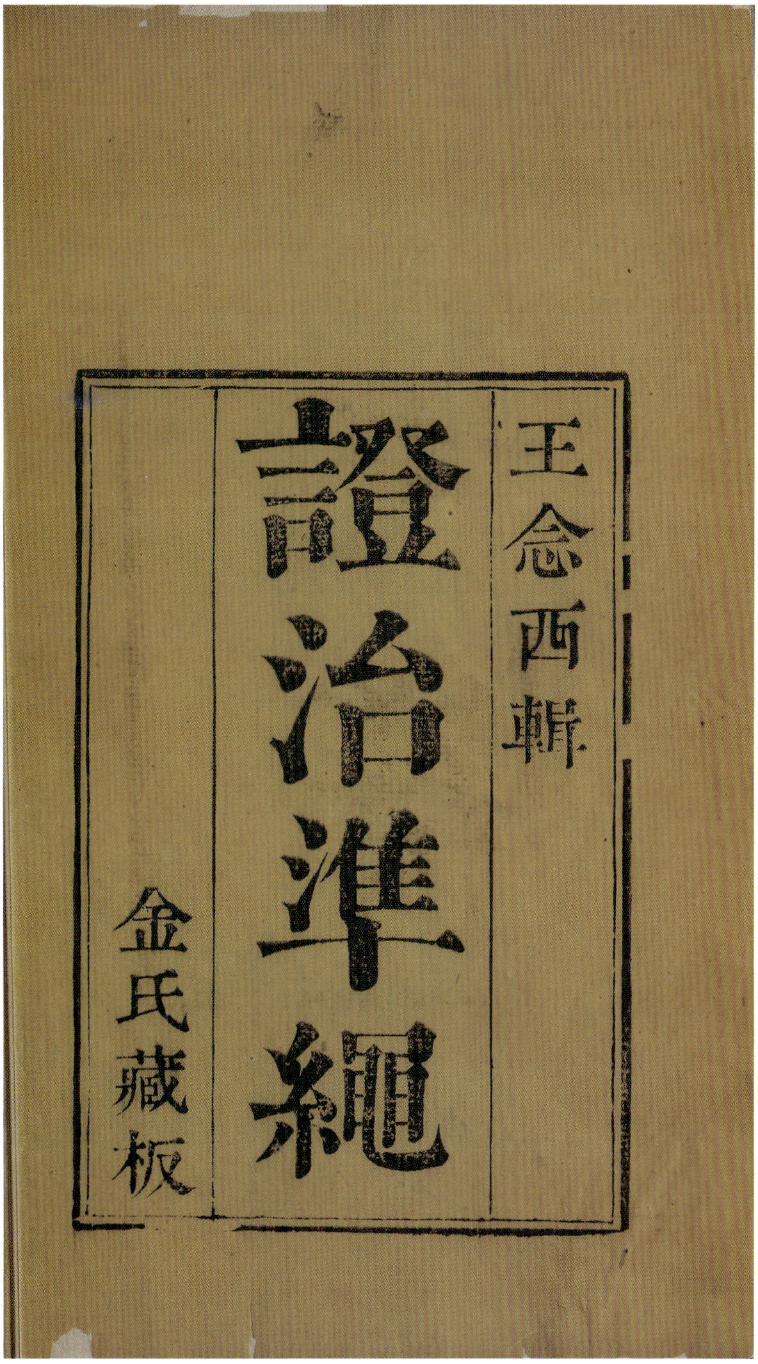

059　六科證治準繩（明）王肯堂編　清乾隆五十八年（1793）元和程永培修敬堂刻本

開本高23.5cm，闊14.6cm。版框高16.1cm，闊10.8cm。半葉10行，單行20字，雙行小字同。白口，左右雙邊，單黑魚尾。

證治準繩第一冊

金壇王肯堂輯　吳門程永培校

卒中暴厥

經云暴病卒死皆屬於火註云火性速疾故也然初治之藥不寒不溫不降而升甚者從治也俗有中風中氣中食中寒中暑中濕中惡之別但見卒然仆倒昏不知人或痰涎壅塞咽喉作聲或口眼喎斜手足癱瘓或半身不遂或六脉沉伏或指下浮盛者並可用麻油薑汁竹瀝調蘇合香丸如口噤抉開灌之或用三生飲一兩加人參一兩煎成入竹瀝二三杯薑

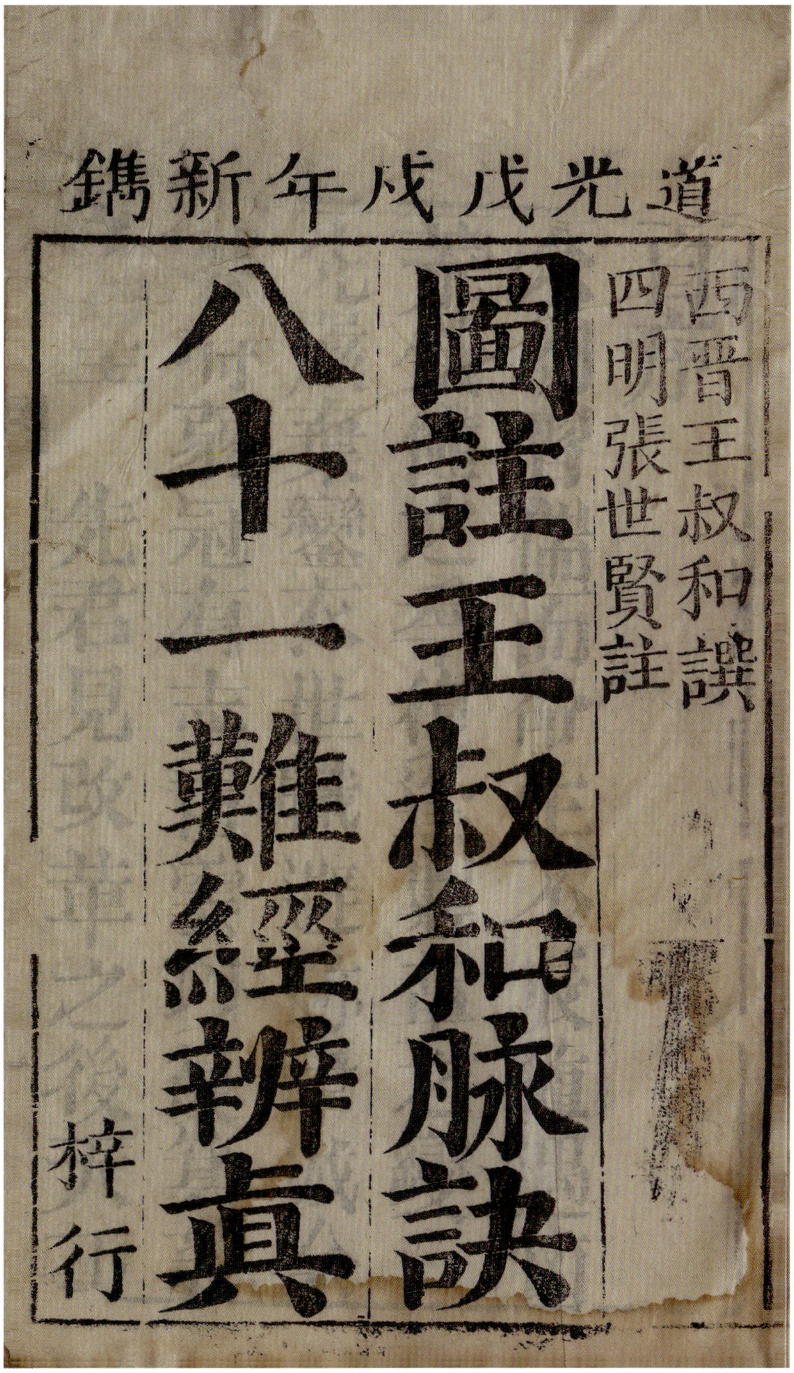

060　圖註王叔和脈訣八十一難經辨真（明）張世賢图註　（清）沈鏡刪註　清道光十八年（1838）刻本

子目：（1）删註脈訣規正二卷（清）沈鏡删註　開本高23.3cm，闊14.9cm。版框高18.9cm，13.4cm。半葉10行，單行24字，雙行小字同。白口，四周單邊雙邊兼有，單黑魚尾。（2）圖註八十一難經辨真四卷（明）張世賢图註　開本高23.7cm，闊15.0cm。版框高20.8cm，闊12.7cm。半葉9行，單行20字，雙行小字同。白口，四周單邊，單黑魚尾。

圖註八十一難經辨眞卷之一

盧國　秦越人　述
四明　張世賢　註

一難

一難曰十二經中皆有動脉獨取寸口以決五藏六府死生吉凶之法何謂也然寸口者脉之大會手太陰之脉動也

經者直路也十二經者手足三陰三陽也手足三陽手走頭而頭走足手足三陰足走胸而胸走手經乃脉所由之直路也法者診法也脉者資始于腎間動氣資生于胃中穀氣貫串于十二經中皆

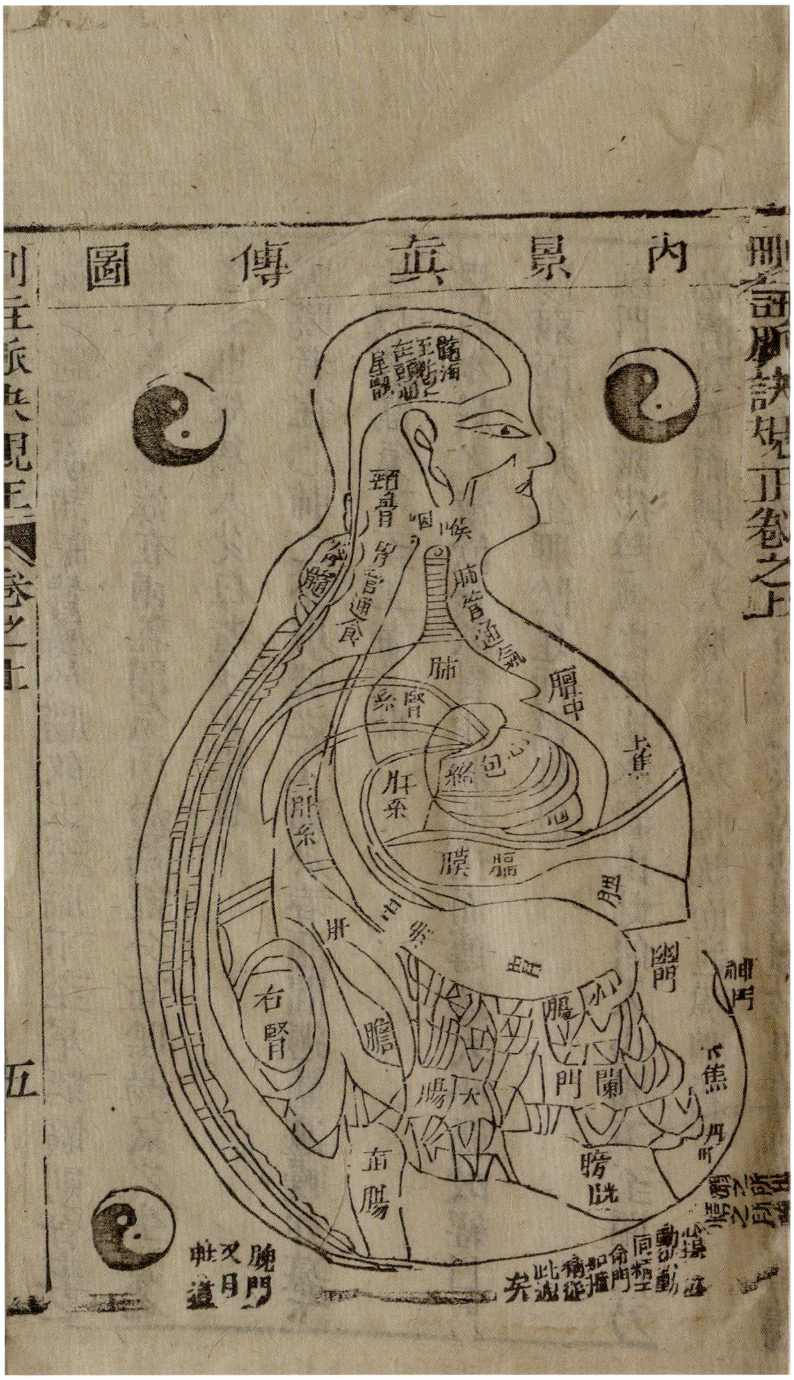
內景真傳圖
喉
咽
肺管通氣
胃管通食
肺
腎系
膻中
上焦
心包絡
肝系
膈膜
胃
幽門
小腸
闌門
下焦
右腎
膽
大腸
膀胱
直腸

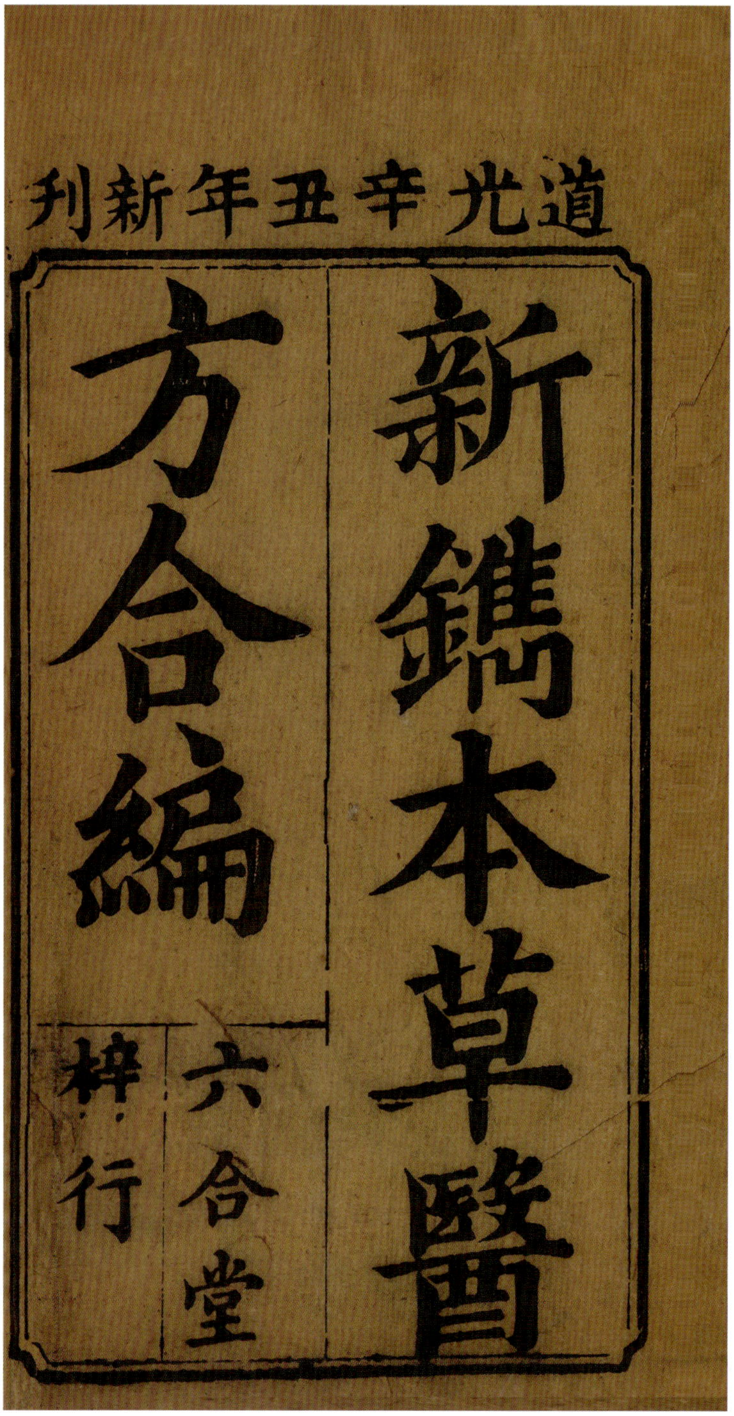

061　本草醫方合編（清）汪昂編　清道光二十一年（1841）六合堂刻本

開本高25.3cm，闊15.3cm。版框高21.1cm，闊12.5cm，上下雙欄。半葉9行，上欄單行17字，下欄單行21字，雙行小字同。白口，左右雙邊，無魚尾。

增訂本草備要卷之二

休寧汪　昂訒菴著輯　男汪　端其兩
後學　楊殿選恭訂　姪汪惟龍雲錫

草部

黃芪　甘溫　生用固表　無汗能發　有汗能止　丹溪云黃芪大補陽虛自汗若表虛有邪發汗不出者服此又能自汗　溫三焦　壯脾胃　脾胃一虛上不能生金則肺氣先絕脾胃緩和則肺氣旺而肌表固實補中　生血生肌　氣能生血血充則肉長經曰血即所以固表也

醫方集解卷上之一

休寧汪　昂訒菴著輯　男汪　端其兩
弟汪　桓殿武參閱　姪汪惟龍雲錫仝較

補養之劑

補者補其所不足也養者栽培之將護之使得生遂條達而不受戕賊之患也人之氣稟罕得其平有偏于陽而陰不足者有偏于陰而陽不足者故必假藥以滋助之而又須優游安舒假之歲月使血氣歸于和平乃能形神俱茂而疾病不生也經曰聖人不治已病治未病不治已亂治未亂夫病已成而後藥之亂已成而後治之譬猶渴而穿井鬬而鑄兵不亦晚乎故先補養然補養非旦夕可効故以先劑居前湯藥居後

六味地黃丸　錢氏仲陽因仲景八味丸減去桂附以治小兒以小兒純陽故減桂附今用通治大小證

治肝腎不足真陰虧損精血枯竭憔悴羸弱腰

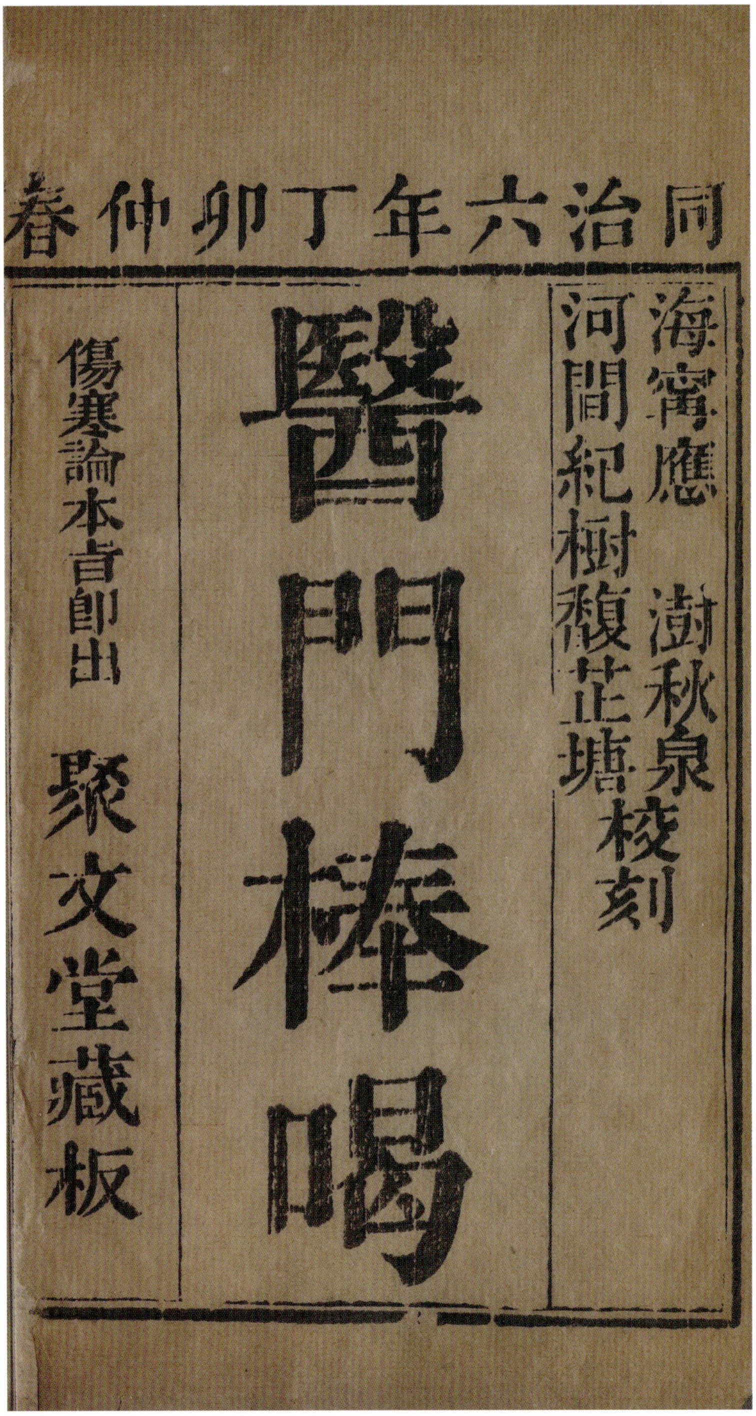

062　醫門棒喝（清）章楠撰　清道光九年（1829）海寧應澍、河間紀樹馥刻十六年（1836）山陰吳國梁補刻同治六年（1867）聚文堂匯印本

開本高24.0cm，闊15.0cm。版框高17.0cm，闊12.2cm。半葉8行，單行20字，雙行小字同。白口，左右雙边，單黑魚尾。

統觀此集皆發明聖經精蘊針砭諸家瑕疵所以名棒喝也凡道有三乘此醫道之最上乘者故如問難辨駁諸人皆聰明博洽猶不能領其旨趣

醫門棒喝卷之一

會稽虛谷章楠著
受業孫廷鉦震遠參訂
山陰雪帆居士田晉元評點

六氣陰陽論

內經言六氣者、風寒暑濕燥火也、六氣各異、變化無窮、要不出乎陰陽、陰陽由混元一氣而生、一氣者、太極也、陰陽者、易之二也、六氣者、易之六爻也、八風方

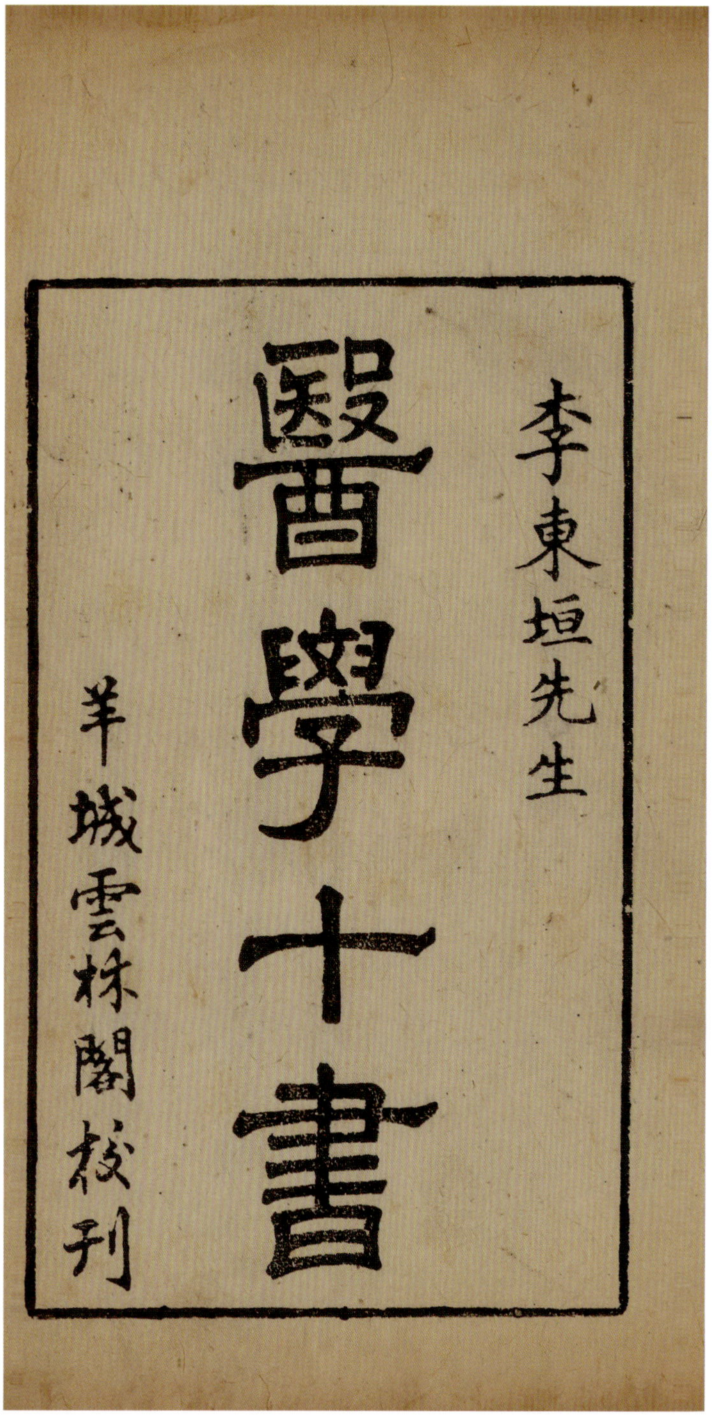
李東垣先生

醫學十書

羊城雲林閣校刊

063　東垣十書十二種 編者佚名　清光緒七年（1881）陳璞輯校羊城雲林閣刻本

開本高26.3cm，闊15.2cm。版框高20.0cm，闊13.1cm。半葉10行，單行20字，雙行小字同。白口，四周雙边，單黑魚尾。

內外傷辨卷上

東垣　李杲　撰
新安　吳勉學　校

辨陰證陽證

曰甚哉陰陽之證不可不詳也徧觀內經中所說變化百病其源皆由喜怒過度飲食失節寒溫不適勞役所傷而然夫元氣穀氣榮氣清氣衛氣生發諸陽上升之氣此六者皆飲食入胃穀氣上行胃氣之異名其實一也既脾胃有傷則中氣不足中氣不足則六腑陽氣皆絕於外故經言五臟之氣已絕於外者

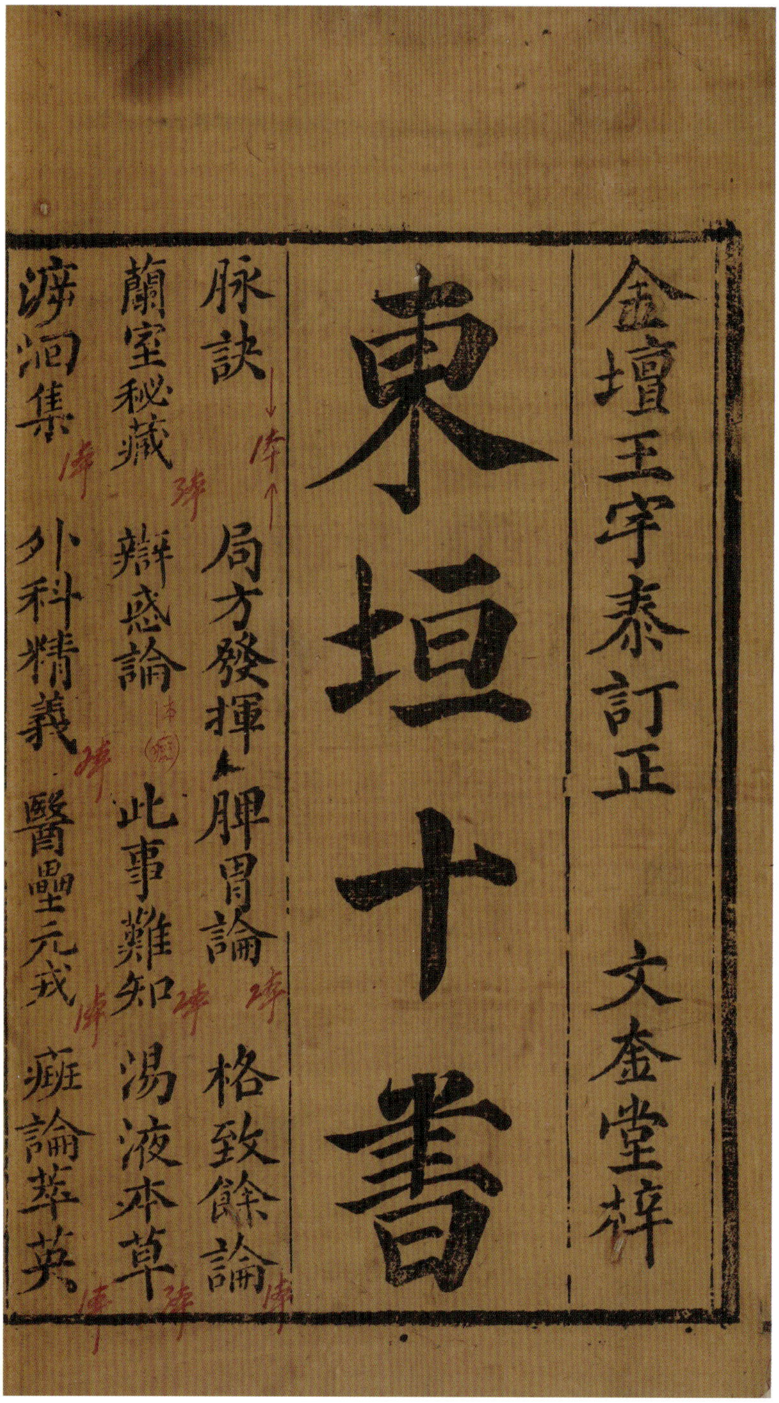

金壇王守泰訂正　文奎堂梓

東垣十書

脉訣　局方發揮　脾胃論　格致餘論

蘭室秘藏　辯惑論　此事難知　湯液本草

泝洄集　外科精義　醫壘元戎　癍論萃英

064　東垣十書十二種 編者佚名　清末文奎堂刻本

開本高24.0cm，闊15.6cm。版框高18.8cm，闊13.0cm。半葉10行，單行20字，雙行小字同。白口，四周黑边，單黑魚尾。

脉訣

紫虛崔真人 撰
新安吳勉學 校

人身之脉　本乎榮衛　榮者陰血
衛者陽氣　榮行脉中　衛行脉外
脉不自行　隨氣而至　氣動脉應
陰陽之義　氣如橐籥　血如波瀾
血脉氣息　上下循環　十二經中
皆有動脉　手太陰經　可得而息
此經屬肺　上系吭嗌　脉之大會

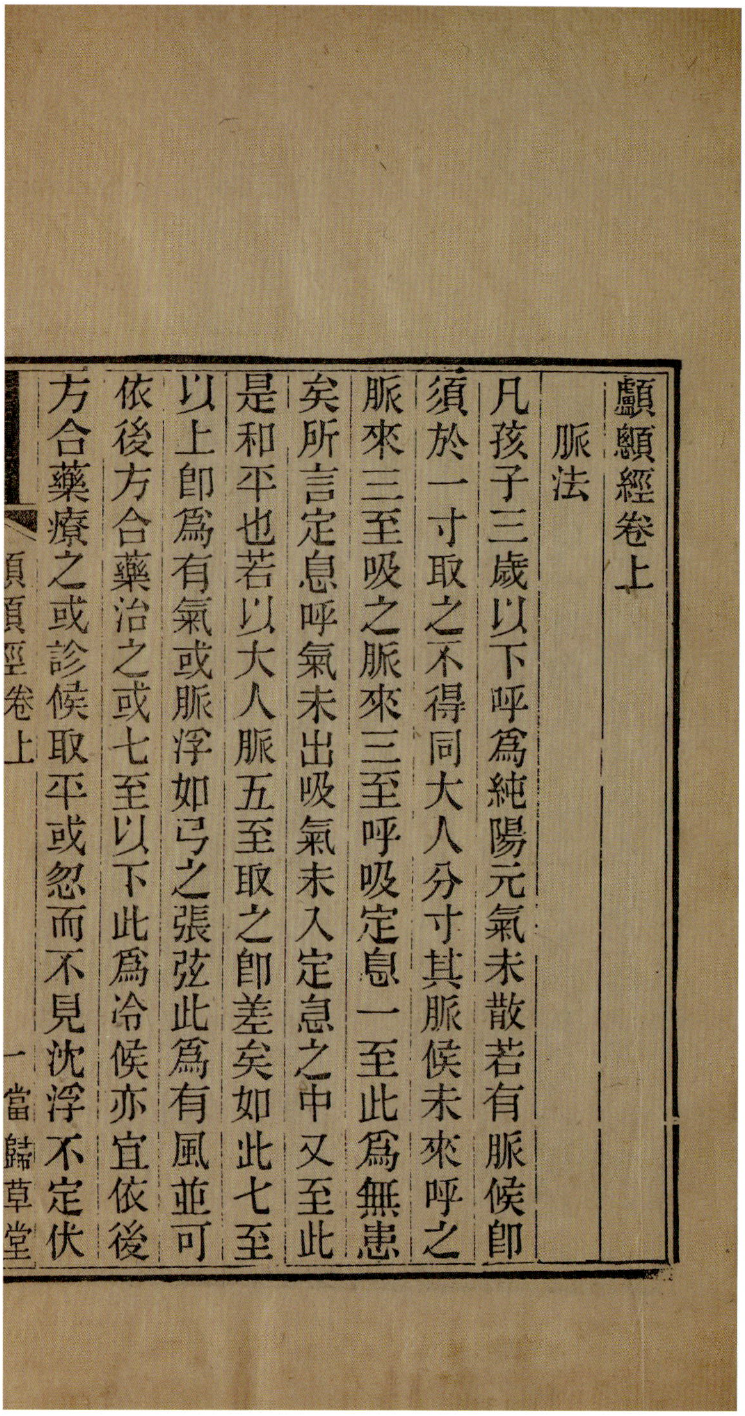

顱顖經卷上

脉法

凡孩子三歲以下呼爲純陽元氣未散若有脉候即須於一寸取之不得同大人分寸其脉候未來呼之脉來三至吸之脉來三至呼吸定息一至此爲無患矣所言定息呼氣未出吸氣未入定息之中又至此是和平也若以大人脉五至取之即差矣如此七至以上即爲有氣或脉浮如弓之張弦此爲有風並可依後方合藥治之或七至以下此爲冷候亦宜依後方合藥療之或診候取平或忽而不見沈浮不定伏

顱顖經卷上　一　當歸草堂

065　當歸草堂醫學叢書初編（清）丁丙輯　清光緒四年（1878）錢塘丁氏當歸草堂刻本

開本高24.0cm，闊15.0cm。版框高15.2cm，闊11.3cm。半葉10行，單行20字，雙行小字同。上黑口，四周雙边，單黑魚尾。

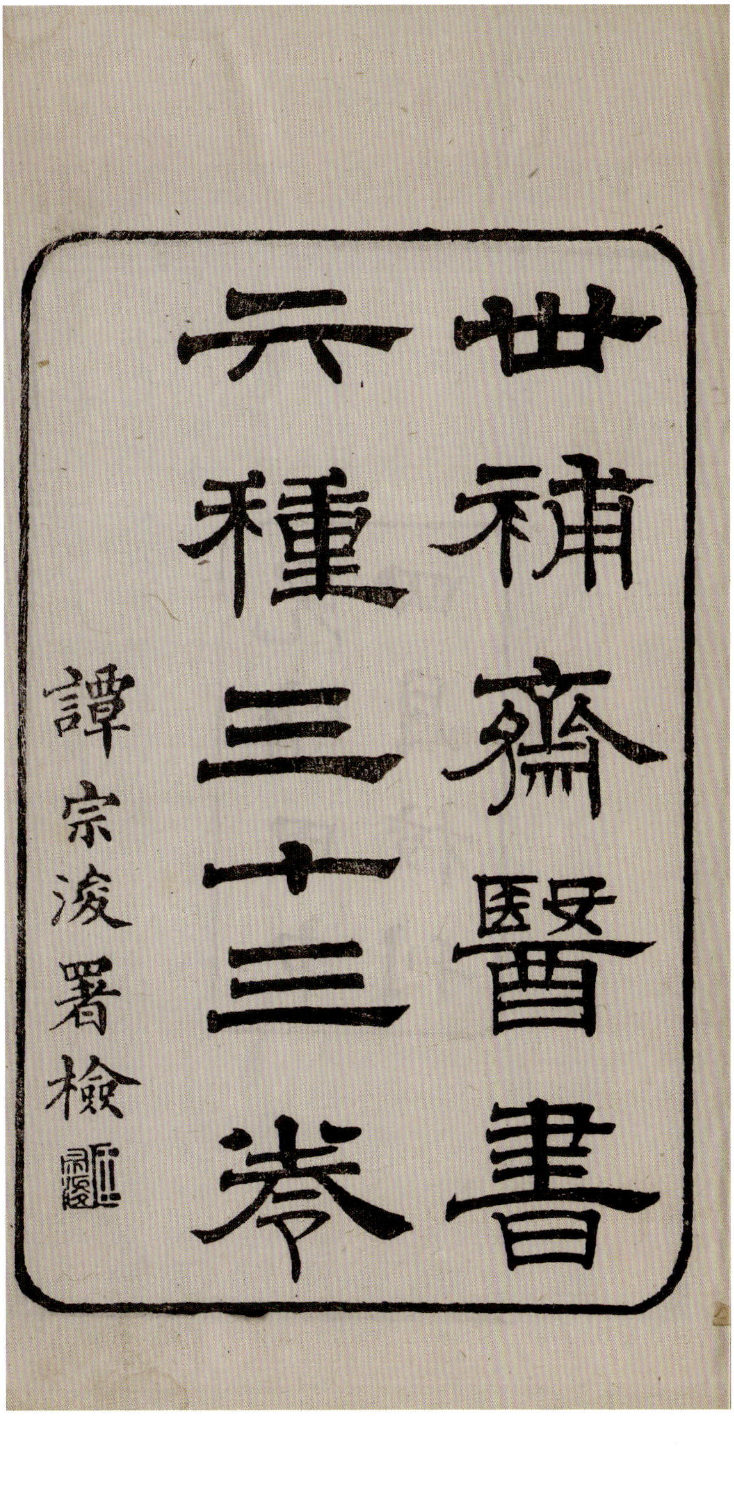

066　世補齋醫書前集六種（清）陸懋修撰　清光緒十年（1884）刻十二年（1886）山左書局重印本

開本高24.2cm，闊15.2cm。版框高19.0cm，闊11.9cm。半葉10行，單行23字，雙行小字同。白口，四周雙边，單黑魚尾。

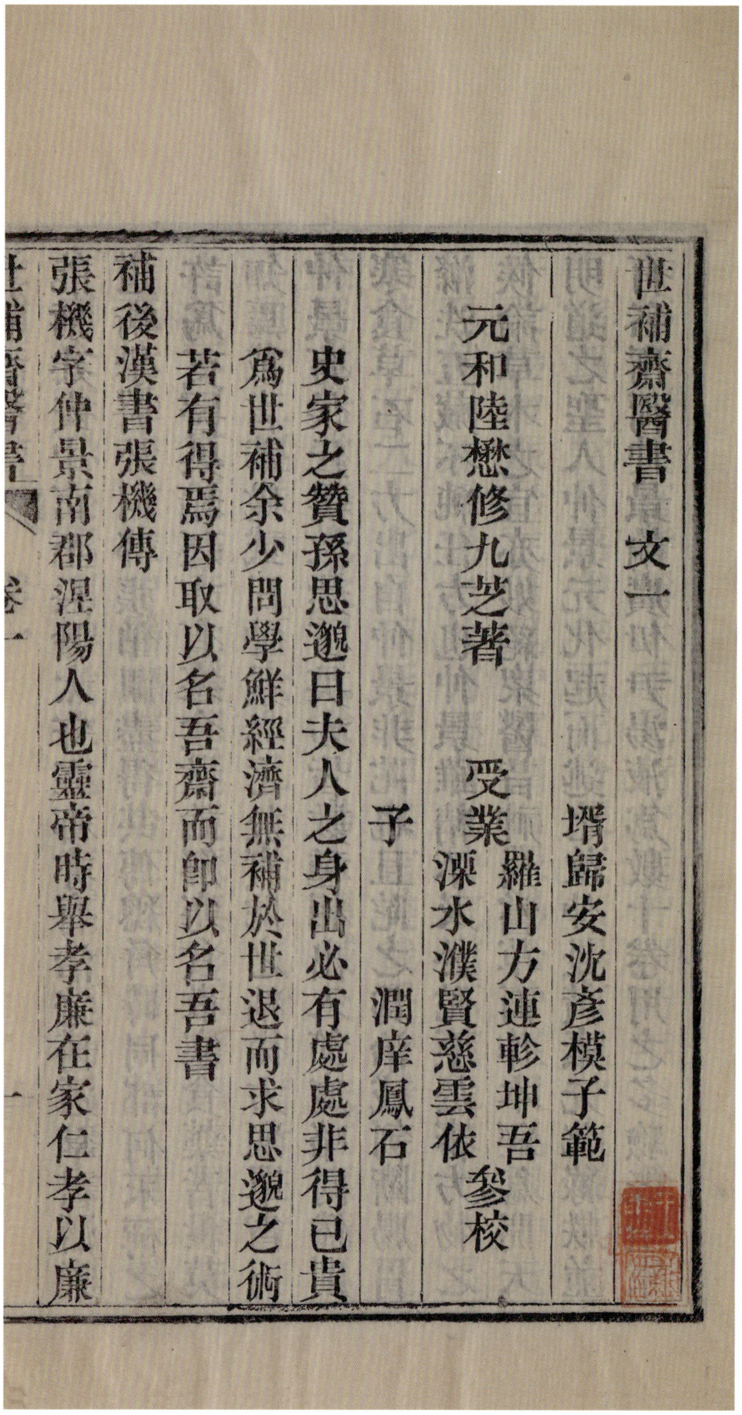

世補齋醫書 文一

元和陸懋修九芝著　　壻歸安沈彥模子範

受業　羅山方連軫坤吾

溧水濮賢慈雲依　參校

子　潤庠鳳石

史家之贊孫思邈曰夫人之身出必有處處非得已貴

爲世補余少問學鮮經濟無補於世退而求思邈之術

若有得焉因取以名吾齋而卽以名吾書

補後漢書張機傳

張機字仲景南郡涅陽人也靈帝時舉孝廉在家仁孝以廉

世補齋醫書　卷一

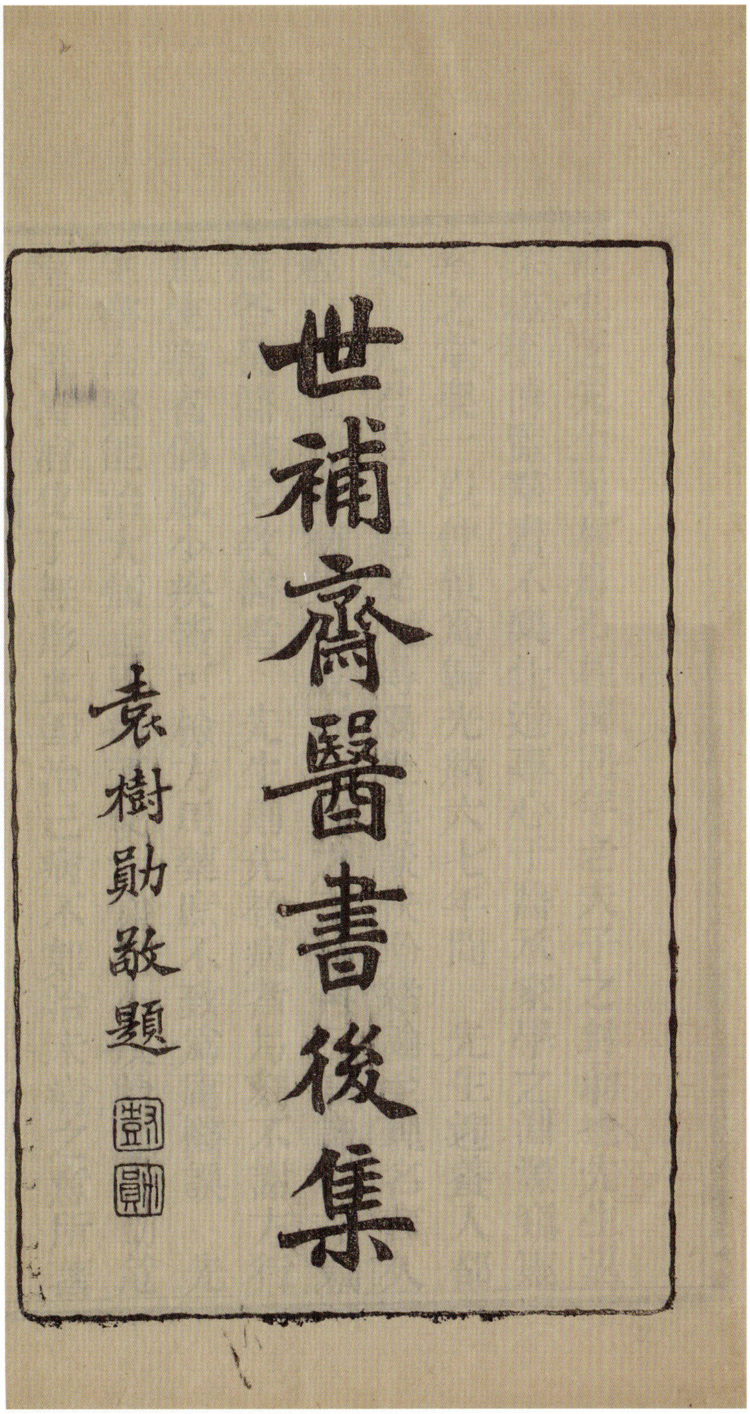

067　世補齋醫書后集四種（清）陸懋修校訂　清宣統二年（1910）陸潤癢刻本

開本高24.2cm，闊15.2cm。版框高18.4cm，闊12.0cm。半葉10行，單行23字，雙行小字同。白口，四周雙边，單黑魚尾。

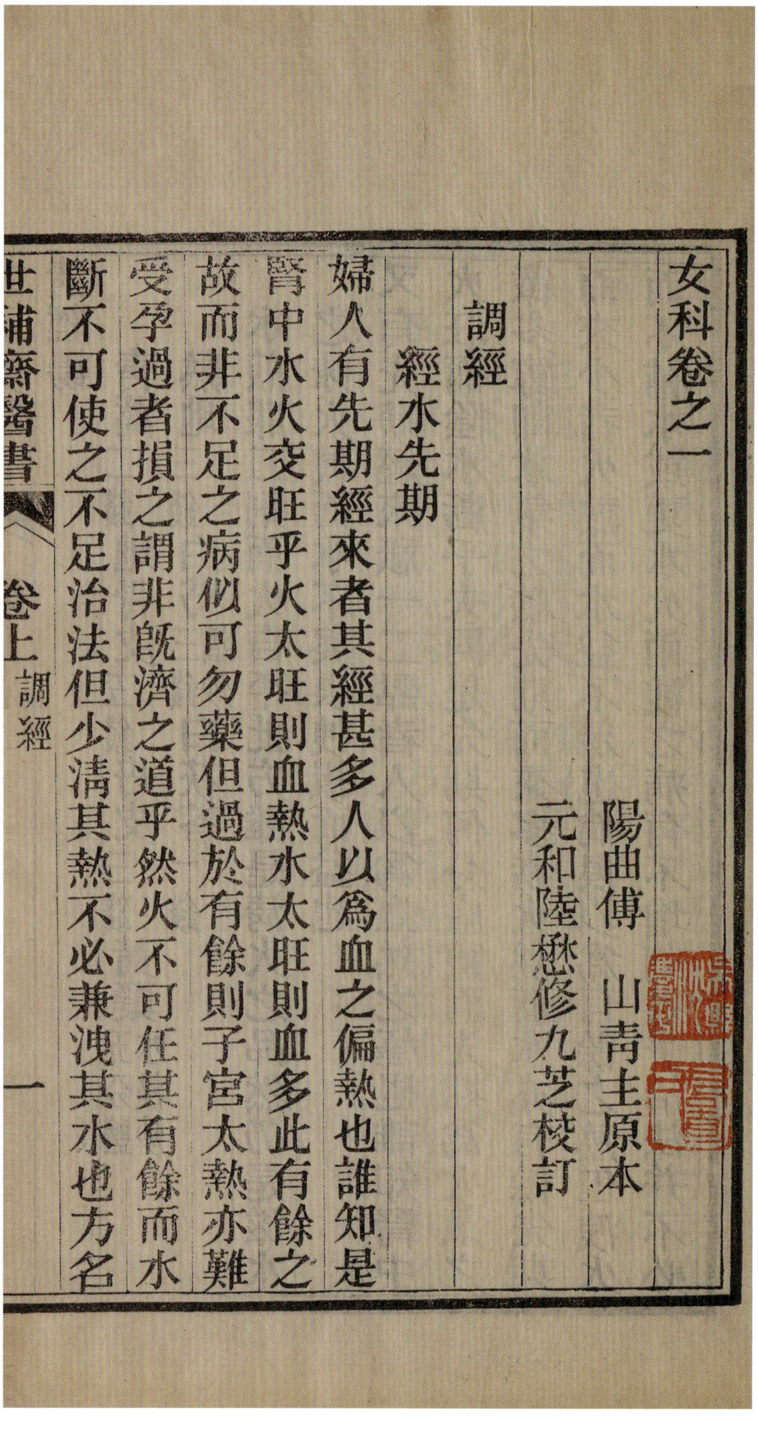

女科卷之一

陽曲傅　山青主原本

元和陸懋修九芝校訂

調經

經水先期

婦人有先期經來者其經甚多人以爲血之偏熱也誰知是腎中水火交旺乎火太旺則血熱水太旺則血多此有餘之故而非不足之病似可勿藥但過於有餘則子宮太熱亦難受孕過者損之謂非既濟之道乎然火不可任其有餘而水斷不可使之不足治法但少清其熱不必兼洩其水也方名

世補齋醫書　卷上　調經　一

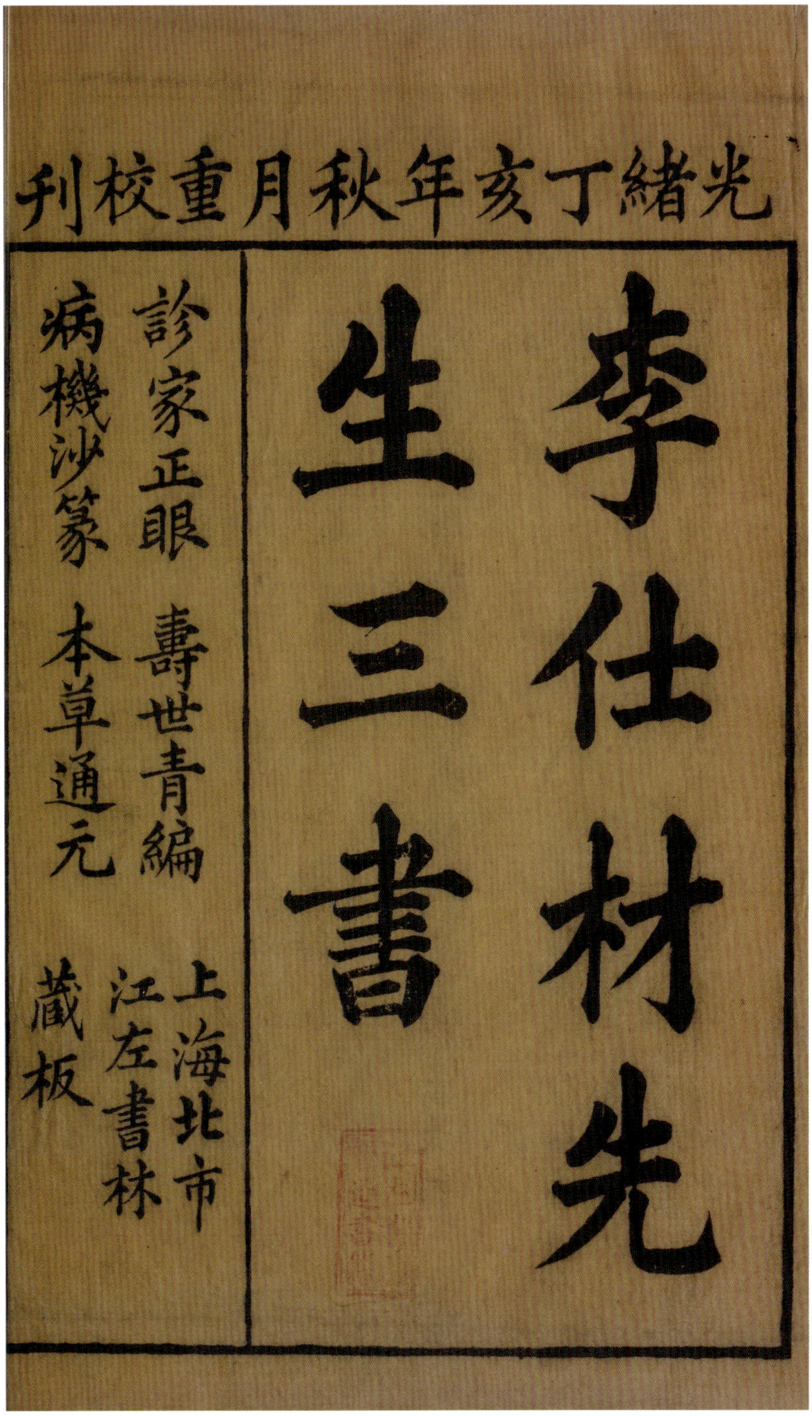

068　士材三書（明）李中梓著述　（清）尤乘增輯　清光緒十三年（1887）上海江左書林刻本

開本高23.9cm，闊15.4cm。版框高20.5cm，闊13.4cm。半葉12行，單行24字，雙行小字同。白口，四周雙边，單黑魚尾。

診家正眼卷一

雲間李中梓士林父著述
門人尤　乘生洲父增補

脈之名義

内經曰人受氣於穀穀入於胃以傳於肺五藏六府皆以受氣清者爲營濁者爲衛營行脈中衛行脈外此明胃氣爲脈道之根藏府之本氣血之所由出也凡人之生皆受氣於穀萬物資生之本也凡穀之入必先至於胃萬物歸土之義也坤土不敢自專精微上輸于肺蓋地道卑而上行也肺爲乾金所受精微下溉藏府蓋天道下濟而先明也金土互輸地天交泰清而上升者爲營血陰生于陽也濁而下降者爲衛氣陽根于陰也營血爲陰故行脈中衛氣爲陽故行脈外也

按審病察脈以厥死生非指下了然將安所憑藉乎深慨世醫不知脈爲何物若以爲氣乎而氣爲衛衛行脈外則知非氣矣若以爲血乎而血爲營營行脈中則知非血矣若以爲

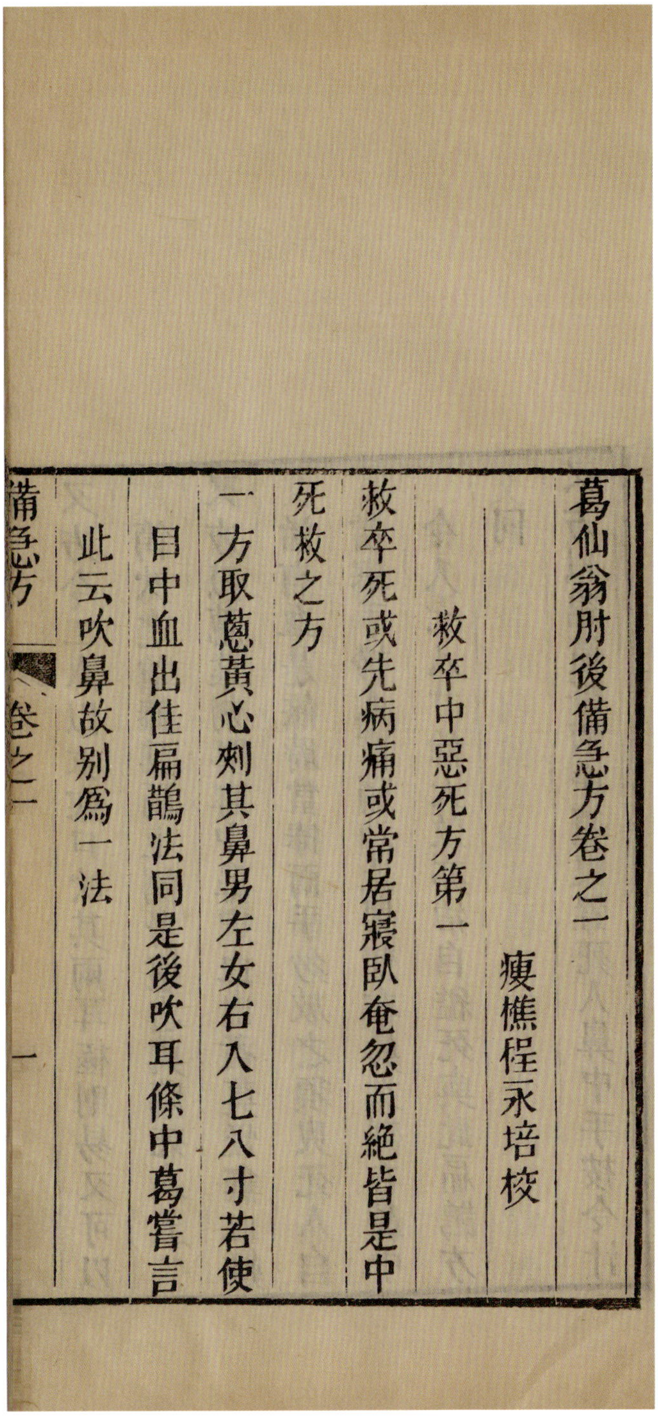
葛仙翁肘後備急方卷之一

瘦樵程永培校

救卒中惡死方第一

救卒死或先病痛或常居寢臥奄忽而絕皆是中死救之方

一方取葱黃心刺其鼻男左女右入七八寸若使目中血出佳扁鵲法同是後吹耳條中葛嘗言此云吹鼻故別爲一法

備急方　卷之一　一

069　**六醴齋醫書十種**（清）程永培輯　清光緒十七年（1891）廣州藏修堂刻儒雅堂印本

開本高24.6cm，闊13.5cm。版框高14.1cm，闊10.3cm。半葉8行，單行19字，雙行小字同。白口，左右雙边，單黑魚尾。

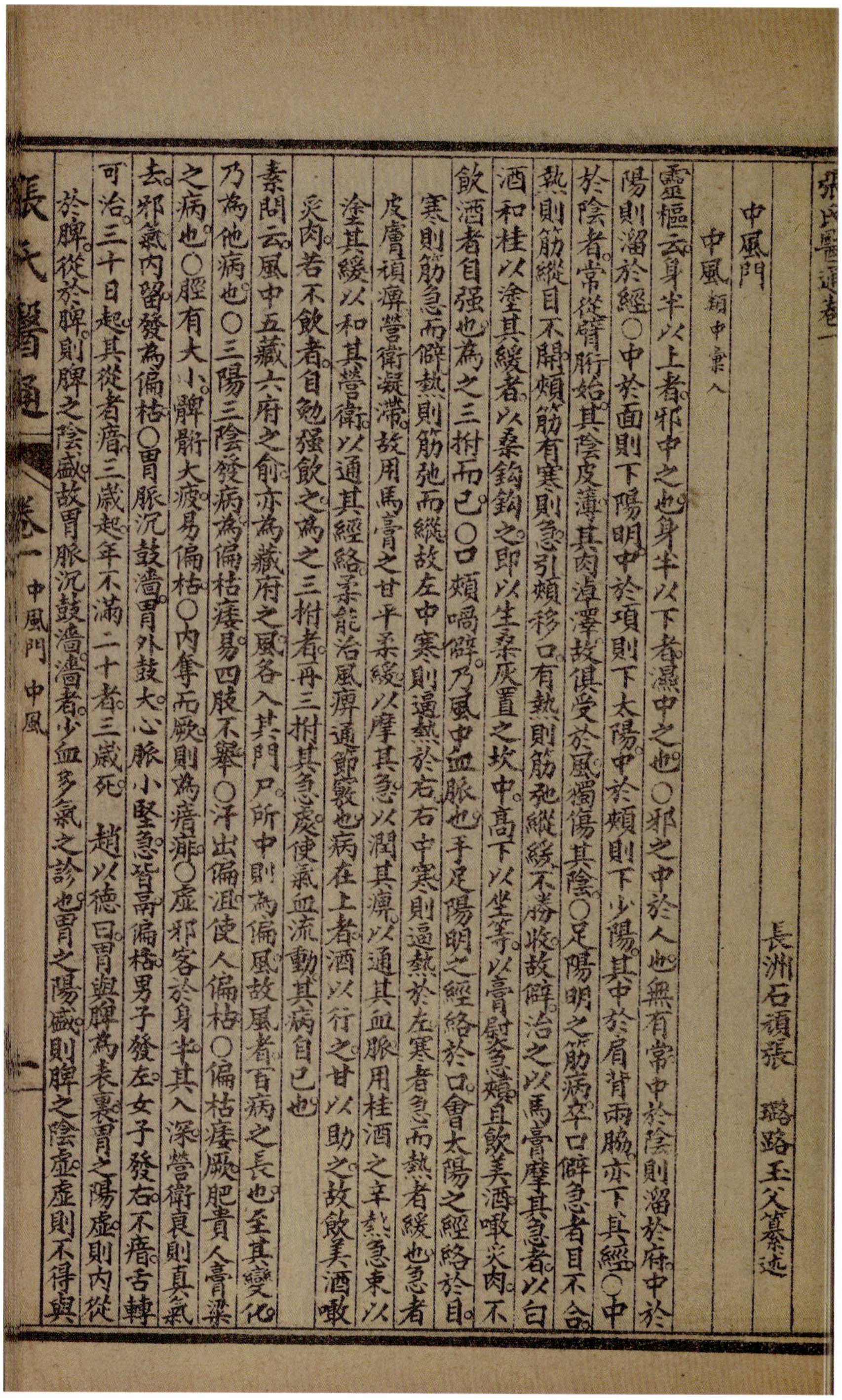

張氏醫通卷一

中風門

中風 類中彙入

長洲石頑張　璐路玉父纂述

靈樞云。身半以上者。邪中之也。身半以下者。濕中之也。○邪之中於人也。無有常。中於陰則溜於府。中於陽則溜於經。○中於面則下陽明。中於項則下太陽。中於頰則下少陽。其中於膺背兩脇。亦下其經。○中於陰者。常從臂胻始。其陰皮薄。其肉淖澤。故俱受於風。獨傷其陰。○足陽明之筋病。卒口僻。急者目不合。熱則筋縱目不開。頰筋有寒則急引頰移口。有熱則筋弛縱緩不勝收。故僻。治之以馬膏。膏其急者。以白酒和桂。以塗其緩者。以桑鉤鉤之。即以生桑灰置之坎中。高下以坐等。以膏熨急頰。且飲美酒。噉炙肉。不飲酒者自強也。為之三拊而已。○口頰喎僻。乃風中血脈也。手足陽明之經絡於口。會太陽之經絡於目。寒則筋急而僻。熱則筋弛而縱。故左中寒則逼熱於右。右中寒則逼熱於左。寒者急而熱者緩也。急者皮膚頑痺。營衛凝滯。故用馬膏之甘平柔緩。以摩其急。以潤其痺。以通其血脈。用桂酒之辛熱急束。以塗其緩。以和其營衛。以通其經絡。桑能治風痺。通節竅也。病在上者。酒以行之。甘以助之。故飲美酒。噉炙肉。若不飲者。自勉強飲之。為之三拊者。再三拊其急處。使氣血流動。其病自已也。

素問云。風中五藏六府之俞。亦為藏府之風。各入其門戶。所中則為偏風。故風者。百病之長也。至其變化乃為他病也。○三陽三陰發病。為偏枯痿易。四肢不舉。○汗出偏沮。使人偏枯。○偏枯痿厥。肥貴人膏粱之病也。○脛有大小。髀胻大跛易偏枯。○內奪而厥。則為瘖痱。○虛邪客於身半。其入深。營衛衰則真氣去。邪氣內留。發為偏枯。○胃脈沉鼓濇。胃外鼓大。心脈小堅急。皆鬲偏枯。男子發左。女子發右。不瘖舌轉可治。三十日起。其從者瘖。三歲起。年不滿二十者。三歲死。　趙以德曰。胃與脾為表裏。胃之陽虛則內從於脾。從於脾則脾之陰盛。故胃脈沉鼓濇。濇者。少血多氣之診也。胃之陽盛則脾之陰虛。虛則不得與

張氏醫通　卷一　中風門　中風　一

070　張氏醫書七種（清）張璐辑　清光緒三十三年（1907）上海書局石印本

開本高20.3cm，闊13.3cm。版框高17.5cm，闊11.5cm。半葉20行，單行40字，雙行小字同。白口，四周雙边，單黑魚尾。

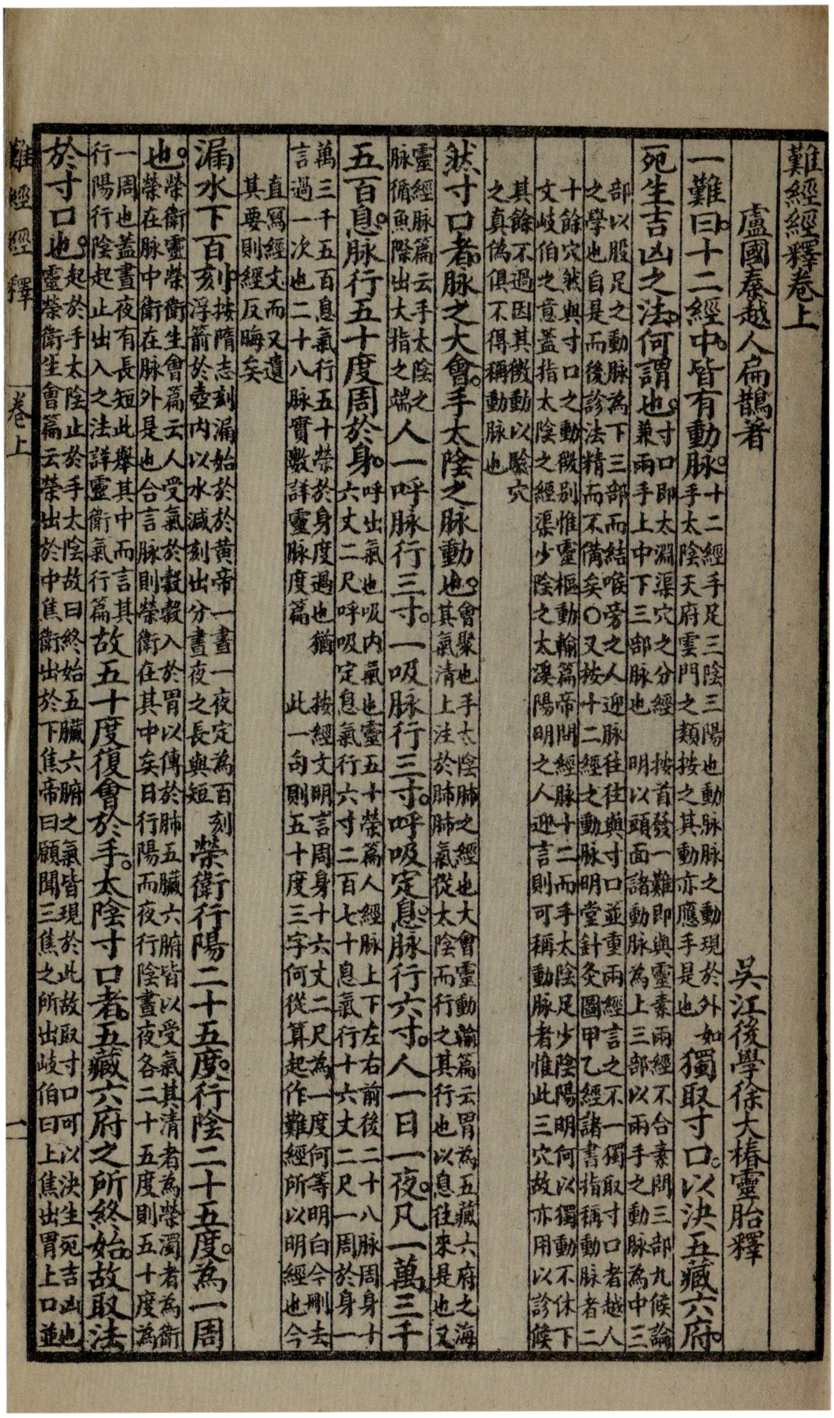

難經經釋卷上

盧國秦越人扁鵲著　吳江後學徐大椿靈胎釋

一難曰。十二經中。皆有動脈。十二經手足三陰三陽也動脈脈之動現於外如手太陰天府雲門之類按之其動亦應手是也獨取寸口。以決五藏六府

死生吉凶之法。何謂也。寸口即太淵渠穴之分經兼兩手上中下三部脈也按首發一難即與靈素兩經不合素問三部九候論明以頭面諸動脈為上三部以兩手之動脈為中三

部以股足之動脈為下三部而結喉旁之人迎脈往往與寸口並重兩經言之不一獨取寸口者越人之學也自是而後診法精而不備矣○又按十二經之動脈明堂針灸圖甲乙經諸書指稱動脈者二

十餘穴然與寸口之動微別惟靈樞動輸篇帝問經脈十二而手太陰足少陰陽明何以獨動不休下文岐伯之意蓋指太陰之經渠少陰之太溪陽明之人迎言則可稱動脈者惟此三穴故亦用以診候

其餘不過因其微動以驗穴之真偽俱不得稱動脈也

然。寸口者。脈之大會。手太陰之脈動也。會聚也手太陰肺之經也大會靈動輸篇云胃為五藏六府之海其氣清上注於肺肺氣從太陰而行之其行也以息往來是也又

靈經脈篇云手太陰之脈循魚際出大指之端人一呼脈行三寸。一吸脈行三寸。呼吸定息。脈行六寸。人一日一夜。凡一萬三千

五百息。脈行五十度。周於身。呼出氣也吸內氣也靈五十營篇人經脈上下左右前後二十八脈周身十六丈二尺呼吸定息氣行六寸二百七十息氣行十六丈二尺一周於身一

萬三千五百息氣行五十營於身度過也猶言過一次也二十八脈實數詳靈脈度篇按經文明言周身十六丈二尺為一度何等明白今刪去此一句則五十度三字何從算起作難經所以明經也今

直寫經文而又遺其要則經反晦矣

漏水下百刻。按隋志刻漏始於黃帝一晝一夜定為百刻浮箭於壺內以水減刻出分晝夜之長與短榮衛行陽二十五度。行陰二十五度。為一周

也。榮衛靈榮衛生會篇云人受氣於穀穀入於胃以傳於肺五臟六腑皆以受氣其清者為榮濁者為衛榮在脈中衛在脈外是也合言脈則榮衛在其中矣日行陽而夜行陰晝夜各二十五度則五十度為

一周也蓋晝夜有長短此舉其中而言其行陽行陰起止出入之法詳靈衛氣行篇故五十度復會於手。太陰寸口者。五藏六府之所終始。故取法

於寸口也。起於手太陰止於手太陰故曰終始五臟六腑之氣皆現於此故取寸口可以決生死吉凶也靈榮衛生會篇云榮出於中焦衛出於下焦帝曰願聞三焦之所出岐伯曰上焦出胃上口並

難經經釋　卷上　一

071　徐靈胎醫學全書十六種（清）徐大椿撰　清光緒三十三年（1907）上海章福記書局石印本

開本高20.6cm，闊13.5cm。版框高17.7cm，闊11.3cm。半葉16行，單行40字，雙行小字同。白口，四周單边，無魚尾。

072　陳修園醫書三十二種（清）陳念祖撰　清宣統元年（1909）巴蜀善成堂刻本

開本高24.4cm，闊15.9cm。版框高18.7cm，闊13.0cm。半葉10行，單行大字26字，雙行小字26字。白口，四周單邊雙边兼有，單黑魚尾。

神農本草經讀卷之一

閩吳航陳念祖脩園 甫著
男 元豹道彪古愚 元犀道照隺石 仝校字

上品

人參氣味甘微寒無毒主補五臟安精神定魂魄止驚悸除邪氣明目開心益智久服輕身延年

陳脩園曰本經止此三十七字其提綱云主補五臟以五臟屬陰也精神不安魂魄不定驚悸不止目不明心智不足皆陰虛爲亢陽所擾也今五臟得甘寒之助則有安之定之止之明之開之益之之效矣曰邪氣者非指外邪而言乃陰虛而壯火食氣火即邪

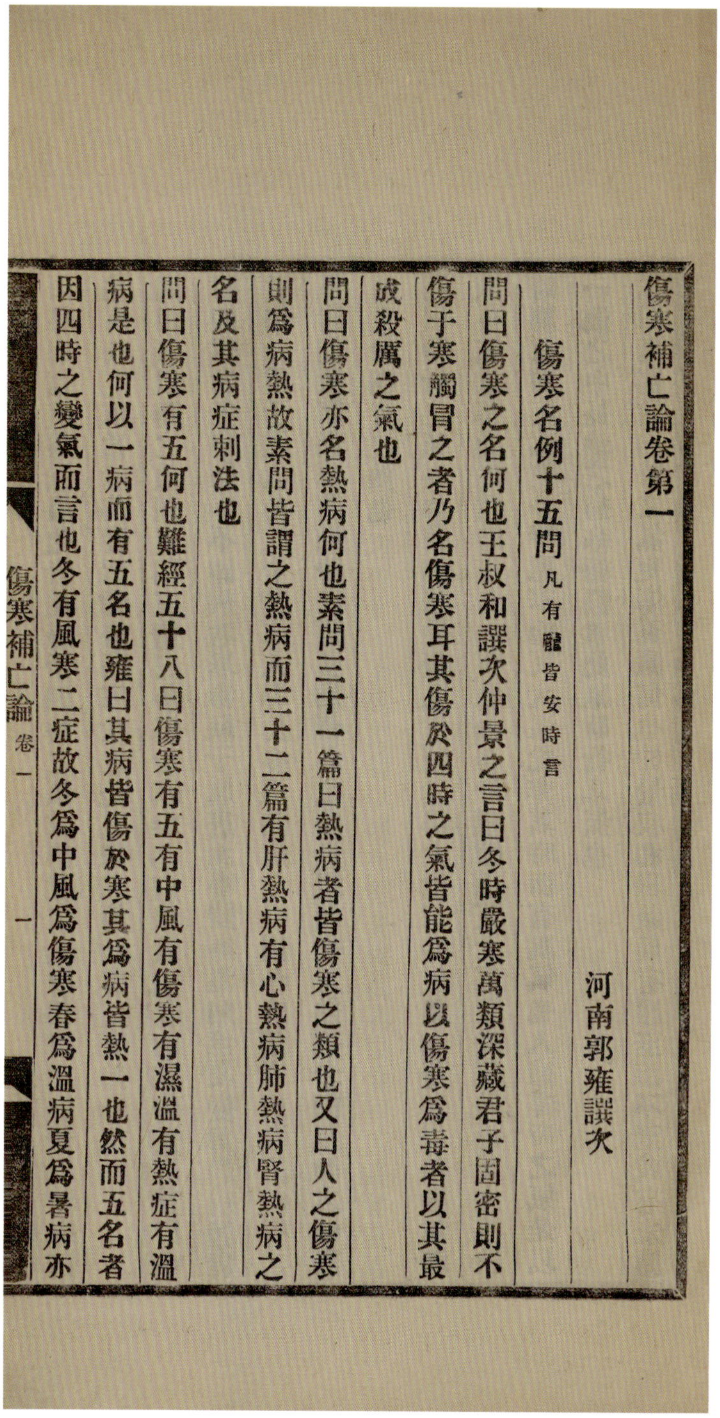
傷寒補亡論卷第一

河南郭雍譔次

傷寒名例十五問 凡有龐皆安時言

問曰傷寒之名何也王叔和譔次仲景之言曰冬時嚴寒萬類深藏君子固密則不傷于寒觸冒之者乃名傷寒耳其傷於四時之氣皆能爲病以傷寒爲毒者以其最成殺厲之氣也

問曰傷寒亦名熱病何也素問三十一篇曰熱病者皆傷寒之類也又曰人之傷寒則爲病熱故素問皆謂之熱病而三十二篇有肝熱病有心熱病肺熱病腎熱病之名及其病症刺法也

問曰傷寒有五何也難經五十八曰傷寒有五有中風有傷寒有濕溫有熱症有溫病是也何以一病而有五名也雍曰其病皆傷於寒其爲病皆熱一也然而五名者因四時之變氣而言也冬有風寒二症故冬爲中風爲傷寒春爲溫病夏爲暑病亦

傷寒補亡論 卷一 一

073 豫醫雙壁二種（清）吳重憙辑　清宣統元年（1909）海丰吳氏梁園節署鉛印本

開本高25.7cm，闊15.2cm。版框高18.8cm，闊11.3cm。半葉12行，單行32字，雙行小字同。上下黑口，四周單边，雙黑魚尾。

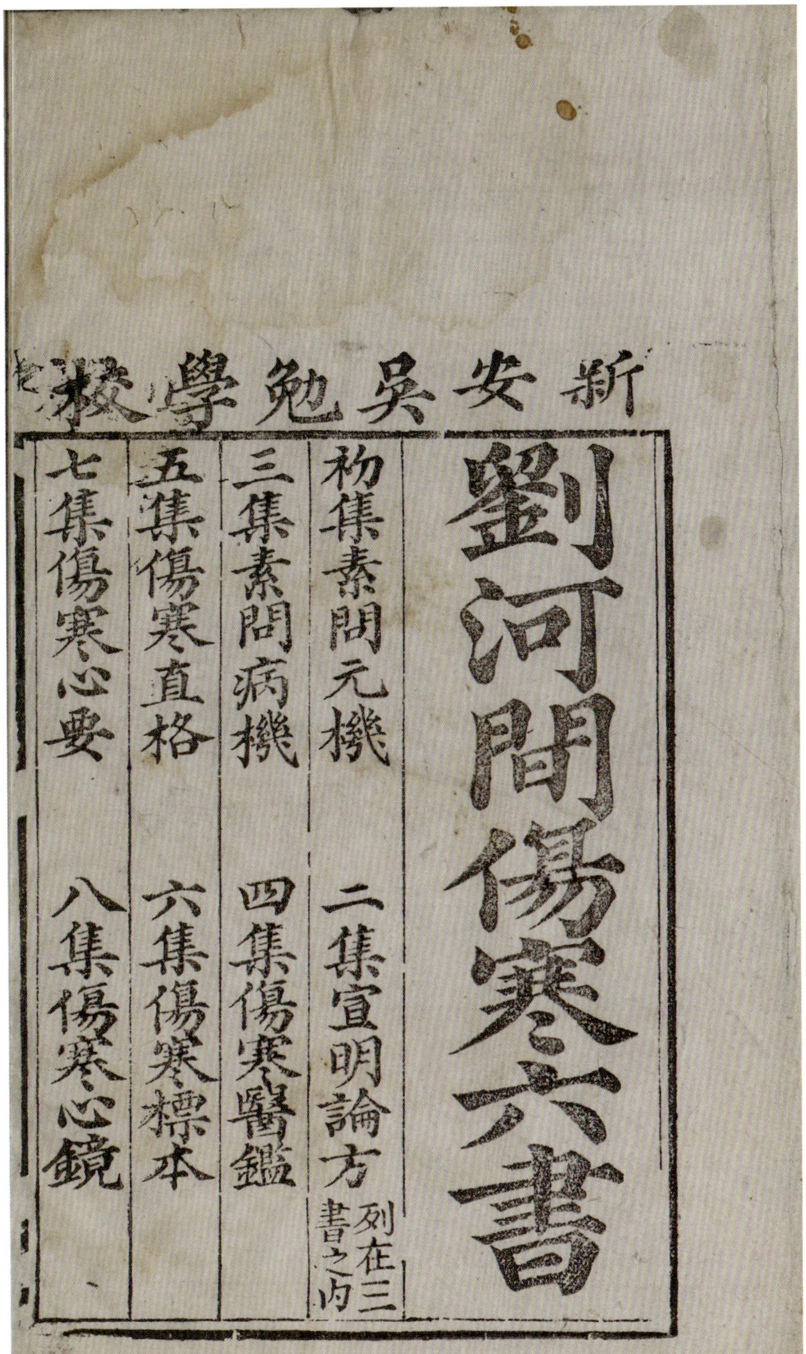

新安吳勉學校

劉河間傷寒六書

初集素問元機

二集宣明論方 列在三書之内

三集素問病機

四集傷寒醫鑑

五集傷寒直格

六集傷寒標本

七集傷寒心要

八集傷寒心鏡

074　劉河間傷寒六書八集（金）劉完素撰　清刻本

開本高23.0cm，闊15.0cm。版框高20.8cm，闊13.0cm。半葉10行，單行20字，雙行小字同。白口，四周單边，單黑魚尾。

素問玄機原病式

河間處士劉完素

明　新安　吳勉學肖愚校

五運主病

諸風掉（音弔）眩皆屬肝木

掉搖也眩昏亂旋運也風主動故也所謂風氣甚而頭目眩運者由風木旺必是金衰不能制木而木復生火風火皆屬陽多爲兼化陽主乎動兩動相搏則爲之旋轉如春分至小滿爲二之氣乃君

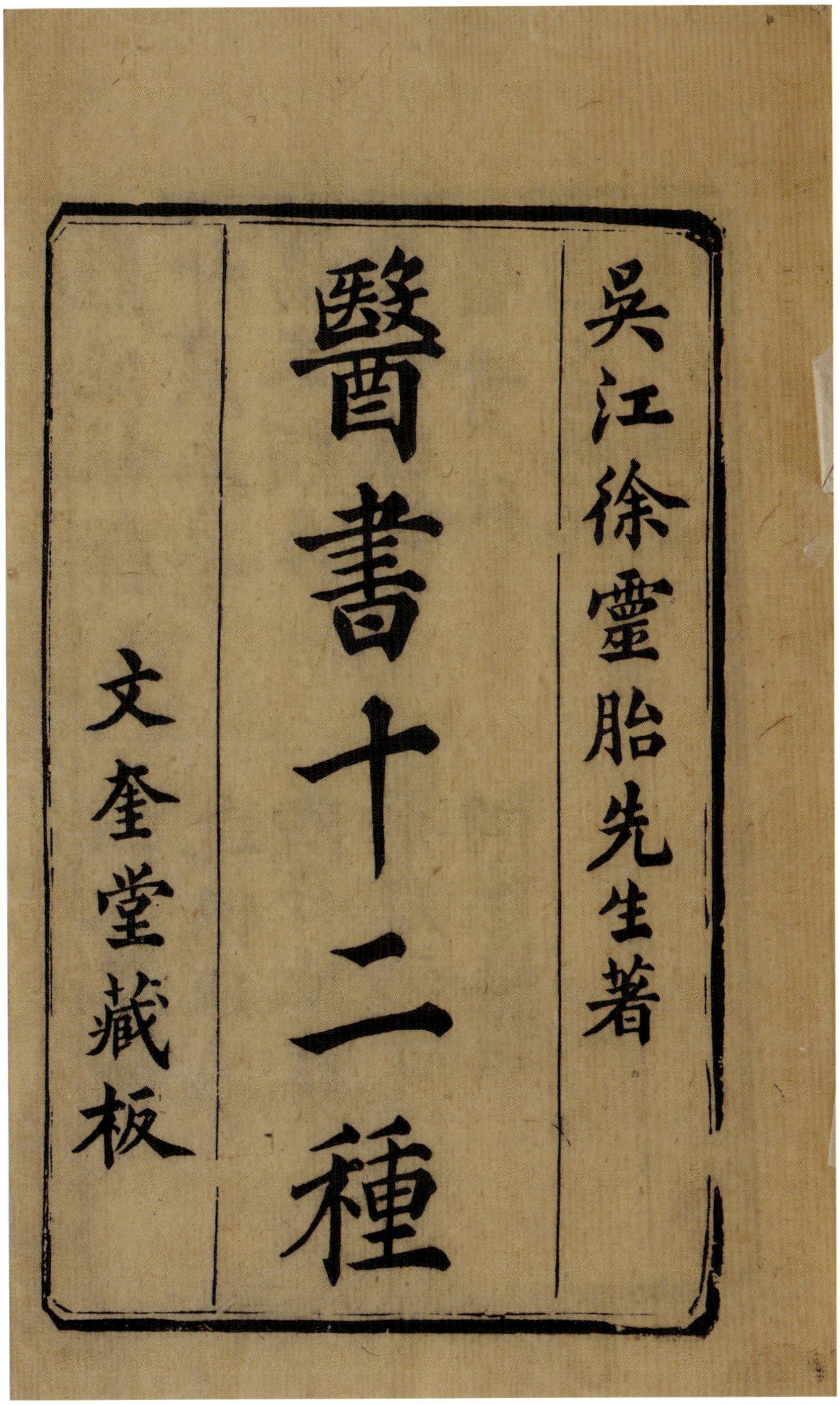
吴江徐靈胎先生著

醫書十二種

文奎堂藏板

075　徐靈胎十二種全集（清）徐大椿釋　清末文奎堂刻本

開本高24.0cm，闊15.7cm。版框高17.4cm，闊12.0cm。半葉9行，單行22字，雙行小字29字。白口，左右雙边，單黑魚尾。

難經經釋卷上

盧國秦越人扁鵲著　吳江後學徐大椿靈胎釋

一難曰十一經中皆有動脈十二經手足三陰三陽也動脈脈之動現於外如手太陰天府雲門之類按之其動亦應手是也獨取寸口以決五藏六府死生吉凶之法同謂也

寸口即太淵經渠穴之分兼兩手上中下三部脈也

按首發一難即與靈素兩經不合素問三部九候論明以頭面諸動脈爲上三部以兩手之動脈爲中三部以股足之動脈爲下三部而結喉旁之人迎脈往往與寸口竝重兩經言之不一獨取寸口者越人之學也自是而後診法精而不備矣○又按十二經之動脈明堂針灸圖甲乙經諸書指稱動脈者二十餘穴然與寸口之動微別惟靈樞動輸篇帝問經脈十二而手太陰足少陰陽明何以獨動不休下文岐伯之意蓋指太陰之經渠少陰之太溪陽明之人迎言則可稱動脈者惟此三穴故亦用以診候其餘不過因其微動以驗穴之真僞俱不得稱動脈也

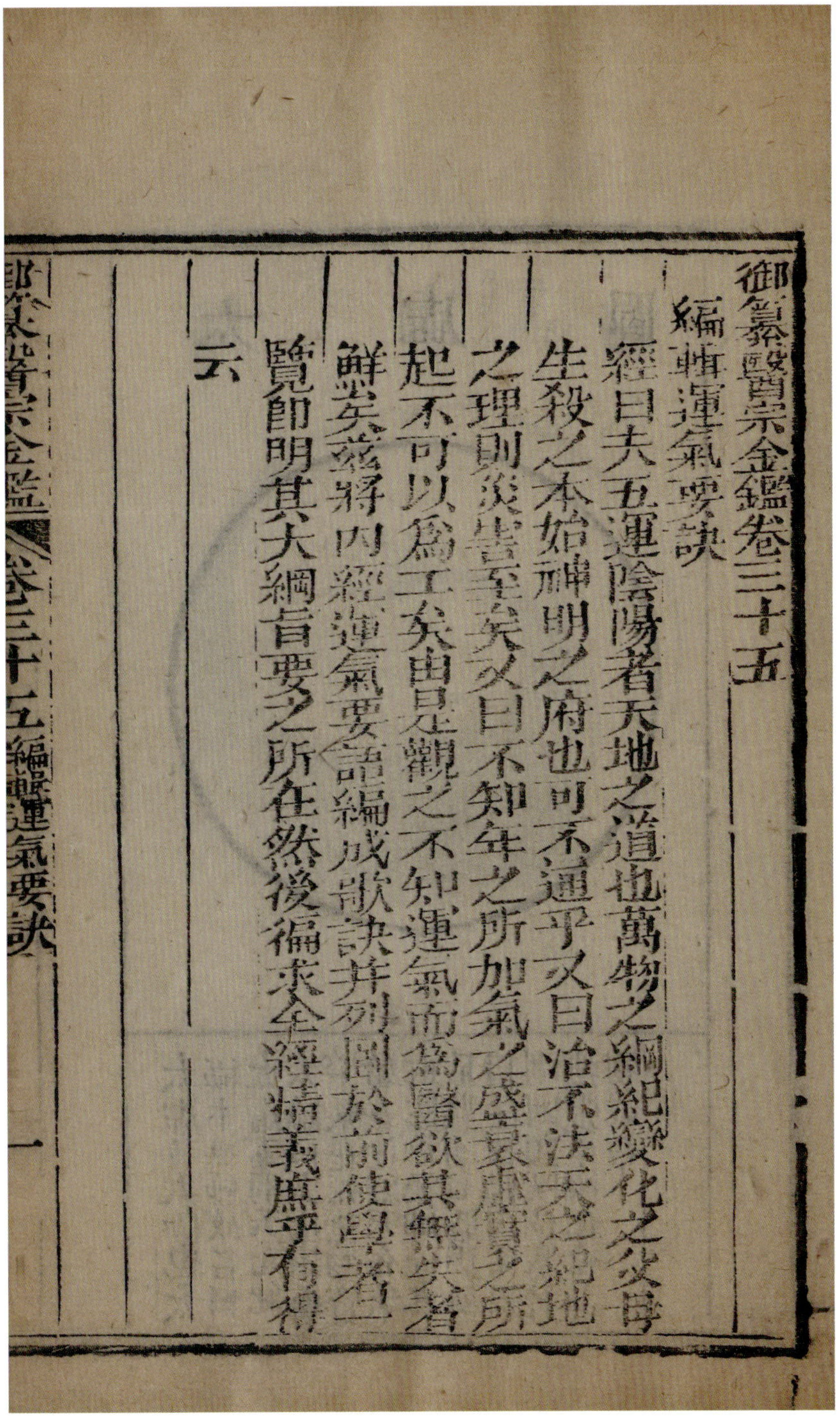
御纂醫宗金鑑卷三十五

編輯運氣要訣

經曰夫五運陰陽者天地之道也萬物之綱紀變化之父母生殺之本始神明之府也可不通乎又曰治不法天之紀地之理則災害至矣又曰不知年之所加氣之盛衰虛實之所起不可以為工矣由是觀之不知運氣而為醫欲其無失者鮮矣茲將內經運氣要語編成歌訣并列圖於前使學者一覽即明其大綱旨要之所在然後徧求全經精義庶乎有得云

御纂醫宗金鑑　卷三十五編輯運氣要訣　一

076　（御纂）醫宗金鑑（清）吳謙等輯　清刻本

開本高17.4cm，闊12.5cm。版框高13.4cm，闊9.5cm。半葉11行，單行25字，雙行小字同。白口，四周雙边，單黑魚尾。

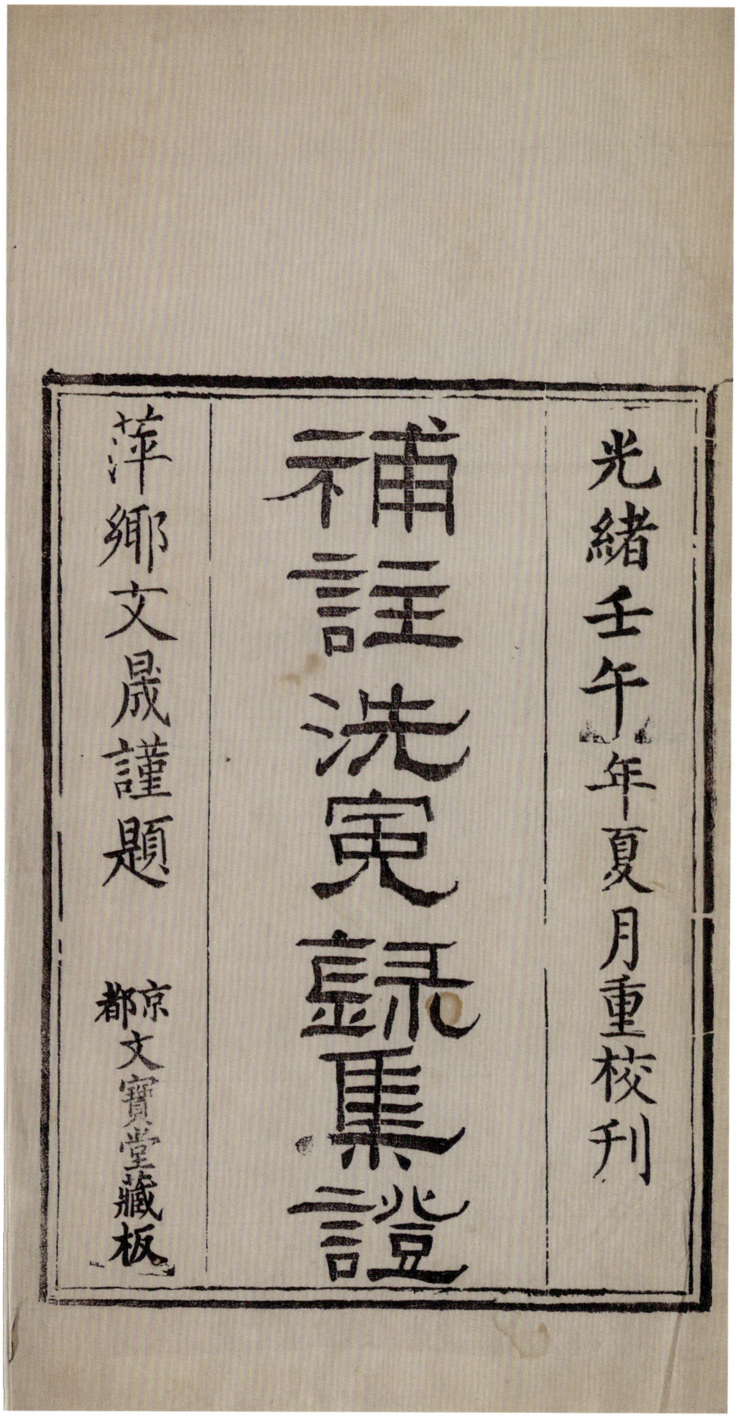

077　重刊補註洗冤録集證六卷（宋）宋慈撰　（清）王又槐增輯　阮其新補註　清光緒八年（1882）刻五色套印本

開本高24.9cm，闊15.6cm。版框高14.8cm，闊12.3cm。半葉10行，單行18字，雙行小字同。白口，左右雙边，單黑魚尾。

此章專論檢驗未死以前既死以後初死之屍應檢之屍分爲四項

古人俱稱檢驗今以驗屍爲相驗折傷爲檢驗驗傷及保辜總論云鬬毆重傷即時絕行身死之目照狀檢驗與此互相發明

重刊補註洗冤錄集證卷一

武林王又槐蔭庭氏增輯　山陰李觀瀾虛舟氏補輯
𣲖山孫光烈臨川氏參閱　會稽阮其新春畬氏補註
武林王又梧鳳偕氏校訂　元和張錫蕃鶴生氏重訂加丹

檢驗總論

事莫重於人命罪莫大於死刑殺人者抵法固無恕施刑失當心則難安故成招定獄全憑屍傷檢驗爲眞傷眞招服一死一抵俾知法者畏法民鮮過犯保全生命必多倘檢驗不眞死者之冤未雪生者之冤又成因一命而殺兩命數

非醫學類古籍

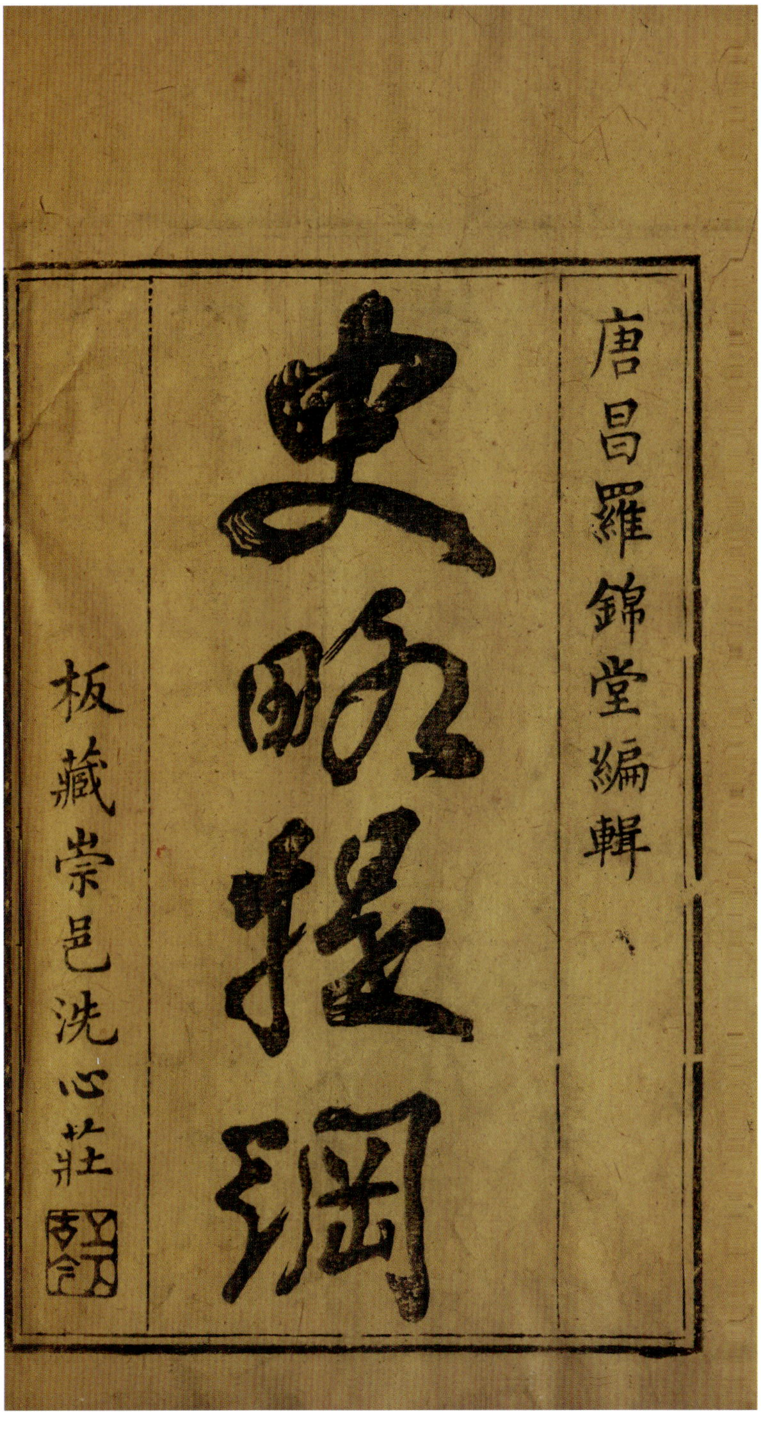

078　史略提綱註釋六卷白文一卷（清）羅繡文輯　清咸豐四年（1854）崇邑洗心莊刻本

開本高25.3cm，闊16.0cm。版框高20.0cm，闊13.5cm。半葉8行，單行20字，雙行小字同。白口，四周雙边，單黑魚尾。

史略提綱註釋卷之一

唐昌羅繡文錦堂氏編輯

埜江李西漚夫子

閬中王藕船先生鑒定　及門諸子參校

晉熙計祉庭先生

同里錢復元問山氏校字

上古中古三皇五帝紀

上古洪荒非詭異　混沌分後天地人三才始立大荒未治故號洪荒

史略提綱白文全部目錄世系圖

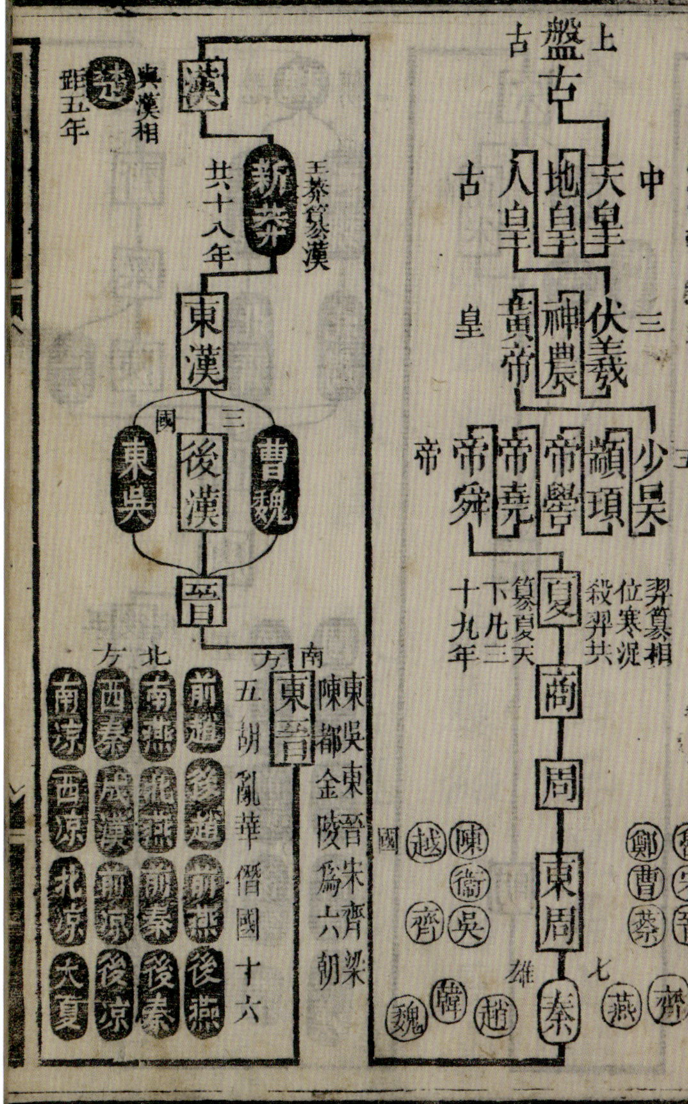

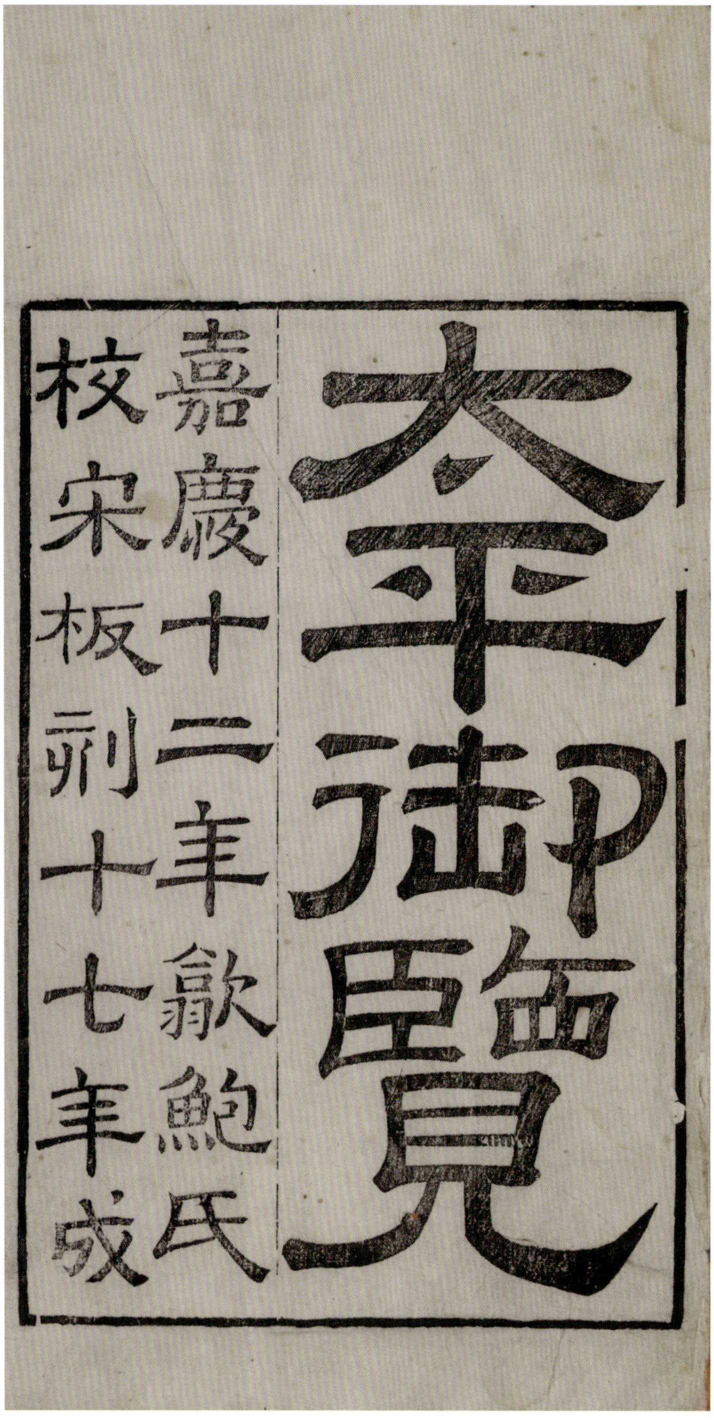

079　太平御覽一千卷目錄十五卷（宋）李昉等撰　（清）鮑崇城校　清嘉慶十二年至十七年（1807—1812）歙縣鮑氏刻本

開本高26.1cm，闊16.0cm。版框高18.9cm，闊13.0cm。半葉13行，單行22字，雙行小字同。白口，左右雙边，單黑魚尾。

太平御覽卷第一

翰林學士承旨正奉大夫守工部尚書知制誥上柱國隴西縣開國伯食邑七百戶賜紫金魚袋臣李昉等奉

敕纂

天部一

元氣　太易　太初　太始

太素　太極　天部上

元氣

三五歷記曰未有天地之時混沌狀如雞子溟涬始牙濛（莫孔切）鴻（胡孔切）滋萌歲在攝提元氣肇始又曰清輕者上爲天濁重者下爲地沖和氣者爲人故天地含精萬物化生

河圖曰元氣闓（音開）陽爲天

又曰元氣無形洶洶蒙蒙偃者爲地伏者爲天也

禮統曰天地者元氣之所生萬物之所自焉

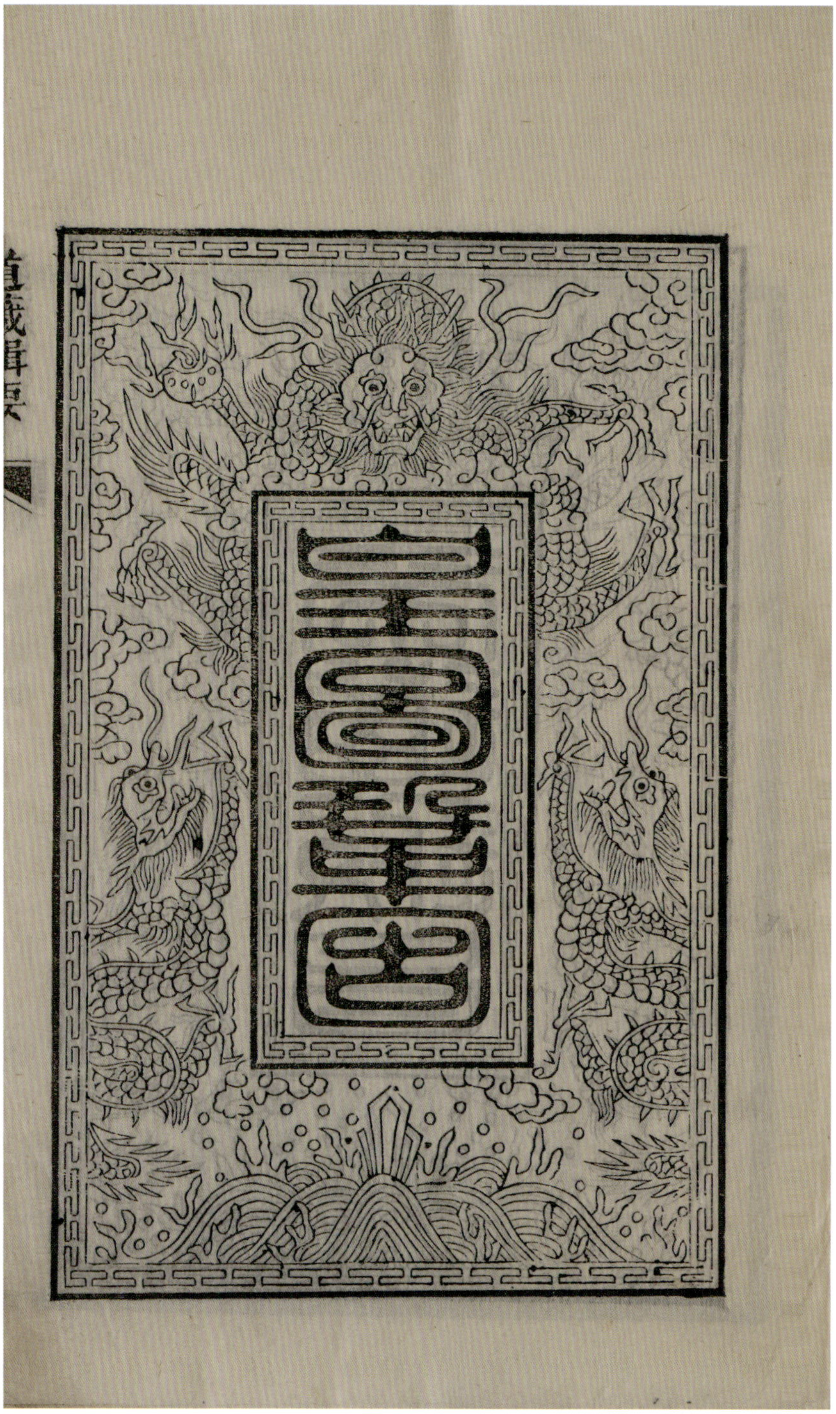

080　道藏輯要二十八集五百七十二卷（清）彭定求輯　清光緒三十二年（1906）成都二仙庵刻本

開本高26.9cm，闊18.3cm。版框高19.9cm，闊14.4cm。半葉10行，單行24字，雙行小字同。白口，左右雙邊，單黑魚尾。

元始无量度人上品妙經卷之一

道言昔於始青天中碧落空歌大浮黎土受元始度人无量上品元始天尊當說是經周迴十過以召十方始當詣座天眞大神上聖高尊妙行眞人無鞅數衆乘空而來飛雲丹霄綠輿瓊輪羽蓋垂蔭流精玉光五色鬱勃洞煥太空七日七夜諸天日月星宿璇璣玉衡一時停輪神風靜默山海藏雲天無浮翳四氣朗清一國地土山川林木緬平一等無復高下土皆作碧玉無有異色衆眞侍座元始天尊立坐空浮五色獅子之上說經一徧諸天大聖同時稱善是時一國男女聾病耳皆開聰說經

附：院藏古籍書目

中醫藥類古籍

1 醫經

1.1 内經

001 **類經**三十二卷

附類經圖翼十一卷附翼四卷

（明）張介賓（景嶽、會卿、通一子）

清嘉慶四年（1799）金閶萃英堂刻本

40册。開本高24.1cm，闊16.6cm。版框高20.7cm，闊13.5cm。半葉8行，單行18字，雙行小字同。白口，四周單邊，單黑魚尾。

ZYY-子-003

002 **重廣補註黄帝内經素問**二十四卷 **黄帝内經靈樞**十二卷

附素問遺篇一卷

素問（唐）王冰（啟玄子）註，（宋）林億等校，靈樞（宋）史崧音釋

清光緒十年（1884）京口文成堂摹刻宋本

10册。開本高32.0cm，闊19.0cm。版框高20.9cm，闊15.1cm。半葉10行，單行20字，雙行小字30字。白口，左右雙邊，單黑魚尾。

ZYY-子-004

003 **醫經原旨**十四卷

（清）薛雪（生白）撰

清楊采青重校寧郡簡香堂刻本

6册。開本高24.5cm，闊15.5cm。版框高17.6cm，闊12.8cm。半葉10行，單行21字，雙行小字同。白口，四周單邊雙邊兼有，單黑魚尾。

ZYY-子-001

004 **黄帝内經素問註解**十卷

孫沛（子雲）註

民國二十八年（1939）北京救世新教總會鉛印本

5册

ZYY-子-005

1.2 内經難經合類

005 **黄氏遺書三種**二十五卷

又名黄氏醫書三種

（清）黄元御（坤載、研農、玉楸子）撰

清同治十一年（1872）至光緒六年（1880）陽湖馮氏刻本

子目：

（1）素問懸解十三卷附校餘偶識一卷

（2）靈樞懸解九卷

（3）難經懸解二卷

12册。開本高24.3cm，闊

15.5cm。版框高 17.3cm，闊 13.5cm。半葉 11 行，單行 23 字，雙行小字同。白口，左右雙边，單黑魚尾。

ZYY-子-002

2　基礎理論

006（重刊）巢氏諸病源候总論五十卷

（隋）巢元方等撰

清光緒十二年（1886）湖北官書處刻本

8冊。開本高 25.5cm，闊 15.1cm。版框高 18.1cm，闊 11.6cm。半葉9行，單行 24字。白口，左右雙邊，單黑魚尾。

ZYY-丑-001

3　傷寒金匱

3.1　傷寒金匱合編

007　仲景全書五種二十一卷

（漢）張機（仲景）等原撰

清光緒二十年（1894）成都鄧氏崇文齋校刻本

子目：

（1）集註傷寒論十卷首一卷（明）張卿子參註

（2）金匱要略方論三卷（漢）張繼撰

（3）傷寒類证三卷（金）成無己撰

（4）傷寒明理論三卷（金）成無己撰

（5）運氣掌訣錄（清）曹樂齋撰

10冊。開本高 26.9cm，闊 17.1cm。版框高 17.9cm，闊 12.2cm。半葉 11行，單行22字。白口，左右雙邊，單黑魚尾。

ZYY-寅-004

3.2　傷寒論

008　傷寒論三註十六卷

（清）周揚俊（禹載）編註

清乾隆四十五年（1780）松心堂刻本

4冊。開本高 25.9cm，闊 16.5cm。版框高 19.3cm，闊 13.6cm。半葉9行，單行21 字，雙行小字同。白口，四周單邊，單黑魚尾。

ZYY-寅-001

009　增輯傷寒類方四卷

（清）徐大椿（靈胎、洄溪老

人）編，潘霨（偉如）增補

清同治五年（1866）古吳潘氏刻韡园医书六种本

4册。開本高25.4cm，闊15.2cm。版框高19.6cm，闊12.2cm，上下雙欄，上欄半葉9行，單行10字，下欄半葉6行，單行16字，雙行小字同。白口，四周雙邊，單黑魚尾。

ZYY-寅-006

010 伤寒论輯義七卷

（日）丹波元簡（廉夫）編註

日本文政五年壬午（1822）聿修堂刻本清光緒十年（1884）楊守敬重印本

12册。開本高24.9cm，闊16.3cm。版框高18.6cm，闊13.3cm。半葉10行，單行23字，雙行小字同。白口，四周單边，單黑魚尾。

ZYY-寅-005

011 傷寒廣要十二卷

（日）丹波元堅（亦柔、茝庭）撰

民國九年（1920）成都昌福公司鉛印本

6册

ZYY-寅-008

012 傷寒論條辨八卷

（明）方有執（中行）撰

民國十四年（1925）渭南嚴氏孝義家塾重刻本

4册

ZYY-寅-009

013 傷寒尋源三卷

（清）呂震名（�村）撰

民國十九年（1930）上海中醫書局影印本

3册

ZYY-寅-010

3.3　金匱要略

014 張仲景金匱要略二十四卷

（清）沈明宗註

清康熙三十二年（1693）大觀堂刻致和堂印本

6册。開本高24.6cm，闊15.8cm。版框高20.3cm，闊13.5cm。半葉10行，單行19字。上下黑口，四周單邊，單黑魚尾。

ZYY-寅-002

015 金匱玉函要略輯義六卷

（日）丹波元簡（廉夫）撰

日本文化八年辛未（1811）東都書肆青雲堂刻本聿修堂藏板

12册。開本高24.9cm，闊16.3cm。版框高18.6cm，闊13.5cm。半葉10行，單行23字，雙行小字同。白口，四周黑边，單黑魚尾。

ZYY-寅-007

016 金匱玉函要略述義三卷

（日）丹波元堅（亦柔、茝庭）撰

日本嘉永七年甲寅（1854）刻存誠藥室叢書鬱修堂藏板

2冊。開本高25.8cm，闊17.8cm。版框高18.1cm，闊13.0cm。半葉10行，單行23字，雙行小字同。白口，四周單边，單黑魚尾。

ZYY－寅－003

4 診法

017 診斷學匯編四種

（清）李林馥輯

民國十三年（1924）上海千頃堂書局石印本

四種存三種3冊

ZYY－卯－001

5 針灸推拿

018 古本十四經發揮不分卷

（元）滑壽（伯仁、攖寧生）撰

民國二十五年（1936）無錫中國針灸學研究社鉛印本

1冊

ZYY－辰－001

6 本草

019 二如亭群芳譜二十八卷卷首一卷

（明）王象晉（荩臣、康寧）纂輯，陳繼儒（仲醇）等校

清初沙村草堂刻本

16冊。開本高28.1cm，闊17.9cm。版框上中下三欄，高21.8cm，闊14.0cm。半葉8行，單行18字。白口，四周單邊雙邊兼有，單黑魚尾。

ZYY－巳－005

020（佩文齋）廣群芳譜一百卷目錄二卷

（清）汪灝編

1.清康熙四十七年（1708）刻本

32冊。開本高23.0cm，闊14.7cm。版框高16.7cm，闊11.1cm。半葉11行，單行21字。白口，左右雙边，雙对黑魚尾。

ZYY－巳－006

2.清同治七年（1868）刻本江左書林藏版

36冊。開本高23.3cm，闊15.3cm。版框高16.9cm，闊11.1cm。

半葉11行，單行21字，雙行小字同。白口，四周雙边，雙对黑魚尾。

ZYY-巳-007

021 本經疏證十二卷

本經續疏六卷

本經序疏要八卷

（清）鄒澍（潤安、閏庵）撰

清道光二十九年（1849）刻本

8册。開本高25.0cm，闊15.3cm。版框高16.2cm，闊12.1cm。半葉11行，單行21字。白口，左右雙邊，單黑魚尾。

ZYY-巳-003

022 本草述鉤元三十二卷

（清）劉若金（雲密、蠡園逸叟）原撰，（清）楊時泰（貞頤、穆如）輯

清同治十一年（1872）常州韓文焕齋木活字印本

10册。開本高24.0cm，闊15.8cm。版框高21.3cm，闊13.5cm。半葉9行，單行22字，雙行小字同。白口，左右雙边，單黑魚尾。

ZYY-巳-001

023 本草綱目五十二卷首一卷圖三卷

附瀕湖脈學脈訣一卷

考證奇經八脈考一卷

本草萬方針線八卷

本草綱目拾遺十卷首一卷

（明）李時珍（東壁、瀕湖山人）撰，李建中、李建元校正，李建元 李建木圖

清光緒十一年（1885）味古齋刻本

40册。開本高29.4cm，闊17.5cm。版框高21.5cm，闊13.8cm。半葉9行，單行20字，雙行小字同。白口，左右雙边，單黑魚尾。

ZYY-巳-004

024 經史證類大觀本草三十一卷

（宋）唐慎微纂

清光緒三十年（1904）武昌柯逢時影宋校刻本

16册。開本高30.2cm，闊20.4cm。版框高20.4cm，闊14.1cm。半葉12行，單行20字。上下黑口，四周雙邊，三黑魚尾（下下上）。

ZYY-巳-002

025 同人堂重訂本草綱目五十二卷圖三卷藥品總目一卷

附本草萬方針線八卷

（明）李時珍（東壁、瀕湖山人）撰，（清）蔡烈先（繭齋）編

清同人堂刻本（順治序）

六十四卷存十卷9册（存圖三卷藥品總目一卷，本草萬方針線第3-8卷）。開本高17.2cm，闊11.2cm。版框高12.6cm，闊9.3cm。半葉10

行，單行32字，雙行小字同。白口，四周單边，單黑魚尾。

ZYY－巳－008

026 張氏藏府藥式補正三卷

原題（金）張元素（潔古）撰，（清）趙術堂（觀瀾、雙湖）註，（民國）張壽頤（山雷）補正

民國十年（1921）嘉定張氏體仁堂鉛印本（民國初印）

3册

ZYY－巳－009

027 救荒本草二卷

附錄一卷

（明）朱橚撰

1959年中華書局據明嘉靖四年刊本影印本

4册

ZYY－巳－010

7 方書

028 醫方考六卷

（明）吳崑（山甫、鶴皋山人、參黄子）輯

明萬歷瑯環刻本

6册。開本高23.2cm，闊15.1cm。版框高19.0cm，闊12.5cm。半葉10行，單行20字，雙行小字同。白口，四周單邊雙邊兼有，單黑魚尾。

ZYY－午－001

029 攝生衆妙方十一卷

（明）張時徹（惟靜、芝園主人）編

明萬曆三十八年（1610）张一栋两淮鹾司刻清康熙五十六年（1717）兩淮運庫重修本

5册。開本高26.9cm，闊16.9cm。版框高19.8cm，闊13.3cm。半葉9行，單行20字，雙行小字同。白口，左右雙边，單黑魚尾。

ZYY－午－002

030 外臺秘要方四十卷

（唐）王燾輯，（清）程衍道訂梓

清初程氏經餘居重刻本

24册。開本高25.2cm，闊15.5cm。版框高20.3cm，闊13.5cm。半葉10行，單行22字，雙行小字同。白口，四周雙邊，單魚尾，魚尾黑白均有。

ZYY－午－005

031 良方集腋二卷

續附一卷

（清）謝元慶（蕙庭）編集；王慶宵參校

清同治二年（1863）留耕堂刻本

2册。開本高24.2cm，闊

15.5cm。版框高17.0cm，闊11.8cm。半葉9行，單行20字，雙行小字同。白口，四周雙邊，單黑魚尾。

ZYY-午-003

032 **孫真人千金方衍義**三十卷

（唐）孫思邈撰，（清）張璐（路玉、石頑老人）衍義

清同治六年（1867）四川寶邑利濟裕號刻本（據掃葉山房翻刻）

30册。開本高24.4cm，闊16.2cm。版框高17.8cm，闊13.2cm。半葉10行，單行20字。白口，左右雙边，雙黑魚尾。

ZYY-午-006

033 **備急千金要方**三十卷

（唐）孫思邈撰，（宋）林億校

清光緒四年（1878）上海長洲麟瑞堂據日本嘉永二年（1849）江户醫學影宋重印本

12册。開本高29.0cm，闊17.6cm。版框高20.8cm，闊14.4cm。半葉13行，單行23字，雙行小字同。白口，左右雙边，雙黑魚尾。

ZYY-午-007

034 **千金翼方**三十卷

（唐）孫思邈撰

清光緒四年（1878）獨山莫氏據日本影刻元大德梅溪書院刻本影印本

8册。開本高29.0cm，闊17.6cm。版框高20.7cm，闊13.0cm。半葉13行，單行23字，雙行小字同。上下黑口，四周雙边，雙黑魚尾。

ZYY-午-008

035 **千金寶要**六卷

（唐）孫思邈原撰，（宋）郭思編

清光緒十一年（1885）吳縣朱氏槐廬家塾刻平津馆丛书本

4册。開本高24.0cm，闊15.0cm。版框高16.4cm，闊11.2cm。半葉11行，單行20字。白口，左右雙邊，單黑魚尾。

ZYY-午-004

036 **聖濟總錄**二百卷

又名政和聖濟總錄、大德重校聖濟總錄

宋徽宗趙佶敕撰

民國八年（1919）上海文瑞樓石印本

60册

ZYY-午-009

037 **三因極一病证方論**十八卷

（宋）陳言（無擇）撰

民國二十三年（1934）上海文瑞樓石印本

8册

ZYY-午-010

038 **洪氏集驗方**五卷

（宋）洪遵（景嚴）撰

民國學海圖書局據黄氏士禮居覆宋刻本影印本

1册

ZYY-午-011

039 **新刊續補扶壽精方**三卷

（明）吳旻（近山）、王來賢續補

1986年中醫古籍出版社據明萬歷十五年（1587）刻本影印本

4册

ZYY-午-012

040 **衆妙仙方**四卷

（明）馮時可（元成、敏卿）編

1987年中醫古籍出版社據明萬歷二十三年（1595）刻本影印本

4册

ZYY-午-013

041 **雞峰普濟方**三十卷

（宋）張鋭（子剛）撰

1988年中醫古籍出版社影印本

12册

ZYY-午-014

8 臨床各科

8.0 臨床綜合

042 **（全補丹溪先生）醫學正傳**八卷

（明）虞摶（天民、恒德老人）著

明萬歷五年（1577）松亭吳江金陵刻譚城書林劉希信重修書林安正堂劉誌千印本

八卷存六卷3册，存卷1-2、5-8，缺卷3-4。開本高25.3cm，闊16.0cm。版框高20.4cm，闊14.0cm。半葉13行，單行24字。白口，四周雙邊，單黑魚尾。

ZYY-未-001

043 **石室秘錄**六卷

（清）陳士鐸（敬之、遠公、大雅堂主人）撰

清江寧寶善堂據雍正八年（1730）萱永堂刻本翻刻本

6册。開本高25.2cm，闊16.1cm。版框高19.5cm，闊14.1cm。半葉10行，單行25字，雙行小字同。白口，左右雙边，單黑魚尾。

ZYY-未-005

044 **傅青主男科**二卷

傅青主女科二卷

附產後編二卷、經驗良方一卷

又名征君男女科全集、傅征君全集

（清）傅山（青主、公它、朱衣道人）撰

清光緒九年（1883）羊城古經閣刻本

4册。開本高26.5cm，闊15.5cm。版框高17.1cm，闊12.5cm。半葉9行，單行22字，雙行小字同。白口，左右雙邊，單黑魚尾。

ZYY－未－006

045 **證治彙補**八卷

（清）李用粹（修之、惺庵）撰

清光緒九年（1883）萬卷樓刻本

8册。開本高24.0cm，闊15.2cm。版框高18.6cm，闊12.1cm。半葉10行，單行20字，雙行小字同。白口，左右雙邊，單黑魚尾。

ZYY－未－002

046 **（新刊）丹溪心法**五卷

附論一卷格致余論一卷

（元）朱震亨（彦修、丹溪）撰，（明）程充校補

清光緒十八年（1892）浙江書局刻三十二年（1907）京師醫局重修古今醫統正脈全書本

6册。開本高25.7cm，闊16.8cm。版框高18.0cm，闊12.4cm。半葉9行，單行21字，雙行小字同。白口，四周雙边，單黑魚尾。

ZYY－未－003

047 **醫方一盤珠全集**十卷

（清）洪金鼎（玉友）纂

清光緒二十二年（1896）宏道堂刊本

4册。開本高23.5cm，闊15.5cm。版框高20.2cm，闊13.2cm。半葉12行，單行22字，雙行小字同。白口，四周單边雙边兼有，單黑魚尾。

ZYY－未－004

048 **醫方藥性初學要訣**八卷首一卷末一卷

又名醫門初學萬金一統要訣分類、新增醫方藥性捷徑合編

明太醫院原本

羅必煒參訂，楊能儒梓行

清光緒三十年（1904）寶慶祥隆書舍刻本

子目：

（1）四言舉要一卷（宋）崔嘉彦著（明）李言闻删補

（2）青囊藥性賦五卷（明）羅必煒參訂

（3）醫方捷徑四卷（明）羅必煒參訂

4册。開本高24.4cm，闊14.8cm。版框高19.4cm，闊12.3cm，上下分欄，上欄半葉11行，單行10字，雙行小字同。下欄半葉11行，單行18字，雙行小字24字。白口，四周單边，單黑魚尾。

ZYY－未－022

049 金匱翼八卷

(清)尤怡(在涇)編

民國二十五年(1936)上海文瑞樓石印本

4册

ZYY-未-023

050 儒門事親十五卷

(金)張從正(子和、戴人)撰

民國二十一年(1932)上海千頃堂書局石印本

6册

ZYY-未-024

8.1 溫病

051 痧脹玉衡全書三卷卷末一卷

又名痧脹玉衡書

(清)郭志邃(右陶)著

清康熙十四年(1675)刻十七年(1678)姑蘇吳氏增刻本

2册。開本高24.6cm，闊16.2cm。版框高20.0cm，闊13.6cm。半葉9行，單行20字。白口，左右雙邊，單黑魚尾。

ZYY-未-008

052 溫疫論二卷

(明)吳有性(又可)著

清康熙三十三年(1694)嘉善張以增刻蘇州綠蔭堂印本

2册。開本高25.1cm，闊15.5cm。版框高18.8cm，闊13.1cm。半葉9行，單行20字，雙行小字同。上下黑口，左右雙邊，雙對黑魚尾。

ZYY-未-007

053 疫痧二症合編十五卷

又名説疫全書、痧脹全書

編者佚名

清道光二十六年(1846)廣安九皇宮寫刻本

子目：

(1)松峰説疫六卷　(清)劉奎撰

(2)瘟疫論類編五卷　(明)吳有性撰；(清)劉奎評

(3)痧脹玉衡四卷　(清)郭誌邃撰

十五卷存十四卷8册，缺《松峰説疫》卷4。開本高23.5cm，闊15.7cm。版框高18.7cm，闊12.6cm。半葉9行，單行22字，雙行小字同。白口，四周雙邊，單黑魚尾。

ZYY-未-010

054 痧症全書三卷

附痧疫論一卷

又名痧書

(清)林森(藥樵)傳授，王

凱（養吾）編

痧疫論　（清）林森（藥樵）傳授，胡傑（雲溪）輯著

清光緒二年（1876）中湘王文德書坊刻本

3册。開本高24.8cm，闊15.6cm。版框高18.3cm，闊12.0cm。半葉9行，單行22字。白口，左右雙邊，單黑魚尾。

ZYY-未-009

8.2　内科

055　醫醇賸義四卷

（清）費伯雄（晉卿、硯雲子）撰

清光緒三年（1877）李冬刻本

4册。開本高23.8cm，闊15.4cm。版框高16.8cm，闊10.7cm。半葉8行，單行18字，雙行小字同。白口，左右雙边，單黑魚尾。

ZYY-未-011

056　不居集上集三十卷卷首一卷下集二十卷卷首一卷

（清）吴澄（师朗、鉴泉）撰

民国二十四年（1935）中医书局鉛印本

10册

ZYY-未-025

8.3　女科

057　產科心法二集

（清）汪喆（樸齋）纂

清光緒元年（1875）蘇州刻本

1册。開本高24.6cm，闊15.5cm。版框高20.4cm，闊12.4cm。半葉9行，單行24字。白口，左右雙边，單黑魚尾。

ZYY-未-013

058　胎產心法三卷

（清）閻純璽（誠齋）撰

清光緒四年（1878）長沙遐齡書舍刻本

8册。開本高22.0cm，闊13.5cm。版框高16.9cm，闊11.6cm。半葉9行，單行22字，雙行小字同。白口，左右雙邊，單黑魚尾。

ZYY-未-014

059　達生編二卷

又名達生要旨、改良達生編、胎產輯要

（清）亟齋居士撰

1.清光緒十一年（1885）甘肅成縣捕署養怡堂刻本

1册。開本高23.7cm，闊13.2cm。版框高18.2cm，闊10.9cm。半葉8行，單行22字，雙

行小字同。白口，四周雙边，單黑魚尾。

ZYY－未－015

2.清光緒紹城聚珍齋刻本

1册。開本高23.7cm，闊14.3cm。版框高19.0cm，闊11.4cm。半葉8行，單行20字，雙行小字同。白口，四周單边，單黑魚尾。

ZYY－未－016

3.民國十八年（1929）鉛印本（附保產心法、全嬰心法、保生編）三卷1册

ZYY－未－026

060 **女科經綸**八卷

（清）蕭壎（賡六、慎齋）撰

清光緒十六年（1890）掃葉山房刻本（書口題燕貽堂）

4册。開本高24.6cm，闊15.5cm。版框高19.6cm，闊12.4cm。半葉9行，單行24字。白口，左右雙边，單黑魚尾。

ZYY－未－012

061 **濟陰綱目**十四卷

（明）武之望（叔卿）撰

1.民國十七年（1928）江陰寶文堂刻本

8册

ZYY－未－027

2.1954年上海錦章書局石印本

6册

ZYY－未－028

062 **沈氏女科輯要箋正**二卷

又名沈氏女科輯要箋疏、女科學講義

（清）沈堯封（又彭）撰

民國二十三年（1934）浙江蘭溪中醫專門學校鉛印本

2册

ZYY－未－029

8.4 兒科

063 **重刊痘疹心法**二卷**麻疹心法**一卷

（清）吳學損（損庵）校訂

清康熙楚寧黄鏡刻本

1册。開本高23.2cm，闊14.8cm。版框高19.5cm，闊12.9cm。半葉9行，單行22字，雙行小字同。白口，四周單邊，單黑魚尾。

ZYY－未－017

064 **小兒藥證直訣**三卷

（宋）錢乙（仲陽）撰

清光緒十四年（1888）惜陰書局刻本（惜陰軒叢書本）

1册。開本高24.9cm，闊15.3cm。版框高17.1cm，闊12.0cm。半葉10行，單行21字。上下黑口，四周單邊雙邊兼有，單黑魚尾。

ZYY-未-018

065 幼科鐵鏡六卷

（清）夏鼎（禹鑄）撰

民國三年（1914）劉氏唐石簃匯刻貴池先哲遺書本

2册合訂本

ZYY-未-030

066 秦氏痘疹圖說三卷

秦伯未撰

民國七年（1918）商務印書館初版鉛印（民國初印）

1册

ZYY-未-031

067 痲症集成四卷

（清）朱載揚（丹山）撰

民國二十年（1931）四明印刷所鉛印本

1册

ZYY-未-032

068 種痘新書十二卷

（清）張琰（遜玉）撰

民國上海校經山房石印本

4册

ZYY-未-033

069 活幼心法八卷

（明）聶尚恒（久吾、惟貞）撰

民國上海千頃堂書局石印本

1册

ZYY-未-034

8.5 外科

070 外科症治全生集四卷

又名林屋山人症治全生集

（清）王維德（洪緒、林屋山人、定定子）編

清光緒四年（1878）潘氏敏德堂刻本

2册。開本高24.4cm，闊15.0cm。版框高16.3cm，闊10.4cm。半葉9行，單行23字，雙行小字同。白口，四周單边雙边兼有，單黑魚尾。

ZYY-未-019

071 洞天奧旨十六卷

附十二經絡圖

又名外科秘錄

（清）陳士鐸（敬之、遠公、大雅堂主人）撰

民國上海廣益書局石印本

4册

ZYY-未-035

8.6 眼科

072 傅氏眼科審視瑤函六卷卷首一卷

又名眼科大全

（明）傅仁宇（允科）撰 林長生校補

1.清姑蘇聚文堂刻本

6冊。開本高24.4cm，闊15.0cm。版框高19.3cm，闊13.3cm。半葉10行，單行22字，雙行小字同。白口，四周雙邊，單黑魚尾。

ZYY-未-020

2.清光緒十年（1884）善成堂刻本

6冊。開本高23.9cm，闊15.2cm。版框高19.9cm，闊13.5cm。半葉10行，單行22字，雙行小字同。白口，左右雙边，單黑魚尾。

ZYY-未-021

073 **一草亭眼科全書**四卷

又名感應一草亭書、一草亭目科全集

（明）鄧苑（博望）撰

民國上海千頃堂書局石印本

4冊

ZYY-未-036

8.7　咽喉口齒

074 **圖註喉科指掌**四卷

又名喉科杓指

（清）包永泰（鎮魯）撰

1954年上海錦章書局石印本

1冊

ZYY-未-037

075 **雜症會心錄**二卷

（清）汪文綺（蘊谷）撰

1991年中醫古籍出版社據乾隆二十年率川自余堂刻本影印本

4冊

ZYY-未-038

9　養生

076 **壽世秘典**九卷

（清）丁其譽（蜚公）編

1991年中醫古籍出版社據清頤古堂刻本影印本

8冊

ZYY-申-001

10　醫案醫話醫論

077 **醫理真傳**四卷

（清）鄭壽全（欽安）撰

清同治八年（1869）四川以文齋刻本

4冊。開本高25.8cm，闊16.0cm。版框高18.7cm，闊12.3cm。半葉9行，單行21字，雙行小字同。白口，四周單边雙边兼有，單黑魚尾。

ZYY-酉-001

078 臨證指南醫案十卷

附種福堂公選溫熱論醫案一卷

種福堂公選良方三卷

（清）葉桂（天士、香岩、南陽先生）著

清光緒十年（1884）古吳掃葉山房刻朱墨套印本

12 册。開本高 18.7cm，闊 12.2cm。版框高 12.9cm，闊 9.7cm。半葉 10 行，單行 22 字，雙行小字同。白口，左右雙边，單黑魚尾。

ZYY–酉–002

079 冷廬醫話五卷

（清）陸以湉（敬安、定圃）撰

民國五年（1916）上海千頃堂書局石印本

4 册

ZYY–酉–003

080 趙氏醫貫六卷

又名醫貫

（明）趙獻可（養葵、醫巫閭子）撰

民國十五年（1926）上海大德書局石印本

6 册

ZYY–酉–004

081 釋名病釋

余岩（雲岫）編

民國二十七年（1938）上海華豐出版社鉛印本

1 册

ZYY–酉–005

082 聖余醫案詮解四卷

（清）劉子維撰，李俊編

民國三十四年（1945）成都德勝印刷紙社鉛印本

4 册

ZYY–酉–006

083 杏軒醫案

又名程杏軒醫案

（清）程文囿（杏軒、觀泉）撰

1959 年安徽人民出版社据民國中華書局鉛印本影印

子目：

（1）醫案初級

（2）醫案續錄

（3）醫案輯錄

3 册

ZYY–酉–007

11 醫史

084 四部總錄醫藥編

丁保福（字仲祜、號疇居士）周青雲編

1955 年商務印書館鉛印本

3 册

ZYY–戌–001

12 綜合性著作

12.1 通論

085 **醫學入門**七卷卷首一卷

（明）李梴（健齋）編註

明萬歷三年（1575）刻清古吳郁郁堂印本

16冊。開本高26.0cm，闊16.2cm。版框高22.6cm，闊14.0cm。半葉9行，單行22字，雙行小字同。白口，四周雙边，單黑魚尾。

ZYY－亥－001

086 **古今名醫彙粹**八卷

（清）羅美辑

清道光三年（1823）嘉興盛新甫刻本

4冊。開本高24.6cm，闊15.7cm。版框高17.9cm，闊13.0cm。半葉10行，單行20字，雙行小字同。白口，四周單边，單黑魚尾。

ZYY－亥－002

087 **全體通考**十八卷圖二卷

（英國）德貞子固

清光緒十二年（1886）鉛印本（圖石印）

12冊。開本高25.3cm，闊15.1cm。版框高16.1cm，闊11.2cm。半葉16行，單行32字，雙行小字34字。白口，四周雙邊，單黑魚尾。

ZYY－亥－003

088 **中華醫學**十六卷

余斌撰

民國九年（1920）德瑩印刷所鉛印本

4冊

ZYY－亥－026

089 **醫學集成**四卷

又名醫學指南

（清）劉仕廉（清臣）撰

民國十二年（1923）光明山房刻本

4冊

ZYY－亥－027

12.2 合刻、合抄

090 **赤水玄珠**三十卷

醫旨緒餘兩卷

新都醫案四卷

宜興醫案一卷

（明）孫一奎（文垣、東宿、生生子）撰

明萬歷二十四至二十七年（1596—1599）休寧孫泰來孫朋來刻清康熙杭州吳氏重修本

三十七卷存三十五卷19册（缺新都醫案卷1–2）。開本高24.4cm，闊15.8cm。版框高19.6cm，闊12.6cm。半葉9行，單行19字，雙行小字同。白口，四周雙边，單黑魚尾。

ZYY–亥–004

091 **東醫寶鑒**二十三卷目錄二卷

（朝鮮）許浚等撰

民國上海千頃堂書局石印本

16册

ZYY–亥–028

12.3 中醫叢書

092 **薛氏醫按**二十四種

又名薛院判醫案二十四種、薛院判醫書二十四種、薛立齋醫案全集

（明）吳琯輯

清光華堂刻裕元堂印本

子目：

（1）十四經發揮三卷 （元）滑壽撰

（2）難經本義二卷（元）滑壽註

（3）本草發揮四卷 （明）徐彦純編

（4）平治會萃三卷 （元）朱震亨撰

（5）内科摘要二卷 （明）薛己撰

（6）明醫雜著六卷 （明）王綸編，薛己註

（7）傷寒鈐法一卷 （元）馬宗素撰

（8）外科金鏡錄一卷 （明）薛己訂

（9）原機啟微二卷附一卷（元）倪維德撰

（10）保嬰撮要二十卷 （明）薛鎧編

（11）錢氏小兒藥證直訣四卷（宋）錢乙撰，（明）薛己註

（12）陳氏小兒痘疹方論一卷（宋）陳文中撰，（明）薛己註

（13）保嬰金鏡錄一卷 （宋）錢乙撰，（明）薛己註

（14）婦人良方二十四卷 （宋）陳自明撰，（明）薛己註

（15）女科撮要二卷 （宋）陳自明編，（明）薛己註

（16）外科發揮八卷 （宋）陳自明編，（明）薛己註

（17）外科心法七卷 （宋）陳自明編，（明）薛己註

（18）外科樞要四卷 （宋）陳自明編，（明）薛己註

（19）癰疽驗方一卷 （明）陶華編

（20）外科經驗方一卷 （明）

薛己撰

（21）外科精要三卷 （宋）陳自明撰，（明）薛己註

（22）正體類要二卷 （明）薛己撰

（23）口齒類要一卷 （明）薛己撰

（24）癘瘍機要三卷 （明）薛己撰

80册。開本高23.7cm，闊15.3cm。版框高20.2cm，闊13.4cm。半葉10行，單行20字，雙行小字同。白口，左右雙邊，單黑魚尾。

ZYY－亥－005

093 喻氏醫書三種

（清）喻昌（嘉言、西昌老人）撰

清乾隆二十八至三十年（1763—1765）黎川陳守誠刻本

子目：

（1）醫門法律六卷

（2）尚論篇四卷尚論後篇四卷卷首一卷

（3）寓意草一卷

12册。開本高24.5cm，闊15.8cm。版框高18.0cm，闊12.5cm。半葉10行，單行20字，雙行小字字數不等。白口，左右雙边，單黑魚尾。

ZYY－亥－021

094 六科證治準繩

（明）王肯堂（宇泰、損庵、念西居士）編

清乾隆五十八年（1793）元和程永培修敬堂刻本

子目：

（1）雜病準繩八卷

（2）類方準繩八卷

（3）傷寒準繩八卷

（4）外科準繩六卷

（5）幼科準繩九卷

（6）女科準繩五卷

96册。開本高23.5cm，闊14.6cm。版框高16.1cm，闊10.8cm。半葉10行，單行20字，雙行小字同。白口，左右雙邊，單黑魚尾。

ZYY－亥－007

095 圖註難經脈訣

又名圖註王叔和脈訣八十一難經辨真

（明）張世賢（天成、静齋）图註，（清）沈鏡（薇垣、中和主人）删註

清道光十八年（1838）刻本

子目：

（1）圖註八十一難經辨真四卷（明）張世賢图註

2册。開本高23.7cm，闊15.0cm。版框高20.8cm，闊12.7cm。半葉9行，單行20字，雙行小字同。白口，四周

單邊，單黑魚尾。

（2）刪註脈訣規正二卷（清）沈鏡刪註

2 册。開本高 23.3cm，闊 14.9cm。版框高 18.9cm，13.4cm。半葉 10 行，單行 24 字，雙行小字同。白口，四周單邊雙邊兼有，單黑魚尾。

ZYY-亥-024

096 本草醫方合編

（清）汪昂（訒庵）編

清道光二十一年（1841）六合堂刻本

子目：

（1）本草備要十一卷

（2）醫方集解三卷

6册。開本高25.3cm，闊15.3cm。版框高21.1cm，闊12.5cm，上下雙欄。半葉9行，上欄單行17字，下欄單行21字，雙行小字同。白口，左右雙邊，無魚尾。

ZYY-亥-006

097 醫門棒喝

（清）章楠（虛谷）撰

清道光九年（1829）海寧應澍河間紀樹馥刻十六年（1836）山陰吳國梁補刻同治六年（1867）聚文堂匯印本

子目：

（1）醫論四卷

（2）傷寒論本旨九卷

14册。開本高24.0cm，闊15.0cm。版框高17.0cm，闊12.2cm。半葉8行，單行20字，雙行小字同。白口，左右雙边，單黑魚尾。

ZYY-亥-011

098 東垣十書十二種

編者佚名

子目：

（1）脈訣一卷（宋）崔嘉彥撰

（2）局方發揮一卷（元）朱震亨撰

（3）脾胃論三卷（金）李杲撰

（4）格致余論（元）朱震亨撰

（5）蘭室秘藏三卷（金）李杲撰

（6）内外傷辨惑論三卷（金）李杲撰

（7）此事難知二卷（元）王好古撰

（8）湯液本草三卷（元）王好古撰

（9）醫經溯洄集一卷（元）王履撰

（10）外科精義二卷（元）齊德之撰

附：①醫壘元戎一卷（元）王好古撰

②癍論萃英一卷 （元）王好古撰

1.清光緒七年（1881）陳璞輯校羊城閣刻本

二十二卷16册。開本高26.3cm，闊15.2cm。版框高20.0cm，闊13.1cm。半葉10行，單行20字，雙行小字同。白口，四周雙边，單黑魚尾。

ZYY–亥–009

2.清末文奎堂刻本

二十二卷17册。開本高24.0cm，闊15.6cm。版框高18.8cm，闊13.0cm。半葉10行，單行20字，雙行小字同。白口，四周黑边，單黑魚尾。

ZYY–亥–010

099 當歸草堂醫學叢書初編

（清）丁丙（嘉魚）輯

清光緒四年（1878）錢塘丁氏當歸草堂刻本

子目：

（1）顱顖經二卷 （宋）佚名

（2）傳信適用方四卷 （宋）吳彦夔撰

（3）衛濟寶書二卷 （宋）東軒居士撰

（4）太醫局諸科程文九卷 （宋）太醫局編

（5）產育寶慶集方二卷 （宋）李師聖等編

（6）濟生方八卷 （宋）嚴用和撰

（7）產寶諸方一卷 （宋）佚名

（8）急救仙方六卷 （宋）佚名

（9）瑞竹堂經驗方五卷 （元）沙圖穆蘇編

（10）痎瘧論疏一卷 （明）盧之頤撰

10册。開本高24.0cm，闊15.0cm。版框高15.2cm，闊11.3cm。半葉10行，單行20字，雙行小字同。上黑口，四周雙边，單黑魚尾。

ZYY–亥–017

100 世補齋醫書前集六種

（清）陸懋修（九芝、勉旃、林屋山人）撰

清光緒十年（1884）刻十二年（1886）山左書局重印本

子目：

（1）文集十六卷

（2）不謝方一卷

（3）傷寒論陽明病釋四卷

（4）内經運氣病釋九卷附内經遺篇病釋一卷

（5）内經運氣表一卷

（6）内經難字音義一卷

8册。開本高24.2cm，闊15.2cm。版框高19.0cm，闊11.9cm。半葉10行，單行23字，雙行小字同。白口，四周雙边，單黑魚尾。

ZYY-亥-014

101 世補齋醫書后集四種

（清）陸懋修（九芝、勉旃、林屋山人）校訂

清宣統二年（1910）陸潤癢刻本

子目：

（1）重訂傅青主女科九卷併作三卷 （清）傅山撰

（2）重訂戴北山廣溫熱論四卷方一卷 （清）戴天章撰

（3）重訂绮石理虚元鑑五卷（清）绮石先生撰

（4）校正王樸莊傷寒論六註十二卷 王丙撰

①傷寒論註六卷

②傷寒論附餘二卷

③傷寒例新註一卷

④讀傷寒論心法一卷

⑤迴瀾説一卷

⑥時節氣候决病法一卷

10册。開本高24.2cm，闊15.2cm。版框高18.4cm，闊12.0cm。半葉10行，單行23字，雙行小字同。白口，四周雙边，單黑魚尾。

ZYY-亥-015

102 士材三書

又名合鐫增補士材三書、善成堂增訂士材三書

（明）李中梓（士材、念莪、盡凡居士）著述；（清）尤乘（生洲、無求子）增輯

清光緒十三年（1887）上海江左書林刻本

子目：

（1）診家正眼二卷 （明）李中梓

（2）本草通玄二卷 （明）李中梓

（3）病機沙篆二卷 （明）李中梓

（4）附壽世青編二卷 （清）尤乘編

8册。開本高23.9cm，闊15.4cm。版框高20.5cm，闊13.4cm。半葉12行，單行24字，雙行小字同。白口，四周雙边，單黑魚尾。

ZYY-亥-016

103 六醴齋醫書十種

（清）程永培（瘦樵）輯

子目：

（1）褚氏遺書一卷 （南宋）褚澄編

（2）肘後備急方八卷 （晉）葛洪撰

（3）元和紀用經一卷 （唐）王冰撰

（4）蘇沈内翰良方十卷 （宋）

沈括等編

（5）十藥神書一卷 （元）葛可久編

（6）加減靈秘十八方一卷（明）胡嗣廉纂

（7）韓氏醫通二卷 （明）韓𢘅撰

（8）痘疹傳心錄十九卷 （明）朱惠明著，朱純嘏輯

（9）折肱漫錄七卷 （明）黄承昊撰

（10）慎柔五書五卷 （明）胡慎柔述，石震訂

1.清光緒十七年（1891）廣州藏修堂刻儒雅堂印本

20冊。開本高24.6cm，闊13.5cm。版框高14.1cm，闊10.3cm。半葉8行，單行19字，雙行小字同。白口，左右雙边，單黑魚尾。

ZYY–亥–022

2.民國十四年（1925）上海千頃堂書局石印本

16冊

ZYY–亥–029

104 張氏醫書七種

（清）張璐（路玉、石頑老人）辑

清光緒三十三年（1907）上海書局石印本

子目：

（1）張氏醫通十六卷 （清）張璐撰

（2）傷寒緒論二卷 （清）張璐撰

（3）傷寒纘論二卷 （清）張璐撰

（4）本經逢原四卷 （清）張璐撰

（5）診宗三昧一卷 （清）張璐撰（清）張登編

（6）傷寒舌鑒一卷 （清）張登編

（7）傷寒兼證析義 （清）張倬撰

16冊。開本高20.3cm，闊13.3cm。版框高17.5cm，闊11.5cm。半葉20行，單行40字，雙行小字同。白口，四周雙边，單黑魚尾。

ZYY–亥–013

105 徐靈胎醫學全書十六種

（清）徐大椿（靈胎、洄溪老人）撰

清光緒三十三年（1907）上海章福記書局石印本

子目：

前集

（1）難經經釋二卷 （春秋）扁鵲著

（2）醫學源流論二卷 （清）徐大椿著

（3）神農本草經百種錄一卷（清）徐大椿著

（4）醫貫砭二卷 （清）徐大椿著

（5）傷寒論類方一卷 （清）徐大椿編

（6）蘭台軌范八卷 （清）徐大椿著

（7）洄溪醫案一卷 （清）徐大椿著

（8）慎疾芻言一卷 （清）徐大椿著

後集

（1）内經詮釋一卷 （清）徐大椿著

（2）洄溪脈學一卷 （清）徐大椿著

（3）脈訣啟悟注釋一卷 （清）徐大椿著

（4）六經病解一卷 （清）徐大椿著

（5）傷寒約編六卷 （清）徐大椿著

（6）舌鑒總論一卷 （清）徐大椿著

（7）雜病源一卷 （清）徐大椿著

（8）女科医案一卷 （清）徐大椿著

15册。開本高20.6cm，闊13.5cm。版框高17.7cm，闊11.3cm。半葉16行，單行40字，雙行小字同。白口，四周單边，無魚尾。

ZYY-亥-018

106 陳修園醫書三十二種

（清）陳念祖（修園）撰

清宣統元年（1909）巴蜀善成堂刻本

子目：

（1）神農本草經讀四卷 （清）陳念祖撰

（2）醫學三字經四卷 （清）陳念祖撰

（3）時方妙用四卷 （清）陳念祖撰

（4）時方歌括四卷 （清）陳念祖撰

（5）女科要旨四卷 （清）陳念祖撰

（6）景岳新方砭四卷 （清）陳念祖集註

（7）金匱要略淺註十卷 （清）陳念祖注

（8）傷寒論淺註六卷 （清）陳念祖撰

（9）長沙方歌括六卷 （清）

陳念祖撰

（10）醫學實在易八卷（清）陳念祖撰

（11）醫學從衆錄八卷（清）陳念祖撰

（12）靈素節要淺註十二卷（清）陳念祖集註

（13）傷寒真方歌括六卷（清）陳念祖撰

（14）傷寒醫訣串解六卷（清）陳念祖撰

（15）十藥神書註解一卷（清）陳念祖注

（16）金匱方歌括六卷（清）陳念祖撰

（17）喉痧正的一卷（清）曹心怡撰

（18）經驗百病内外方一卷著者佚名

（19）痢症三字訣一卷（清）唐宗海撰

（20）救迷良方一卷（清）何其偉撰

（21）白喉治法忌表抉微一卷（清）耐修子錄

（22）太乙神針方一卷（清）范培蘭傳

（23）咽喉脈證通論一卷（清）佚名著

（24）福幼編一卷（清）莊一夔撰

（25）急救異痧奇方一卷（清）陳念祖撰

（26）經驗百病良方一卷（清）佚名著

（27）春溫三字訣一卷（清）張子培撰

（28）急救喉診要法一卷　著者佚名

（29）瘧疾論三卷（清）韓善征撰

（30）霍亂論二卷（清）王士雄撰

（31）養生鏡一卷（清）陸樂山撰

（32）絞腸吊腳痧證（有目無文）

一百十一卷存九十二卷27册。缺：（8）傷寒論淺註六卷；（13）傷寒真方歌括六卷；（14）傷寒醫訣串解六卷；（18）經驗百病内外方一卷。有目無文：（32）絞腸吊腳痧證。

開本高24.4cm，闊15.9cm。版框高18.7cm，闊13.0cm。半葉10行，單行大字26字，雙行小字26字。除霍亂論二卷、急救異痧奇方一卷書口為下黑口，余均為白口，四周單邊雙边兼有，單黑魚尾。

ZYY－亥－020

107 豫醫雙璧二種

（清）吳重憙辑

清宣統元年（1909）海丰吳氏梁園節署鉛印本

子目：

（1）傷寒補亡論二十卷 （宋）郭雍撰

（2）儒門事親十五卷 （金）張從正撰

8册。開本高25.7cm，闊15.2cm。版框高18.8cm，闊11.3cm。半葉12行，單行32字，雙行小字同。上下黑口，四周單边，雙黑魚尾。

ZYY－亥－012

108 劉河間傷寒六書八集

又名劉河間醫學六書

（金）劉完素（守真、河間居士、通玄處士）撰

清刻本

子目：

（1）素問玄機原病式一卷（金）劉完素撰

（2）黃帝素問宣明論方十五卷（金）劉完素撰

（3）素問病機氣宜保命集三卷（金）劉完素撰

（4）劉河間傷寒醫鑒一卷（元）马宗素撰

（5）傷寒直格論方三卷 （金）劉完素撰

（6）傷寒標本心法類萃二卷（金）劉完素撰

（7）傷寒心要一卷 （明）鎦洪編

（8）張子和傷寒心鏡別集一卷（金）張從正撰

10册。開本高23.0cm，闊15.0cm。版框高20.8cm，闊13.0cm。半葉10行，單行20字，雙行小字同。白口，四周單边，單黑魚尾。

ZYY－亥－008

109 徐靈胎十二種全集

又名徐氏醫書十二種

（清）徐大椿（靈胎、洄溪老人）釋

清末文奎堂刻本

子目：

（1）難經經釋二卷 （春秋）扁鵲著

（2）神農本草經百種錄一卷（清）徐大椿著

（3）傷寒論類方一卷 （清）徐大椿編釋

（4）醫學源流論二卷 （清）徐大椿著

（5）醫貫砭二卷 （清）徐大椿著

（6）蘭台軌范八卷　（清）徐大椿著

（7）慎疾芻言一卷　（清）徐大椿著

（8）洄溪醫案一卷　（清）徐大椿著

（9）陰符經注一卷　（清）徐大椿著

（10）道德經二卷　（清）徐大椿注

（11）洄溪道情一卷　（清）徐大椿著

（12）樂府傳聲一卷　（清）徐大椿著

16冊。開本高24.0cm，闊15.7cm。版框高17.4cm，闊12.0cm。半葉9行，單行22字，雙行小字29字。白口，左右雙边，單黑魚尾。

ZYY–亥–019

110（御纂）醫宗金鑒

（清）吳謙（六吉）等輯

清刻本

子目：

（1）訂正傷寒論註十七卷

（2）訂正金匱要略註八卷

（3）刪補名醫方論八卷

（4）四診心法要訣一卷

（5）運氣要訣一卷

（6）傷寒心法要訣三卷

（7）雜病心法要訣五卷

（8）婦科心法要訣六卷

（9）幼科雜病心法要訣六卷

（10）痘疹心法要訣四卷

（11）幼科種痘心法要旨一卷

（12）眼科心法要訣二卷

（13）刺灸心法要訣八卷

（14）正骨心法要旨四卷

七十四卷存二十九卷12冊（存卷4–7，12–19，22–23，26–33，35，52–53，61–62，69–70）

開本高17.4cm，闊12.5cm。版框高13.4cm，闊9.5cm。半葉11行，單行25字，雙行小字同。白口，四周雙边，單黑魚尾。

ZYY–亥–023

111　黄氏醫書八種

（清）黄元禦（坤載、研農、玉楸子）撰

民國十年（1921）上海錦章書局石印本

子目：

（1）四聖心源十卷

（2）素靈微蘊四卷

（3）四聖懸樞五卷

（4）傷寒懸解十四卷

（5）傷寒説意十卷卷首一卷

（6）金匱懸解二十二卷卷首一卷卷末一卷

（7）長沙藥解八卷

（8）玉楸藥解八卷

8册

ZYY-亥-030

112 醫統正脈全書

又名古今醫統正脈全書

（明）王肯堂（宇泰、損庵、念西居士）撰

清江陰朱文震校刻本民國十二年（1923）北京中醫學社修補印本

子目：

（1）補註黄帝内經素問二十四卷附素問遺篇一卷（唐）王冰註

（2）黄帝内經靈樞經十二卷

（3）黄帝針灸甲乙經十二卷（晉）皇甫謐撰

（4）中藏經八卷（漢）華佗撰

（5）脈經十卷（晉）王叔和撰

（6）難經本義二卷（元）滑壽撰

（7）金匱要略方論三卷（漢）張機撰

（8）傷寒論十卷（漢）張機撰（金）成無己註

（9）傷寒明理論四卷（金）成無己撰

（10）脉訣一卷（宋）崔嘉彦撰

（11）類證活人書二十二卷（宋）朱肱撰

（12）素問玄機原病式一卷（金）劉完素撰

（13）黄帝素問宣明論方十五卷（金）劉元素撰

（14）傷寒直格論方三卷（金）劉元素撰；（元）葛雍輯

（15）傷寒標本心法類萃二卷（金）劉完素撰

（16）傷寒心鏡一卷（金）張從正撰；常德編

（17）傷寒心要一卷（金）劉完素撰；鎦洪編

（18）素問病機氣宜保命集三卷（金）劉完素撰

（19）儒門事親十五卷（金）張從正撰

（20）内外傷辨惑論三卷（金）李杲

（21）脾胃論三卷（金）李杲撰

（22）蘭室秘藏三卷（金）李杲撰

（23）醫壘元戎一卷（元）王好古撰

（24）此事難知二卷（元）王好古撰

（25）湯液本草三卷（元）王好古撰

（26）瘢論萃英一卷（元）王好古撰

（27）丹溪心法五卷附錄一卷（元）朱震亨撰

（28）脈訣指掌病式圖説一卷（金）李杲撰

（29）格致餘論一卷（元）朱震亨撰

（30）局方發揮一卷（元）朱震亨撰

（31）醫學發明一卷（元）朱震亨撰

（32）金匱鉤玄三卷（元）朱震亨撰

（33）活法機要一卷（元）朱震亨撰

（34）外科精義二卷（元）齊德之撰

（35）醫經溯洄集一卷（元）王履撰

（36）傷寒醫鑒一卷（元）馬宗素撰

（37）證治要訣十二卷（明）戴原禮編

（38）證治要決類方四卷（明）戴原禮編

（39）傷寒瑣言一卷（明）陶華撰

（40）傷寒家秘的本一卷（明）陶華撰

（41）傷寒殺車槌法一卷（明）陶華撰

（42）傷寒一提金一卷（明）陶華撰

（43）傷寒截江網一卷（明）陶華撰

（44）傷寒明理續論一卷（明）陶華撰

80册

ZYY-亥-031

113 景岳全書十六種

（明）張介賓（景岳）撰

民國二十四年（1935）上海廣益書局石印本

子目：

（1）傳忠錄三卷

（2）脈神章三卷

（3）傷寒典二卷

（4）雜證謨二十九卷

（5）婦人規二卷

（6）小兒則二卷

（7）痘疹詮四卷

（8）外科鈐二卷

（9）本草正二卷

（10）新方八略一卷

（11）新方八陣一卷

（12）古方八陣八卷

（13）婦人規古方一卷

（14）小兒則古方一卷

（15）痘疹詮古方一卷

（16）外科鈐古方一卷

24冊

ZYY-亥-032

114 聿醫堂醫學叢書

（日）丹波元簡（廉夫）等撰，（清）楊守敬輯

民國二十四年（1935）上海書局皇漢醫學編譯社鉛印本

子目：

（1）素問識八卷 （日）丹波元簡撰

（2）難經疏證二卷 （日）丹波元胤撰

（3）傷寒論輯義七卷 （日）丹波元簡撰

（4）傷寒論述義五卷 （日）丹波元堅撰

（5）傷寒論廣要十二卷 （日）丹波元堅撰

（6）金匱要略輯義六卷 （日）丹波元簡撰

（7）金匱述義三卷 （日）丹波元堅撰

（8）藥治通義十二卷 （日）丹波元堅撰

（9）脈學輯要三卷 （日）丹波元簡撰

（10）救急選方二卷 （日）丹波元簡撰

（11）醫賸三卷 （日）丹波元簡撰

（12）醫略抄一卷 （日）丹波雅忠撰

（13）醫穴纂要五卷 （日）小板元祐撰

20冊

ZYY-亥-033

115 孫氏醫學叢書

孫鼎宜編

民國二十五年（1936）中華書局鉛印本（民國初印本）

子目：

（1）傷寒雜病論章句十六卷

（2）傷寒雜病論讀本三卷

（3）難經章句三卷卷末一卷

（4）明堂孔穴一卷附針灸治要一卷

（5）脈經鈔二卷卷末一卷

（6）醫學三言一卷

10冊

ZYY-亥-034

116 濟生拔萃

（元）杜思敬（寶善老人）編

民國二十七年（1938）上海涵芬樓據元延祐二年刻本影印本

子目：

（1）針經節要一卷 （元）杜思敬節抄

（2）雲岐子論經絡迎隨補瀉法一卷　（元）張璧撰

（3）竇太師流註指要賦一卷（金）竇傑撰

（4）針經摘英集一卷

（5）雲岐子七表八裡九道脈訣論並治法一卷　（元）張璧撰

（6）潔古老人珍珠囊一卷（金）張元素撰

（7）醫學發明一卷　（金）李杲撰

（8）脾胃論一卷　（金）李杲撰

（9）潔古家珍一卷　（金）張元素撰

（10）海藏老人此事難知一卷　（元）王好古撰

（11）醫壘元戎一卷　（元）王好古撰

（12）陰證略例一卷　（元）王好古撰

（13）雲岐子保命集論類要二卷　（元）張璧撰

（14）海藏瘢論萃英一卷　（元）王好古撰

（15）田氏保嬰集一卷

（16）蘭室秘藏一卷　（金）李杲撰

（17）活法機要一卷　（元）朱震亨撰

（18）衛生寶鑒一卷　（元）羅天益撰

（19）雜類名方一卷　（元）杜思敬撰

10冊

ZYY－亥－035

117　藥盦醫學叢書

惲鐵樵（樹玨）撰

民國三十七至三十八年（1948–1949）上海新中醫學出版社鉛印本

子目：

第一輯

（1）論醫集二卷

（2）醫學平議一卷

第二輯

（3）群經見智錄三卷

（4）傷寒論研究四卷

（5）溫病明理四卷

（6）熱病學一卷

第三輯

（7）生理新語五卷

（8）脈學發微五卷

（9）病理概論一卷

（10）病理各論一卷

第四輯

（11）臨證筆記一卷

（12）臨證演講錄一卷

（13）金匱翼方選按五卷

（14）風勞臌病論三卷

第五輯

（15）保赤新書四卷

（16）婦科大略一卷

（17）論藥集一卷

第六輯

（18）十二經穴病候撮要一卷

（19）神經系病理治療一卷

（20）麟爪集四卷

第七輯

（21）傷寒論輯義案六卷

第八輯

（22）藥盦醫案全集八卷

16冊

ZYY-亥-036

118 醫述

（清）程文囿（杏軒、觀泉）撰

1955年安徽人民出版社影印本

子目：

（1）醫學溯源二卷

（2）傷寒提鉤二卷

（3）傷寒析疑四卷

（4）雜證匯參八卷

（5）女科原旨一卷

（6）幼科集要一卷

（7）痘疹精華一卷

（8）方藥備考一卷

16冊

ZYY-亥-037

119 周氏醫學叢書

（清）周學海（澂之）撰

1984年江蘇廣陵古籍刻印社據清宣統三年福慧雙修館刻本重印本

子目：

初集（原名周澂之校刻醫學叢書）

（1）神農本草經三卷 （魏）吳普等述，（清）孫星衍、孫馮翼輯

（2）本草經疏三十卷 （明）繆希雍撰

（3）脈經十卷 （晉）王叔和撰

（4）脈訣刊誤二卷 （元）戴起宗撰

（5）難經本義二卷 （元）滑壽撰，（清）周學海增輯

（6）中藏經三卷附方一卷 原題（漢）華佗撰

（7）內照法一卷 （漢）華佗撰

（8）諸病源候論五十卷 （隋）巢元方撰

（9）脈因證治四卷 （元）朱震亨撰

（10）小兒藥證直訣三卷 （宋）錢乙撰

（11）閻氏小兒方論一卷 （宋）閻孝忠撰

（12）董氏小兒斑疹備急方論一卷 （宋）董汲撰

二集

（13）脈義簡摩八卷　（清）周學海撰

（14）脈簡補義二卷　（清）周學海撰

（15）診家直訣二卷　（清）周學海撰

（16）辨脈平脈章句二卷　（清）周學海撰

（17）内經評文三十六卷　（清）周學海評註

（18）讀醫隨筆六卷　（清）周學海撰

（19）診家樞要一卷附錄一卷　診家樞要：（元）滑壽撰；附錄：（清）程文囿撰，（清）周學海註

（20）藏腑標本藥式一卷　（金）張元素撰，（清）周學海校正

（21）金匱鉤玄三卷　（元）朱震亨撰，（清）周學海評註

（22）三消論一卷　（金）劉完素撰，（清）周學海註

（23）溫熱論一卷　（清）葉桂撰，（清）周學海註

（24）幼科要略二卷　（清）葉桂撰，（清）周學海註

（25）葉案存眞類編二卷　（清）葉桂撰，（清）周學海類評

（26）印機草一卷　（清）馬俶撰，（清）周學海評註

三集

（27）評註史載之方二卷　（宋）史堪撰，（清）周學海評註

（28）愼柔五書五卷　（明）胡愼柔撰，（清）周學海評註

（29）韓氏醫通二卷　（明）韓懋撰

（30）傷寒補例二卷　（清）周學海撰

（31）形色外診簡摩二卷（清）周學海撰

（32）重訂診家直訣二卷（清）周學海撰

三十二种存十四种14册，存第19–32种，缺第1–18种

ZYY–亥–038

12.4　其他（法醫）

120　重刊補註洗冤錄集證六卷

（宋）宋慈（惠父）撰，（清）王又槐增輯　阮其新補註

清光緒八年（1882）刻五色套印本

6册。開本高24.9cm，闊15.6cm。版框高14.8cm，闊12.3cm。半葉10行，單行18字，雙行小字同。白口，左右雙边，單黑魚尾。

ZYY–亥–025

非醫學類古籍

121 史略提綱註釋六卷白文一卷

（清）羅繡文（錦堂）輯

清咸豐四年（1854）刻本板藏崇邑洗心莊

4册。開本高25.3cm，闊16.0cm。版框高20.0cm，闊13.5cm。半葉8行，單行20字，雙行小字同。白口，四周雙边，單黑魚尾。

ZYY-文-001

122 太平御覽一千卷目錄十五卷

（宋）李昉等撰，（清）鮑崇城校

清嘉慶十二年至十七年（1807-1812）歙縣鮑氏刻本

80册。開本高26.1cm，闊16.0cm。版框高18.9cm，闊13.0cm。半葉13行，單行22字，雙行小字同。白口，左右雙边，單黑魚尾。

ZYY-文-003

123 道藏輯要二十八集五百七十二卷

（清）彭定求輯

清光緒三十二年（1906）成都二仙庵刻本

總目，一册全

子目，八册全

角集，七册全

亢集，七册全

氐集，八册全

房集，六册全

心集，十册全

尾集，七册全

箕集，九册全

斗集，共八册，存七册，缺第3册；

牛集，十二册全

女集，七册全

虚集，共十二册，存五册，缺第1-2、5-8、12册

危集，共七册，存两册，缺第1-2、4、6-7册

室集，七册全

壁集，七册全

奎集，四册全

婁集，七册全

胃集，十一册全

昴集，十册全

畢集，十二册全

觜集，九册全

參集，七册全

井集，共六册，存零册

鬼集，七册全

柳集，十三册全

星集，九册全

張集，七册全

翼集，共十册，存九册，缺第6册

軫集，六册全

開本高26.9cm，闊18.3cm。版框高19.9cm，闊14.4cm。半葉10行，單行24字。白口，左右雙邊，單黑魚尾。

共五百七十二卷245册，存225册，缺20册

ZYY-文-002

124 四部備要三百三十六種

陸費逹總勘　高時顯、吳汝霖輯校 丁輔之監造

民國九年至二十五年（1920-1936）上海中華書局鉛印本

2269册

ZYY-文-004

跋

我與古籍結緣始於我的外公。外公出身中醫世家，我幼年時隨外公長大，耳濡目染外公讀書行醫的點點滴滴。外公離世雖早，或早已預見我能繼承他的衣鉢，臨終前交代我的母親，將家中珍藏的中醫古籍全留予我。我也没有辜負外公的期望，考上了北京中醫藥大學，完成博士學業後，來到中國中醫科學院中醫基礎理論研究所從事中醫研究工作。科研之余，雖時常翻閱外公留下的古醫籍，但由於文獻知識的或缺，未能系統整理勘定，常引以為憾。2022 年，我有幸被遴選為中共中央組織部、共青團中央第 22 批博士服務團成員，掛職甘肅省中醫院副院長，分管醫院科研及甘肅省中醫藥研究院的相關工作。

甘肅是華夏文明的重要發祥地，“華夏中醫始祖”岐伯、“世界針灸鼻祖”皇甫謐均出自於甘肅。甘肅省中醫院創建於 1953 年，是甘肅省建院最早、規模最大的三級甲等中醫院，2007 年托管甘肅省中醫藥研究院。我在到崗後不久，得知兩院存有明、清古籍近百種千余册，而這些珍貴古籍由於種種原因塵封於倉庫十余年，現狀堪憂。

古籍是中華文化一脉相承的載體和見證，中醫藥古籍更是中醫學術與文化的理論根柢。2022 年“古籍保護利用”首次被寫入政府工作報告中，這充分體現了國家對古籍保護利用工作的高度重視。作為一名中醫人，我深感肩頭有責任對醫院塵封古籍開展保護與整理研究，經請示院領導獲得許可後，便牽頭開展了該項工作，包括完善書目數據、鑒定古籍版本、全國古籍普查系統數據録入、殘損古籍的簡單修復、數字化掃描及院内數據共享等工作。

新領域，新開始，我只能“邊學邊幹、邊幹邊學”。工作過程中，發現很多古籍前無序言、後無題跋，難以鑒定版本。在我駐足撓頭之際，幸得甘肅中醫藥大學圖書館古籍部殷世鵬老師，甘肅省古籍保護中心邵正春、曹友林、徐雙定等幾位老師的鼎力協助與指導，工作才得以順利推進。在古籍圖録與書目的後續編校出版過程中，得到了中國中醫科學院中醫藥信息研究所李鴻濤、中國醫史文獻研究所高宴梓等老師的大力支持與悉心指教，才避免了很多學術錯誤。經多方溝通，李鴻濤教授領銜主編的《中國中醫古籍總目（第 2 版）》將我院中醫藥古籍收録編纂納入總目，並賦予甘肅省中醫院收藏館代號“432”。自此，甘肅省中醫院的中醫藥古籍也有了自己的“身份證”，確實是件嘉惠醫林的好事。在甘肅省中醫藥研究院承擔的中央財政轉移支付地方項目“中醫藥古籍保護”專項經費支持下，《甘肅省中醫院藏中醫藥古籍圖録》得以付梓印行。

本書在編纂過程中，得到了醫院領導的親切關懷和支持。甘肅省中醫院雖然典藏古籍數量有限，但為了保護好這些寶貴財富，歷代老中醫以及醫院歷届相關工作人員默默堅守、默默付出，刊行之際，一並致以誠摯的謝意。

古籍的編目工作十分復雜，需要充分運用目録學、版本學、校勘學、文字學、中醫藥學、史學等專業知識，因此要做到古籍編目體系完備、分類準確、註録規範、審核精良，確非易事。囿於本人水平有限，難免疏漏，敬請讀者指正，以臻完善。

守護和傳承中華民族的文化血脈，是我們每一個炎黄子孫的責任，而我也有幸成為其中的一份子，感恩！感謝！感念！

中醫典籍不朽，醫藥文明永存！

郝改梅

2022 年 10 月 23 日